とりはずして使える

MAP

付録 街歩き地図

軽井沢

小諸・上田・松代
松本・善光寺

おとな旅
プレミアム
PREMIUM

JN027076

切り取り線

TAC出版
TAC PUBLISHING Group

松本
まつもと
周辺図 P.18上図
0　　100　　200m　N
1:10,000

長野県宝松本市旧司祭館
★ 国宝 旧開智学校校舎 P.142

旭(1)

⊗開智小

北深志(1)

城東(2)

西街道・善光寺街道

浅間温泉♨

松本城東局⊠

卍長称寺

女鳥羽(2)

女鳥羽川

♨浅間温泉

智(1)

開智(2)

新町

松本神社卐
裁判所
鷹匠町Ⓟ
Ⓟ松本神社前

丸の内

上馬出し

卍林昌寺

女鳥羽(1)

美ヶ原温泉

市役所北

深志橋

城東2

女鳥羽

桜橋東

★ 松本城 P.140
松本城公園

松本城外堀

松本城
• 松本市役所
松本城・市役所前

城東(1)

葭町

女鳥羽

安立寺
大手(3)
松本城南

松本市観光
情報センター
ⓘ
大名町通り

松本城

日本銀行
市役所口

片端

143

大手(5)

卍正行寺

槻井泉神社
卐

松本丸の内Ⓗ
大名町

R しづか P.145
上土町

P.149 四柱神社 卐
P.147 こばやし本店 R
•西堀公園

大名町通り

R レストラン鯛萬 P.144

S たい焼きふるさと P.149

卍妙勝寺
中央(4)

千歳橋

★ 縄手通り P.148
大手(4)

R 女鳥羽そば P.147

東町

C 珈琲まるも P.145

イオンモール松本
SC

S てまりや
松本市
時計博物館

P.148
中町・蔵シック館

P.148
★ 中町通り

S ちきりや工芸店 P.149

S 工藝マエストロ P.149

日ノ出町
(イオンモール)

東部交番 ⊗

中央2
藤森病院

★ 松本民芸家具
中央民芸ショールーム P.145

卍龍興寺

Ⓗリッチ
モンド
S パルコ

S ギャルリ灰月 P.148
中央(2)

中央(3)

卍瑞松寺

大橋通り

東横イン
松本局
国府町Ⓟ
馬肉バル
R 新三よし P.146

飯田町

市民芸術館前

P.142
★ 松本市美術館

Ⓟ
Ⓗドーミーイン

143
あがたの森通り
深志2

深志3

市芸術館西

美術館西

松本市美術館
秀峰学校前
松本秀峰中 ⊗

♨美ヶ原温泉

NHK松本支局

埋橋(1)

P.144
Ⓟ R 民芸レストラン 盛よし by onion

国府町南

卐 深志神社 P.142

• まつもと市民芸術館

深志(2)
 Ⓗ松本ツーリスト
松本ヒルズⒽ
本町5

深志(3)

• 梅風閣

• 駅前記念公園

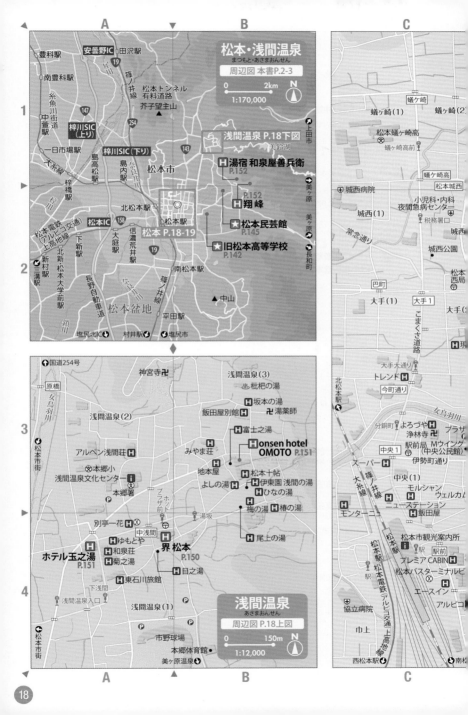

松本・浅間温泉
まつもと・あさまおんせん

周辺図 本書P.2-3

0 ——— 2km
1:170,000
N

A列

豊科駅
安曇野IC 田沢駅
南豊科駅
篠ノ井線
糸魚川街道
中萱駅
松本トンネル有料道路
芥子望主山 ▲
梓川SIC(上り)
一日市場駅
梓川SIC(下り)
島高松駅
梓橋駅
松本市
大糸線
島内駅
松本電鉄アルピコ交通上高地線
松本IC
北松本駅
新村駅
下新駅
大庭駅
信濃荒井駅
松本 P.18-19
松本駅
三溝駅
北新・松本大学前駅
南松本駅
長野自動車道
篠ノ井線
松本盆地
平田駅
▲中山
塩尻北IC
村井駅
塩尻市

浅間温泉 P.18下図

H 湯宿 和泉屋善兵衛
P.152

H 翔峰
P.152

★ 松本民芸館
P.145

■ 旧松本高等学校
P.142

上田市
美鈴湖
美ヶ原
長和町

浅間温泉

あさまおんせん

周辺図 P.18上図

0 ——— 150m
1:12,000
N

国道254号
原橋
女鳥羽川
神宮寺卍
浅間温泉(3)
枇杷の湯
浅間温泉(2)
坂本の湯 H
飯田屋別館 H 卍湯薬師
H 富士之湯
アルペン浅間荘 H
みやま荘
H onsen hotel OMOTO P.151
本郷小
浅間温泉文化センター
本郷署
地本屋
H 松本十帖
よしの湯 H 伊東園 浅間の湯
H ひなの湯
梅の湯 H 椿の湯
別亭一花 H
中浅間
H ゆもとや
界 松本 P.150
H 和泉荘
H 菊之湯
ホテル玉之湯 P.151
H 尾上の湯
H 目之湯
H 東石川旅館
下浅間
浅間温泉入口
浅間温泉(1)
松本市街
市野球場
本郷体育館
美ヶ原温泉

C列

蟻ヶ崎
蟻ヶ崎(1) 蟻ヶ崎(2)
松本蟻ヶ崎高
蟻ヶ崎高前
城西病院
小児科・内科夜間急病センター
蟻ヶ崎高
松本城西
城西(1)
税務署
城西公園
常念通り
城西
松本西局
巴町
大手(1) 大手1 大手
こまくさ道路
大手大通り
トレンド H
今町通り
北松本駅
女鳥羽川
分銅町 よろづや 浄林寺卍 プラザ
駅前局 Mウイング(中央公民館)
中央1
スーパー
伊勢町通り
中央1
モルシャン ウェルカム
大糸線
篠ノ井線
ニューステーション H 飯田屋
モンターニュ
松本市観光案内所
駅前
松本駅
松本電鉄アルピコ交通上高地線
プレミア CABIN H
松本バスターミナルビ
エースイン
アルピコ
協立病院
巾上
西松本駅
南松

18

小布施
おぶせ
周辺図 P.15
0　　200m
1:20,000
N

D

中野市　谷街道
長野電鉄長野線
都住駅
桜沢駅

小布施町

岩松院入口
急須コレクション「茶俚庵」

H 小布施総合案内所
S 桜井甘精堂 本店 P.136
小さな栗の木美術館
歴史民俗資料館
中松中央

北須坂駅
小布施駅
おぶせミュージアム・
中島千波館
岩松院入口
岩松院公園
卍 岩松院
P.136

小布施町役場
皇大神社
桜花殿
西永寺
観音通り
古陶磁コレクション「了庵」
雁田水穂神社

栗ガ丘小
龍雲寺 卍
H プチア・ラ・小布施
小布施中
花公園
フローラルガーデン前

谷脇街道
北斎館入口
盆栽美術館大観
小布施の宿ヴァンヴェール
フローラルガーデンおぶせ

卍 栗嶋神社
日本のあかり博物館
大日通り
浄光寺前
卍 浄光寺

桝一客殿 H
栗の小径 P.136
★ 髙井鴻山記念館
駐車場
雁田薬師堂

長野市
★ 北斎館 P.136
S 小布施堂本店 P.136

逢瀬神社

北信濃くだもの街道

須坂市
新生病院

松代
まつしろ
周辺図 P.15
0　　200m
1:16,000
N

D

長野IC
長野市街
403
卍 荒神堂

更埴JCT
上信越自動車道
松代中
荒神町
松代町城東

御船屋稲荷
中町
卍 梅翁院
浄福寺 卍

松代町東寺尾
P.116
松代城跡 ★
海津城跡公園
松代駅
中町
谷街道
卍 西念寺
卍 真勝寺

P.117 真田宝物館 ★
松代観光案内所 i
松代
矢沢家表門
松代藩主真田家墓所
卍 長国寺 P.117

P.117 真田邸
松代藩鐘楼
長国寺入口

松代小
総合病院
卍 祝神社

文武学校 ★
P.117
真田公園
旧樋口家住宅
旧白井家表門
松代総合病院
木町

大信寺 卍
紺屋町
銀行前
卍 願行寺
松代町東条

403
谷街道
紙屋町
旅館定鑑堂 H
文化ホール
郵便局前
御安
卍 蓮乗寺
卍 龍泉寺
旧前島家住宅

卍 離山神社
旧横田家住宅
本誓寺
卍 證蓮寺
卍 大英寺 卍 大林寺

卍 象山神社
象山記念館
松代町松代

山寺常山邸
孝養寺 卍
荒町入口

長野・善光寺
ながの・ぜんこうじ
周辺図 P.15

0 100 200m N
1:10,000

長野西高
清泉女学院高・中
善光寺北
善光寺
P.126
★城山公園 P.134
公園西
城山公園前
城山公園入口
本郷駅
諏訪神社
善光寺西
善光寺寺西
公園入口
横山
卍西光寺
清水屋旅館
城山小
善光寺下駅
P.133 九九や旬粋
常住院 P.131
三輪6
松屋
いづみや
城山小前
善光寺下駅前
善光寺下駅
P.130 そば処 小菅邸
P.130 かどの大丸
兄部坊 P.131
善光寺
信州大
(教育学部)
P.133 長野凬月堂
根元 八幡屋礒五郎 P.133
THE FUJIYA GOHONJIN
406
信大前
若松町
善光寺大門
THE FUJIYA GOHONJIN P.132
西長野
教育学部前
西方寺
P.135
善光寺大門
三輪田町
長野電鉄長野線
ぱてぃお大門 蔵楽庭
SHINKOJI CAFÉ
P.132
三輪田町西
長野旭局
花の小路
中央館
清水屋旅館
合同庁舎前
裁判所
信濃教育会館
臼井館
大門南
田町西
田町
妻科
議員会館前
SAIHOKUKAN
長野権堂局
イトーヨーカドー
権堂駅
国際21
権堂入口
やま
長野鶴賀局
長野県庁
セントラルスクウェア
長野大通り
中央病院
県庁前
寿町通り
問御所町
県警本部
県庁前
昭和通り
鍋屋田小
新田町
市役所入口
保健福祉
事務所
中央局
新田町
昭和通り
JALシティ
スマイル
市役所前駅
長野市役所
北長野駅
県信組
中央通り
リンデンプラザ
昭和通
市芸術館
県庁前
千歳町
南千歳町
菊屋稲荷
山王小
山王小前
セレクトイン
ナガノアベニュー
日興
飯山駅
岡田町
アイランド
しなの鉄道北しなの線
北陸新幹線
相生橋
かるかや山前
小林
病院
チサングランド
南千歳公園
コンフォート
ニューナガノ
19
千石入口
メルパルク
長野バスターミナル
裾花川
バスターミナル前
末広町
末広町
アベスト
MIDORI長野 P.135
信濃路
ギャラリー82前
相鉄フレッサイン
長野市観光情報センター
東横イン
メトロポリタン長野
駅前
駅東口
長野駅
安茂里町
長野IC
上田駅

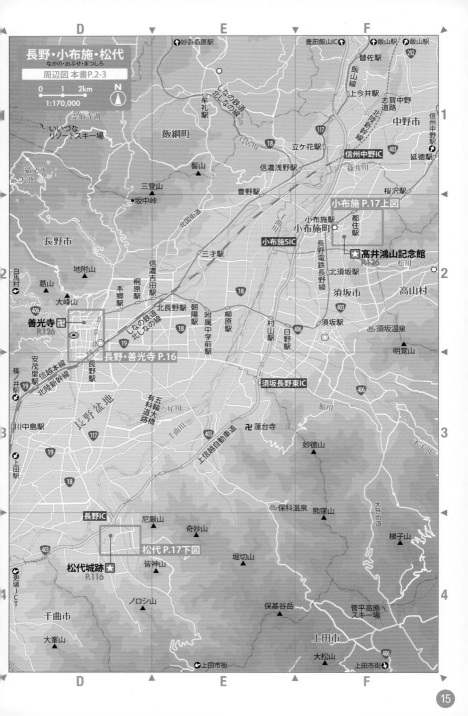

長野・小布施・松代
ながの・おぶせ・まつしろ
周辺図 本書P.2-3
0 1 2km
1:170,000

妙高高原駅
豊田飯山IC
飯山駅 飯山駅
替佐駅
飯山線
上今井駅
牟礼駅
中野市
信州中野駅
立ヶ花駅
延徳駅
いいづな
リゾートスキー場
飯綱町
信濃浅野駅
桜沢駅
髻山
三登山
小布施 P.17上図
坂中峠
豊野駅
小布施駅
都住駅
三才駅
小布施SIC
小布施町
高井鴻山記念館
P.116
長野市
地附山
信濃吉田駅
北須坂駅
桐原駅
本郷駅
北長野駅
朝陽駅
須坂市
高山村
葛山
大峰山
柳原駅
村山駅
須坂駅
須坂温泉
善光寺
P.126
附属中学前駅
日野駅
明覚山
安茂里駅
長野駅
長野・善光寺 P.16
須坂長野東IC
川中島駅
長野盆地
有料道路
五輪大橋
鮎川
水戸山
千曲川
上信越自動車道
蓮台寺
妙徳山
長野IC
尼厳山
奇妙山
保科温泉
熊窪山
大笹街道
梯子山
松代 P.17下図
皆神山
堀切山
松代城跡
P.116
東道JCT
ノロシ山
保基谷岳
菅平高原スキー場
千曲市
大峯山
上田市
大松山
上田市街
上田市街

15

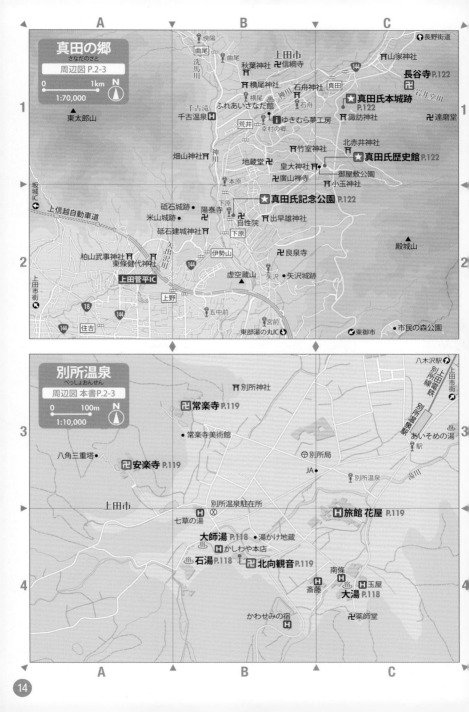

真田の郷
さなだのさと

周辺図 P.2-3

0　　　　　1km
1:70,000
N

長野街道

東太郎山

傍陽

曲尾

沈馬川

秋葉神社

上田市
信綱寺

横尾神社

石舟神社

真田

山家神社

長谷寺 P.122

横尾

千古滝
千古温泉

ふれあいさなだ館

荒井

ゆきむら夢工房

幸村の郷

諏訪神社

真田氏本城跡
P.122

岩井堂川

達磨堂

畑山神社

神川

地蔵堂

皇大神社

竹室神社

北赤井神社

御屋敷公園

真田氏歴史館 P.122

本原

廣山禅寺

小玉神社

坂城
IC

上信越自動車道

砥石城跡

陽泰寺

下原

自性院

真田氏記念公園 P.122

出早雄神社

米山城跡

砥石建石神社

下原

上田市街

柏山武事神社
東條健代神社

矢田沢川

伊勢山

良泉寺

殿城山

上田菅平IC

上野

虚空蔵山

矢沢

矢沢城跡

18

144

住吉

144

五中前

宮前
東部湯の丸IC

東御市

市民の森公園

別所温泉
べっしょおんせん

周辺図 本書P.2-3

0　　　　100m
1:10,000
N

八木沢駅

上田市街

別所線電鉄

別所神社

別所温泉駅

駅

あいそめの湯

常楽寺 P.119

常楽寺美術館

別所局

湯川

八角三重塔

安楽寺 P.119

JA

別所温泉

上田市

別所温泉駐在所

旅館 花屋 P.119

七草の宿

大師湯 P.118

湯かけ地蔵

かしわや本店

石湯 P.118

北向観音 P.119

南條

斎藤

大湯 P.118

玉屋

かわせみの宿

薬師堂

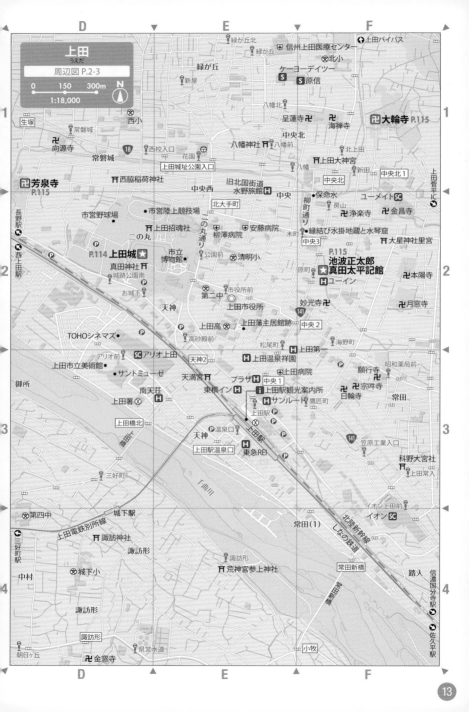

上田
うえた

周辺図 P.2-3

0　150　300m
1:18,000

N

上田バイパス
信州上田医療センター
ケーヨーデイツー
原信
緑が丘北
緑が丘
緑が丘
北小
新屋
八幡北
呈蓮寺　海禅寺
大輪寺 P.115
中央北
生塚
西小
常磐城
向源寺
常磐城
西校入口
八幡神社　八幡前
北上田
上田大神宮
上田城址公園入口
花園
八幡
新田
中央北1
上田菅平I.C
芳泉寺
P.115
西脇稲荷神社
中央西
旧北国街道
水野旅館
中央
中央北
長野駅
市営野球場
北大手町
保命水
柳町
通り
房山
浄楽寺　金昌寺
ユーメイト SC
西上田駅
市営陸上競技場
上田招魂社
二の丸
一の丸通り
柳澤病院
安藤病院
公園前
清明小
木町
縁結び水掛地蔵と水琴窟
中央3
大星神社里宮
P.115
上田城 ★
P.114
真田神社
城跡公園南
市立
博物館
真田太平記館
池波正太郎 ★
本陽寺
お城下
町役所
第二中
上田市役所
原町
ユーイン H
妙光寺
中央2
月窓寺
天神
上田高
上田藩主居館跡
中央2
海野町
高砂殿前
松尾町
上田第一 H
TOHOシネマズ
アリオ前
アリオ上田 SC
天神2
天満宮
上田温泉祥園
上田病院
顧行寺
昭和薬局前
上田市立美術館
サントミューゼ
プラザ H
中央1
上田駅観光案内所
i
宗吽寺
常田
御所
南天荘
東横イン
サンルート H
鷹匠町
日輪寺
上田署 H
上田橋北
天神
温泉口
上田駅温泉口
東急REI H
上田駅
笠原工業入口
科野大宮社
上田常入
三好町駅
第四中
城下駅
上田電鉄別所線
諏訪神社
諏訪形
北陸新幹線
しなの鉄道
イオン上田店
イオン SC
常田(1)
中村
城下小
諏訪形
荒神宮参上神社
常田新橋
踏入
信濃国分寺駅
朝日ヶ丘
金窓寺
諏訪形
県営水道
小牧
佐久平駅

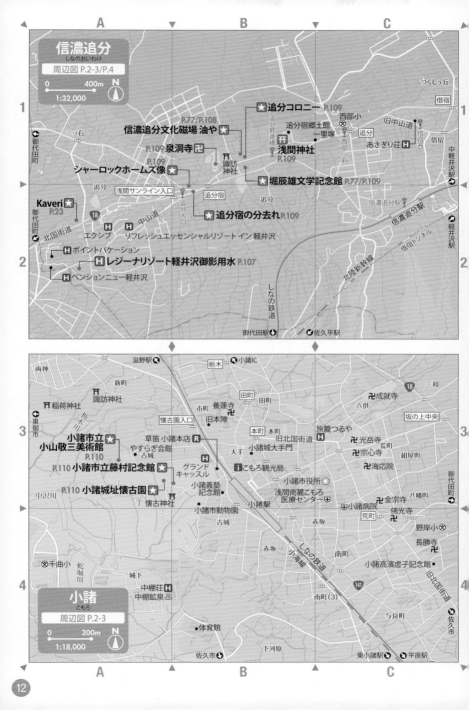

信濃追分
しなのおいわけ

周辺図 P.2-3/P.4

0 ── 400m
1:32,000

1

つくしヶ丘
借宿
ニッ石
御代田町
追分昇進橋
旧中山道
借宿
中軽井沢駅
追分宿郷土館
西部小
追分
里塚
あさぎり荘
借宿西

★ 追分コロニー P.109
信濃追分文化磁場 油や ★
P.77/P.108
P.109 泉洞寺 卍
諏訪神社
★ 浅間神社 P.109
西部公民館
あさぎり荘

シャーロックホームズ像 ★
浅間サンライン入口
追分
★ 堀辰雄文学記念館 P.77/P.109
追分宿
追分
信濃追分駅

Kaveri ★
P.23
御代田町
北国街道
追分宿
★ 追分宿の分去れ P.109
信濃追分駅
軽井沢駅
借宿トンネル

18
中山道
エクシブ
リフレッシュエッセンシャルリゾート イン 軽井沢
北陸新幹線

2

H ポイントバケーション
H レジーナリゾート軽井沢御影用水 P.107
しなの鉄道
H ベンションニュー軽井沢

御代田駅 ・佐久平駅

3

滋野駅
栃木 ・小諸IC
両神
新町
諏訪神社
市町
養蓮寺
田町
田町
成就寺 18 三和
稲荷神社
懐古園入口
旧本陣
本町
本町
六供
坂の上中央
東御市

★ 小諸市立
小山敬三美術館
P.110
草笛 小諸本店 R
やすらぎ会館
古城
本町
小諸城大手門
旅籠つるや
光岳寺
荒町
宗心寺
紺屋町
御代田町

P.110 小諸市立藤村記念館 ★
グランド
キャッスル
大手
i こもろ観光局
海応院
P.110 小諸城址懐古園 ★
小諸義塾
記念館
懐古神社
小諸駅
小諸市役所 ◎
浅間南麓こもろ
医療センター ✚
金宗寺
八幡町

中沢川
小諸市動物園
古城
小諸病院
佛光寺
赤坂
野岸小
長勝寺

⊗千曲小
蛇堀川
城下
赤坂
南町
しなの鉄道
小海線
小諸高濱虚子記念館
旧北国街道

4

中棚荘 H
中棚鉱泉
141
南町(3)
佐久平
与良町

・体育館
佐久市
下河原
東小諸駅 ・平原駅

小諸
こもろ

周辺図 P.2-3

0 ── 200m
1:18,000

P.5

D　　　　　　　　　　E　　　　　　　　　　F

泉の里
シェ草間 **P.81**
R

旧軽井沢
東雲

レジーナリゾート旧軽井沢
H

新軽井沢

軽井沢ホテル
ロッキングハウス
離山
旧中山道　泉の里
離山
H

東部小
東部小
野沢原

軽井沢高
軽井沢署
H

ペンション
ジャックと豆の木
H
H キャンディタフト
S 丸山珈琲
軽井沢本店
P.100

東部小入口

18
しなの鉄道
北陸新幹線
軽井沢駅
軽井沢東

かいなれやま荘

軽井沢駅周辺 P.8

安中榛名駅

晴山ゴルフ場

軽井沢・プリンス
ショッピングプラザ
SC
P.28/P.60

ザ・プリンスヴィラ
軽井沢
H

軽井沢プリンス
イースト
H

P.23 ムーミンカフェ C

軽井沢プリンスホテル
ゴルフコース
プリンスホテルスキー場

精進場川

ショッピング
プラザ前
H 軽井沢プリンスウエスト

軽井沢
サニーヴィレッジ
H

プリンスホテル
ウエスト前

軽井沢

安中市

南ヶ丘

フォレスターナ軽井沢

入山峠入口

軽井沢プリンスホテル
ゴルフコース

成沢

入山峠入口

軽井沢ゴルフ倶楽部

プリンス通り

ザ・プリンス 軽井沢 P.105
H

矢ヶ崎川

H 軽井沢 村ホテル
H ペンションばる

成沢

軽井沢バイパス

成沢

アートホテル
ドッグレッグ軽井沢
H

H チサンイン

18

南軽井沢

舟 諏訪神社

軽井沢町

泥川

| 南軽井沢 |
| みなみかるいざわ |
| 周辺図 P.4 |

柳橋

アートホテル アウトレット軽井沢 **H**

0　　200　　400m
1:22,000
N

軽井沢72ゴルフ
南軽井沢

中軽井沢
なかかるいざわ
周辺図 P.4

0　200　400m
1:22,000

千ヶ滝駐車場
北軽井沢

千ヶ滝せせらぎの道
千ヶ滝中区

サンジュエールイン
西武軽井沢営業所
かしわ荘
千ヶ滝局

千ヶ滝通り
ドーミー倶楽部軽井沢
千ヶ滝温泉入口

芹ヶ沢
桔梗ヶ丘

アートヴィラ11
塩壺上 塩壺

立教女学院前

軽井沢千ヶ滝温泉
塩壺温泉

★軽井沢野鳥の森 P.24

黒橋

星野

Ｈ星のや軽井沢 P.72/P.104

146

★ピッキオ P.51

千ヶ滝南

星野温泉 トンボの湯
星野温泉 トンボの湯 P.51

蕨尾
北原白秋の歌碑

Ｃサジロカフェ・リンデン P.49
Ｓ我蘭憧 P.49
ＳNATUR TERRACE P.49
Ｒイル・ソーニョ P.49
★ハルニレテラス
P.49
Ｒせきれい橋川上庵 P.49
ＲCERCLE wine & deli P.49

千ヶ滝別荘管理事務所前

Ｈ
清水屋山荘

田崎美術館★
P.53

長倉

★軽井沢高原教会 P.28/P.50
Ｈ星野リゾート 軽井沢ホテルブレストンコート P.105

石の教会
内村鑑三記念堂
上ノ原

Ｒブレストンコート ユカワタン P.80
Ｃ軽井沢ホテルブレストンコート ザ・ラウンジ P.88
Ｒ軽井沢ホテルブレストンコート ノーワンズレシピ
P.85

湯川
卍宝性寺

富ヶ丘
上ノ原

Ｈペンションメモリーズ
中軽井沢
ペンションやまぼうし

ペンション ウイングス
Ｈ

Ｈペンションカスティール

P.91 coffee house shaker Ｃ

文化会館前

ベルキャビン
カフェ&ゲストハウス
甲山

P.70 長倉の牧★

146
ろぐ亭
Ｈ
長倉公園

P.97 かぎもとや Ｒ
中軽井沢本店

P.83
レストラン モデスト Ｒ

中軽井沢西
富ヶ丘入口

中軽井沢
軽井沢町役場
Ｈ軽井沢中
中学校前

Ｈシルバー
フォックス
町役場病院前

軽井沢駅
軽井沢病院

上ノ原
中部小入口
発地入口

中軽井沢駅

Ｈ
ペンションラブサーティ
18

しなの鉄道
JA支所前

★くつかけテラス P.47
ｉ軽井沢観光案内所

ル・モンヴェール
Ｈ

軽井沢中

信濃追分駅

中部小
中部小前
南軽井沢

P.10

Ｈペンションライラック

9

軽井沢駅周辺

かるいざわえきしゅうへん

周辺図 P.5/P.10-11

0　　100　　200m

1:10,000

ベーカリー&レストラン R S 沢村 旧軽井沢 P.95

川上庵本店 軽井沢 川上庵 R P.97

レストラン酢重正之 R P.96

S 酢重正之商店 P.100

P.103 S アトリエ・ド・フロマージュ 旧軽井沢店

Schokoladen burg 軽井沢チョコレート館 S

R わかどり P.42

万平通り ★ P.35

アートフォロン軽井沢 H

H 旧軽井沢KIKYO

H ルグラン旧軽井沢 P.106

★ 雲場池 P.27/P.56

E.Bu.Ri.Ko R

旧軽井沢ノースアベニュー H

P.87 Trattoria Primo R

脇田美術館

リブマックスリゾート軽井沢

P.106 H 旧軽井沢ホテル 音羽ノ森

C 旧軽井沢ホテル 音羽ノ森 レストラン「桂姫」ラウンジ P.89

エレガンス

P.82 レストラン ピレネー R

軽井沢霊園

H エレガンス南館

† 森のチャペル 軽井沢礼拝堂

R Ristorante Pietrino P.84

H オテル・ドゥ軽井沢ヴァルト

C カフェテラス ミハエル P.92

R P.83 Auberge de Primavera

H 旧軽井沢

型絵染美術館

新道

マロウド軽井沢 H

東雲

ハーヴェスト旧軽井沢 H

新軽井沢

アトリエ・ド・フロマージュ 軽井沢ピッツェリア R P.87

ローザンヌ

八十二

アトリエ・ド・フロマージュ 軽井沢店 S P.99

・小さな美術館 軽井沢草花館

友愛山荘 H

サイクルメイトQ 新軽井沢店 ★

S 腸詰屋 軽井沢1号店 P.99

北野沢原公園・

大賀ホール

矢ヶ崎公園

S

P.103 白樺堂 駅前通り店

グランヴェール旧軽井沢 H

レンタサイクル 市村輪店 ★

★ 矢ヶ崎公園 P.57

H サイプレス軽井沢

・西野沢原公園

新軽井沢

中山道

駅入口

C 珈琲館 旦念亭 P.57

軽井沢東

新軽井沢西

古峰神社

雲場公園・

サイクルメイトQ 駅前店 ★ P.56

一田屋

駅

アパ H

中軽井沢駅

北口西側

(旧)軽井沢駅舎記念館・

安中榛名駅

しなの鉄道

北陸新幹線

軽井沢駅

佐久平駅

i 軽井沢観光案内所

軽井沢味の街 R

フードコート R

SC 軽井沢・プリンス ショッピングプラザ P.28/P.60

南軽井沢

南口

D ▼ E ▼ F ▲

宮寺
神宮寺 卍

P.70/P.77/P.107 **つるや旅館** 🏨
⊙旧碓氷峠

軽井沢
ショッピングアレイ **SC**

P.99 **軽井沢 S**
デリカテッセン

C 茜屋珈琲店 旧道店 P.41

• 軽井沢クリークガーデン

C
ちもと総本店 P.41

S ジャムこばやし P.98

どんぐり共和国
P.75/P.94
S フランスベーカリー

P.43
大坂屋
家具店
土屋 **S**
写真店
•

⭐ **旧軽井沢銀座通り** P.38

• ツチヤプラザ

P.42/P.94
S R ブランジェ浅野屋 軽井沢旧道本店

ℹ 軽井沢観光会館

⭐ **犀星の径** P.35

⭐ **室生犀星記念館** P.77

旧軽井沢cafe **C**
涼の音
P.40

S 中山のジャム P.98

• シャトレー軽井沢

ロストボールレーン

アイビーコート

グリーングラス
S

℗ 旧軽井沢

• 軽井沢会テニスコート

• 軽井沢集会堂

⭐ **オーディトリアム通り** P.35

℗

🏛 **軽井沢ユニオンチャーチ** P.37

銀座

⛩ 諏訪神社

• 諏訪の森公園

🏨 **LONGINGHOUSE**
旧軽井沢・諏訪ノ森 P.22

1
2
3
4

旧軽井沢
きゅうかるいざわ

周辺図 P.5

0　25　50m
1:3,000
N

★三笠通り P.34

ニコカフェ C

† 軽井沢聖パウロカトリック教会 P.37
S まさはな

聖パウロ教会通り

幸楽 R

旧ゴルフ通り

植進場川

清水家具店 S　P.43 Qcul Atelier S
•テルミドール　P.39 チャーチストリート軽井沢 ★
鹿島の森

R 山長黒うどん

聖パウロ教会前

天狗屋養蜂店 S

軽井沢

ハンバーグ＆パスタ R
BENSON

C ばいつぼおる　旧三笠通り

妙順寺 卍

P.100
軽井沢紅茶館
サンビーム
S

炭火焼鳥こみやま R

P 旧軽

P.43
S 一彫堂
ICCHODO

SASH! 軽井沢

† 日本基督教
軽井沢教会 P.37

S 軽井沢の
アトリエ P.1

町営
旧軽井沢(立体)
P

腸詰屋 S

C ミカド珈琲
軽井沢旧道店 P.41/P.75

C Paomu Karuizawa Bist
S Paomu Karuizawa
Sweet's Shop P.102

旧軽井沢森ノ美術館

P.95 軽井沢キッチン ロータリー店 R S

P

旧軽井沢

•草軽交通駅舎旧軽井沢

P

旧軽ロータリー•

133

旧軽井沢

R レストラン酢重正之 P.96

旧軽井沢

離山通り

S 酢重正之商店 P.100

P.95 ベーカリー＆レストラン
沢村 旧軽井沢 S R

軽井沢本通り

旧軽井沢

P.97 川上庵本店 軽井沢 川上庵 R

↓ 軽井沢駅

軽井沢中心部
かるいざわちゅうしんぶ
周辺図 P.4

0　200　400m
1:22,000
N

北軽井沢

旧三笠ホテル
（2025年3月まで休館）
旧スイス公使館（深山荘）

三笠

三笠神社

三笠

三笠パーク入口

愛宕山

古峰神社

正宗白鳥の歌碑

P.44 二手橋 ★　室生犀星文学碑

P.36/P.71 ショーハウス記念館 ★
P.25/P.36/P.71 日本聖公会 軽井沢ショー記念礼拝堂

芭蕉句碑

旧軽井沢ゴルフクラブ

精進場川

旧軽井沢 旧軽井沢 P.6-7

P.34
★ 三笠通り

★ 旧軽井沢銀座通り
P.38

旧ゴルフ通り

H
万平ホテル
P.72

P.106 ホテル鹿島ノ森 H
P.56 御膳水 ★
P.86 ホテル鹿島ノ森
メイプルラウンジ

鹿島ノ森

軽井沢

離山通り

軽井沢本通り

P.35
万平通り ★

釜の沢

矢ヶ崎川

★ 雲場池
P.27/P.56

雲場池通り

泉の里

大隈通り

ふふ 旧軽井沢 H
静養の森
P.22

東部小

P.81
R シェ草間

軽井沢東部小

鳩山通り

新渡戸通り

東雲

野沢原

新軽井沢

軽井沢本通り

矢ヶ崎

中軽井沢駅

軽井沢署

佐久平駅

中山道

18
しなの鉄道

軽井沢東

軽井沢駅

S 丸山珈琲
軽井沢本店
P.100

東部小入口

軽井沢駅周辺 P.8

P.11

南軽井沢

北陸新幹線

安中榛名駅

SC 軽井沢・プリンスショッピングプラザ P.28/P.60
軽井沢プリンスホテルゴルフコース

D　E　F

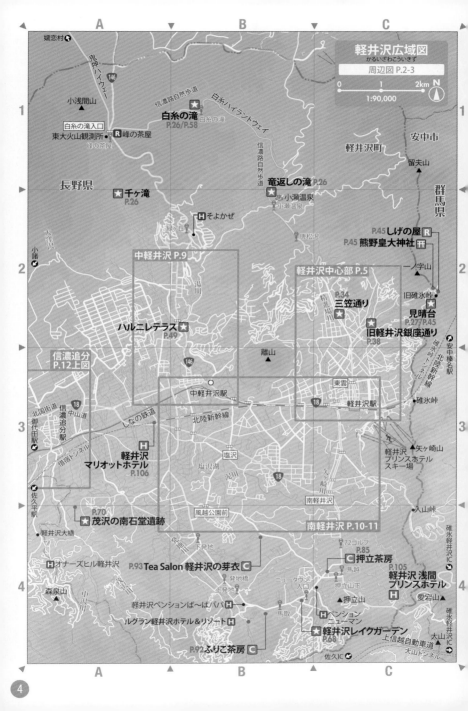

軽井沢広域図
かるいざわこういきず
周辺図 P.2-3

0 1 2km
1:90,000 N

嬬恋村

鬼押ハイウェー 146
小浅間山
信濃路自然歩道
白糸の滝
P.26/P.58
白糸ハイランドウェイ
白糸の滝入口
東大火山観測所
R 峰の茶屋
峰の茶屋

長野県
信濃路自然歩道

竜返しの滝 P.26
小瀬温泉
小瀬温泉

千ヶ滝
P.26

安中市
軽井沢町
留夫山

群馬県

そよかぜ H
緑ヶ丘
唐松沢

P.45 しげの屋 R
P.45 熊野皇大神社

一ノ字山

中軽井沢 P.9
湯川

軽井沢中心部 P.5
精進場川
P.34
三笠通り

旧碓氷峠
見晴台 ★
P.27/P.45
北陸新幹線

ハルニレテラス ★
P.49

離山

旧軽井沢銀座通り ★
P.38

安中榛名駅

碓氷峠トンネル

信濃追分
P.12上図

146

中軽井沢駅

北陸新幹線
しなの鉄道

東雲

18

軽井沢駅

碓氷峠

北国街道
御代田駅 18
中山道
信濃追分駅

信宿トンネル

軽井沢
マリオットホテル H
P.106

塩沢
塩沢湖
泥川

矢ヶ崎川

軽井沢
プリンスホテル
スキー場

矢ヶ崎山 ▲

佐久平駅

南軽井沢

風越公園前

南軽井沢 P.10-11

入山峠

軽井沢大橋

P.70
茂沢の南石堂遺跡 ★

碓氷軽井沢IC

72ゴルフ
P.85
押立茶房 C
馬越

軽井沢 浅間
プリンスホテル
P.105
H

オーナーズヒル軽井沢 H

P.93 Tea Salon 軽井沢の芽衣 C
発地橋
走者地地

押立山下

愛宕山

森泉山

中沢川

軽井沢ペンションば〜ばパパ H
ニュータウン
入口

馬取

押立山 ▲

ペンション
ニューマン H

碓氷軽井沢IC

ルグラン軽井沢ホテル&リゾート H

P.92 ふりこ茶房 C

軽井沢レイクガーデン ★
P.68

大山

上信越自動車道
大山トンネル

佐久IC

4

万座・鹿沢口駅
草津町
浅間白根火山ルート
浅間山熔岩樹型
P.59 鬼押出し園 ★
鬼押出岩 ●
嬬恋村
長野原町
鷹繋山
浅間隠山
高崎市
浅間牧場
1
P.58
🏕 浅間山キャンプ場
浅間入山ルート
峰温泉
小浅間山
白糸の滝 P.26/P.58
★
黒斑山 ▲
★ **浅間山**
東大火山観測所 ●
146
白糸ハイランドウェイ
晨曲山 ▲
安中市
車坂峠 ●
留夫山 ▲
安中榛名駅
烏帽子山
前掛山 ▲
剣ヶ峰 ▲
2
石尊山 ▲
軽井沢町
子持山 ▲
御代田町
中軽井沢駅 ○
離山 ▲
碓氷峠
18
信濃追分 P.12上図
矢ヶ崎山 ▲
軽井沢駅
松井田妙義IC
御代田駅 ○
信濃追分駅
塩壺湖
18
18
3
入山峠 ●
しなの鉄道
北陸新幹線
森泉山 ▲
141
久北IC
佐久小諸JCT
中部横断自動車道
佐久IC
平尾富士 ▲
軽井沢広域図 P.4
碓氷軽井沢IC
佐久平SIC
八風山 ▲
富岡市
佐久平駅
八風山トンネル
日暮山 ▲
岩村田駅
上信越自動車道
御場山 ▲
北中込駅
小海線
長野県
寄石山 ▲
群馬県
下仁田町
4
滑津駅
佐久市
物見山 ▲
神津牧場
254
中込駅
内山牧場 ●
熊倉峰 ▲
太田部駅
内山峠 ●
佐久穂町
龍岡城駅 ○
初谷温泉 ♨
254

3

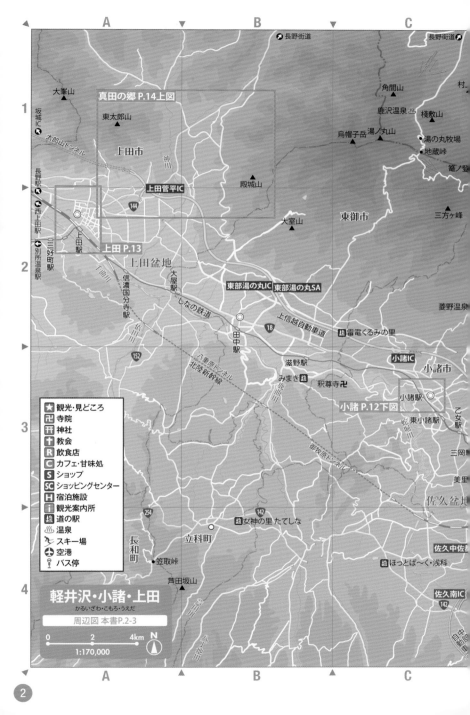

軽井沢・小諸・上田
かるいざわ・こもろ・うえだ

周辺図 本書P.2-3

0 ── 2 ── 4km
1:170,000
N

凡例
★ 観光・見どころ
卍 寺院
⛩ 神社
✝ 教会
R 飲食店
C カフェ・甘味処
S ショップ
SC ショッピングセンター
H 宿泊施設
i 観光案内所
道 道の駅
♨ 温泉
✕ スキー場
✈ 空港
🚏 バス停

真田の郷 P.14上図

上田 P.13

小諸 P.12下図

大峯山
坂城IC
太郎山トンネル
長野駅
西上田駅
三好町駅
別所温泉駅
上田駅
上田盆地
上田市
東太郎山
神川
上田菅平IC
144
殿城山
大屋駅
信濃国分寺駅
依田川
しなの鉄道
東部湯の丸IC 東部湯の丸SA
上信越自動車道
18
田中駅
八重原トンネル
北陸新幹線
152
滋野駅
みまき 道
釈尊寺卍
雷電くるみの里 道
小諸IC
小諸市
小諸駅
東小諸駅
乙女駅
三岡駅
美里
佐久盆地
御牧原トンネル
長和町
254
立科町
女神の里 たてしな 道
笠取峠
芦田坂山
ほっとぱ～く・浅科 道
佐久中佐都
佐久南IC
142

長野街道
角間山
鹿沢温泉 ♨
棧敷山
烏帽子岳 湯ノ丸山
湯の丸牧場
地蔵峠
籠ノ登
東御市
三方ヶ峰
大室山
菱野温泉

長野街道
村

MAP

付録 街歩き地図

軽井沢

小諸・上田・松代
松本・善光寺

軽井沢・小諸・上田 ……… 2
軽井沢広域図 ……… 4
軽井沢中心部 ……… 5
旧軽井沢 ……… 6
軽井沢駅周辺……… 8
中軽井沢…… 9
南軽井沢 ……… 10
信濃追分／小諸 …… 12
上田 ……… 13
真田の郷／別所温泉 ……… 14
長野・小布施・松代 ……… 15
長野・善光寺……… 16
小布施／松代……… 17
松本・浅間温泉／浅間温泉／松本……… 18

軽井沢

小諸・上田・松代・松本・善光寺

あなただけの
プレミアムな
おとな旅へ！
ようこそ！

SIGHTSEEING

塩沢湖畔に
立つ睡鳩荘は
軽井沢別荘建築
における傑作

睡鳩荘 ➡ P.64

KARUIZAWA
KOMORO UEDA MATSUSHIRO
MATSUMOTO ZENKOJI

軽井沢 小諸・上田・松代・松本・善光寺への旅

きらきら光る風のリゾート
のびやかに心がひらくとき

木立を渡る風は、心なしか爽や
かな緑色に見え、体が染まるよ
うだ。目的のスポットや心地よさ
そうなカフェ、ランチの店などを
決めておき、足の向くまま小径
にそれる。軽井沢が避暑地に恰
好だと言ったのは英国の外交官
アーネスト・サトウで、明治期外
国人たちが別荘を建て、保養地
ができた。やがて室生犀星や堀
辰雄、鴎外や漱石などが親しん
で、リゾートに文学の味付けを
し、近年にはジョン・レノンが遊
んだ。涼やかな風には今も独特
の瀟洒な気配がひそむ。

SIGHTSEEING

夏の訪れを
告げるバラの花。
高貴な香りも
楽しみたい

軽井沢レイクガーデン ➡ P.68

SIGHTSEEING

「軽井沢の父」
と呼ばれた宣教
師、A.C.ショーが
開いた教会

日本聖公会
軽井沢ショー記念礼拝堂 ➡ P.36

宣教師たちを魅了した
清涼な空気と美しい森

かつて「屋根のない病院」と
称賛された清涼な空気を
胸いっぱいに吸い込んで！

豊かな自然が魅せる
四季折々の絶景

鮮やかなグリーンを
湖面に映し出す雲場池

GOURMET

グルメな
別荘族を唸らす
一流シェフの
レストランへ

《ブレストンコート ユカワタン》
➡ P.80

上田城と満開の桜の
見事なコラボレーション

SHOPPING

古くから西洋
文化が根付いた
地、ジャムや紅茶
なども豊富

《軽井沢紅茶館 サンビーム》 ➡ P.100

SHOPPIG

日本最大級の
大型ショッピング
モールで
おみやげ探し

軽井沢・プリンス
ショッピングプラザ ➡ P.60

HOTELS

極上の
リゾートホテルで
非日常なステイ
を満喫

星のや軽井沢 ➡ P.104

風情ある街並みに
遥かな歴史を想う

なまこ壁の蔵が立ち並ぶ
レトロな中町通りを散歩

おとな旅プレミアム PREMIUM 軽井沢 小諸・上田・松代・松本・善光寺

CONTENTS

軽井沢・長野・松本広域図 ………… 2

軽井沢 小諸・上田・松代・松本・善光寺への旅
きらきら光る風のリゾート
のびやかに心がひらくとき ………… 4

軽井沢 上田・松代・長野・善光寺・松本は
こんなところです …………… 12

トラベルカレンダー …………… 14

プレミアム滞在モデルプラン
軽井沢・上田・善光寺・長野・松本
おとなの1日プラン …………… 16

ニュース＆トピックス…… 22

特集

移ろう季節のなかへ ………… 24
新緑が祝福する高原を歩く ………… 24
水辺に涼をもとめて …………… 26
避暑地を染める紅葉の輝き …………… 27
美しい雪景色と光の饗宴 …………… 28

軽井沢

軽井沢はこんなところです …………… 30

旧軽井沢　32
旧軽井沢 …………… 32
木洩れ日が揺れる緑陰の散歩道 …………… 34
静寂に包まれた祈りの場 森の教会 …………… 36
旧軽井沢銀座通り …………… 38
避暑地の新定番 軽井沢トースト …………… 40
昭和が息づくレトロ喫茶で憩う …………… 41
洋と和のなつかしい美味 …………… 42
避暑地の洗練をお持ち帰り …………… 43

旧碓氷峠森林浴ハイキング …………… 44

中軽井沢　46
中軽井沢 …………… 46
森に包まれた小さな街 星野エリア …………… 48
心洗われる高原の美術館 …………… 52

軽井沢駅周辺　54
軽井沢駅周辺 …………… 54
カラマツ林を抜けて水と緑の高原を走る … 56
北軽井沢へ！ 絶景ドライブ …………… 58
軽井沢・プリンスショッピングプラザ …………… 60

南軽井沢 62

南軽井沢 62
別荘地で美とふれる旅 アートな午後 64
避暑客を祝福する花々を追って 68
歴史 高原に花開いたリゾートの今昔 70
　　 美しい村を愛した文化人 74
　　 文学者ゆかりの地をたどる 78

食べる 80

上質が宿る美食のテーブルにて 80
リゾートの朝のおもてなし 85
高原に届いた南欧の風 ガレット&ピッツァ 86
優雅なる名門ホテルの特等席
カフェテラスの幸福な時間 88
やさしい光がご挨拶 木洩れ日のカフェ 90
街で評判のパン屋さん 94
和の粋を食す 96
名店のこだわりを手繰る 97

買う 98

別荘族御用達みやげ 98
ご当地スーパーへご招待 101
自慢の一品に魅せられて 102

泊まる 104

リゾートの極上ホテル 104
周辺の街とスポット
信濃追分 108
小諸 110

上田・松代

上田・松代はこんなところです 112
上田 114
上田 114
松代 116
松代 116
周辺の街とスポット
別所温泉 118
歴史 真田幸村を生んだ一族の軌跡 120
一族発祥の地、真田の郷へ 122

長野・善光寺

長野・善光寺はこんなところです 124
善光寺周辺 126
善光寺 126
伝統のおもてなし 門前町の味 130
門前カフェの休息 132
旅人の心をつかむ善光寺みやげ 133
長野駅周辺 134
長野駅周辺 134
周辺の街とスポット
小布施 136

松本

松本はこんなところです ・・・・・・・・・ **138**

歩く・観る **140**

松本 ・・・・・・・・・・・・・・・・・・・・・・・・ **140**

歴史　城下町・松本の歴史 ・・・・・・ **143**

食べる **144**

古き良き食卓への憧憬 ・・・・・・・・・ **144**

街の誇りを食す ・・・・・・・・・・・・・・・ **146**

買う **148**

中町通り・縄手通り ・・・・・・・・・・・・ **148**

周辺の街とスポット

浅間温泉 ・・・・・・・・・・・・・・・・・・・・ **150**

美ヶ原温泉 ・・・・・・・・・・・・・・・・・・ **152**

軽井沢・上田・長野・松本へのアクセス ・・・・ 154
エリア間の移動 ・・・・・・・・・・・・・・・・・・ 155
軽井沢の交通 ・・・・・・・・・・・・・・・・・・・ 156
上田の交通 ・・・・・・・・・・・・・・・・・・・・・ 157
長野の交通 ・・・・・・・・・・・・・・・・・・・・・ 157
松本の交通 ・・・・・・・・・・・・・・・・・・・・・ 157
INDEX ・・・・・・・・・・・・・・・・・・・・・・・・ 158

付録地図

軽井沢・小諸・上田 ・・・・・2	上田 ・・・・・・・・・・・・ 13
軽井沢広域図 ・・・・・・・4	真田の郷／別所温泉 14
軽井沢中心部 ・・・・・・・5	長野・小布施・松代 ・・・ 15
旧軽井沢 ・・・・・・・・・・6	長野・善光寺 ・・・・・・ 16
軽井沢駅周辺 ・・・・・・・8	小布施／松代 ・・・・・ 17
中軽井沢 ・・・・・・・・・・9	松本・浅間温泉／
南軽井沢 ・・・・・・・・・ 10	浅間温泉 ・・・・・・・・ 18
信濃追分／小諸 ・・・・ 12	松本 ・・・・・・・・・・・・ 19

本書のご利用にあたって

● 本書中のデータは2023年11月現在のものです。料金、営業時間、休業日、メニューや商品の内容などが、諸事情により変更される場合がありますので、事前にご確認ください。

● 本書に紹介したショップ、レストランなどとの個人的なトラブルに関しましては、当社では一切の責任を負いかねますので、あらかじめご了承ください。

● 営業時間、開館時間は実際に利用できる時間を示しています。ラストオーダー(LO)や最終入館の時間が決められている場合は別途表示してあります。

● 休業日に関しては、基本的に定休日のみを記載しており、特に記載のない場合でも年末年始、ゴールデンウィーク、夏季、旧盆、保安点検日などに休業することがあります。

● 料金は消費税込みの料金を示していますが、変更する場合がありますのでご注意ください。また、入館料などについて特記のない場合は大人料金を示しています。

● レストランの予算は利用の際の目安の料金としてご利用ください。Bが朝食、Lがランチ、Dがディナーを示しています。

● 宿泊料金に関しては、「1泊2食付」「1泊朝食付」「素泊まり」は特記のない場合1室2名で宿泊したときの1名分の料金、「シングル」「ツイン」「ダブル」は1室あたりの料金です。曜日や季節によって異なることがありますので、ご注意ください。

● 交通表記における所要時間、最寄り駅からの所要時間は目安としてご利用ください。

● 駐車場は当該施設の専用駐車場の有無を表示しています。

● 掲載写真は取材時のもので、料理、商品などのなかにはすでに取り扱っていない場合があります。

● 予約については「要」(必ず予約が必要)、「望ましい」(予約をしたほうがよい)、「可」(予約ができる)、「不可」(予約ができない)と表記していますが、曜日や時間帯によって異なる場合がありますので直接ご確認ください。

● 掲載している資料および史料は、許可なく複製することを禁じます。

■ データの見方

- ☎ 電話番号
- ⊕ 所在地
- ⊕ 開館/開園/開門時間
- ⊗ 営業時間
- ⊗ 定休日
- ⊕ 料金
- ✉ アクセス
- Ｐ 駐車場
- in チェックインの時間
- out チェックアウトの時間
- 🛏 宿泊施設の客室数

■ 地図のマーク

- ★ 観光・見どころ
- 卍 寺院
- ⛩ 神社
- R 飲食店
- C カフェ・甘味処
- S ショップ
- SC ショッピングセンター
- H 宿泊施設
- ｉ 観光案内所
- 道 道の駅
- ♨ 温泉
- 🚏 バス停
- ✈ 空港
- 🎿 スキー場

旅のきほん
1

エリアと観光のポイント ✧
軽井沢 上田・松代・
長野・善光寺・松本はこんなところです

さわやかな高原リゾートから、話題の武将ゆかりの地、古刹と門前町、天守がそびえる
城下町まで。個性豊かな見どころと出会う旅へ。

宗派を超えた古刹に参詣
長野・善光寺 ➡P.123
ながの・ぜんこうじ

創建から約1400年の歴史を誇
り、日本最古といわれる仏像を
絶対秘仏の御本尊として祀る善
光寺。全国から参詣者が集まる、
日本有数の由緒ある門前町だ。

善光寺本堂は国宝に認定されている ©善光寺

周辺の街・温泉
小布施 おぶせ ➡P.136

| 観光の
ポイント | 善光寺 P.126　ぱてぃお大門 蔵楽庭 P.135　西方寺 P.135
城山公園 P.134　MIDORI長野 P.135 |

真田の城が勇名を馳せた
上田・松代 ➡P.111
うえだ・まつしろ

大河ドラマで注目を集めた真田
幸村。その父・昌幸が本城・上田
城を築いた。松代は、江戸時代
に真田信之が上田から移封し治
めた、松代藩の城下町。

真田幸村のロマンを追おう

周辺の街・温泉
別所温泉 べっしょおんせん ➡P.118

| 観光の
ポイント | 上田城 P.114　松代城跡 P.116
真田氏歴史館 P.122　真田氏本城跡 P.122　長谷寺 P.122 |

天守が健在の城下町
松本 ➡P.137
まつもと

現存する貴重な天守のなかでも、
5重6階の構造では日本最古とい
う大天守を持つ松本城が見事。
城下町に残された歴史情緒や、
近代以降育まれた芸術や民芸も
興味深い。

城下町
風情のある
なまこ壁の
街並みが続
く中町通り

国宝・松本城は街のシンボル

周辺の街・温泉
浅間温泉 あさまおんせん ➡P.150
美ヶ原温泉 うつくしがはらおんせん ➡P.152

| 観光の
ポイント | 松本城 P.140　深志神社 P.142
中町通り・縄手通り P.148 |

妙高高原駅
上越JCT
飯山駅
飯山線
飯綱町
飯山線
湯田中温泉
湯田中駅

西洋人宣教師に国際的避暑地として見いだされた

軽井沢
かるいざわ
→P.29

明治時代にA.C.ショーによって見いだされ、西洋文化による洗練と実業家たちの別荘地開発を経て不動の人気を確立した。最上の休日を約束する高原リゾート。

↑軽井沢の黎明期から残る教会や老舗の名店が並ぶ旧軽井沢銀座

周辺の街・温泉
| 信濃追分 しなののおいわけ | →P.108 |
| 小諸 こもろ | →P.110 |

↑美しい緑と差し込む木洩れ日が心地よい、三笠通りのカラマツの並木道を歩こう

観光の
ポイント　星野エリア P.48
雲場池 P.56　軽井沢タリアセン P.64

信州中野
小布施
小布施駅
北陸新幹線
しなの鉄道
小布施S
長野電鉄
高山村

長野・善光寺
善光寺卍
18
長野駅
松代
更埴JCT
篠ノ井駅
18
信越本線
上信越自動車道
しなの鉄道
坂城
18
上田
上田城★
上田駅
上田菅平
上田電鉄
別所温泉
別所温泉駅
143
松本街道
木村
川所温泉
254

須坂長野東
須坂市
長野県
大笹街道
長野
長野市
406

田代湖
144
嬬恋村
長野原町
東吾妻町
群馬県
高崎市
高崎駅

東御市
東部湯の丸
しなの鉄道
上信越自動車道
北陸新幹線
小諸
小諸駅
小諸市
152
142
立科町
佐久北
佐久中佐都
佐久平駅
佐久南
長和町
中山道
佐久市
141
142
佐久臼田
八千穂高原IC
小海線
南牧村
小淵沢駅

中軽井沢駅
星野エリア★
146
軽井沢町
信濃追分
信濃追分駅
軽井沢タリアセン
軽井沢
軽井沢駅
18
安中市
藤岡JCT
碓氷軽井沢
254
下仁田町
佐久小諸JCT
佐久
佐久平S
254
中部横断自動車道

主要4都市の一年の移ろいから、旬の魅力を発見
軽井沢・上田・長野・松本トラベルカレンダー

標高が高い軽井沢と、山に囲まれた街々。季節ごとの気温や降水量に差や特徴があるので、服装には気をつけたい。イベントや食材にも注目。

1月
平均気温が氷点下となり、厳しい寒さが続く。防寒対策はしっかりと。

2月
空気が澄み、夜空には満天の星が広がる。寒さはまだまだ厳しい。

3月
天気が変わりやすい月。徐々に気温が上がるが、軽井沢の春はまだ先。

4月
多くの街で寒さが和らぎ、桜も開花。高原の軽井沢は遅れて下旬に開花。

5月
新緑が気持ちのよい季節。朝晩はかなり冷えるので上着が必要。

6月
降水量が少ない地域はあるが、梅雨にはまとまった雨が降る。

軽井沢
● 月平均気温（℃）
■ 月平均降水量（mm）

上田
● 月平均気温（℃）
■ 月平均降水量（mm）

長野
● 月平均気温（℃）
■ 月平均降水量（mm）

松本
● 月平均気温（℃）
■ 月平均降水量（mm）

積雪で困るような心配は少ないが、気温は非常に低くなるため、上下厚手の服装で万全に ▼

まだ肌寒いので薄手のコートなどを用意したい

気温: -3.5 / -0.3 / -0.4 / -0.9 / -2.4 / 1.2 / 1.1 / 1.1 / 2.1 / 5.5 / 5.4 / 5.7 / 8.0 / 11.3 / 11.7 / 12.0 / 14.1 / 18.0 / 18.3 / 18.5 / 15.6 / 19.8 / 20.3 / 19

降水量: 35.5 / 43.5 / 76.5 / 71.0 / 12.0 / 42.0 / 8.5 / 47.0 / 48.0 / 59.5 / 73.5 / 113.0 / 68.0 / 73.0 / 125.0 / 39.5 / 32.5 / 71.5 / 35.0 / 212.0 / 208.0 / 162.0 / 166

上旬
松本あめ市
商都松本の新春行事で、江戸時代前期の「塩市」が起源とされる。福あめの露店販売や時代行列など多彩な催しを開催する。

6日
おびんずる廻し
善光寺本堂のびんずる尊者像をもみ上げ、参詣者とともに妻戸台の周りを廻す行事。参詣者には杓子が授与され、その杓子で尊者像をなでて持ち帰ると、一年を無病息災で過ごせるといわれている。

12月下旬〜2月中旬
軽井沢白糸の滝 真冬のライトアップ
軽井沢の冬の風物詩「白糸の滝真冬のライトアップ」。雪、水、光が調和した神秘的な空間を演出する。※詳細は公式HPで確認

9〜12日
長野灯明まつり
長野オリンピックのメモリアルイベントとして賑わった「善光寺ゆめ常夜灯」を発展させ、2004年から始まったイベント。「善光寺五色のライトアップ」が見どころ。

11月25日〜2月29日
軽井沢ウインターフェスティバル
軽井沢の街がイルミネーションで染まる一大イベント。冬季も美しい、楽しい、温かい、夏とは違った軽井沢を演出する。

3月下旬〜4月中旬
信州国際音楽村 すいせん祭り
上田市・信州国際音楽村の花畑一面に広がる美しい水仙を楽しめる。

上旬
上田城千本桜まつり
上田城跡公園にソメイヨシノやしだれ桜など約1000本の桜が咲き誇る。物産展などが開催されるほか、夜には幻想的な桜のライトアップも楽しめる。

4月下旬〜5月下旬
工芸の五月
松本の工芸月間を中心に、美術館、ショップ、クラフトフェアなどで工芸イベントや企画展を複数開催。

3〜5日
善光寺花回廊
中央通りなど、善光寺周辺の各所が浮き花キャンバスなどの美しい花で飾り付けられる。

6月下旬〜7月中旬
信州国際音楽村 ラベンダー祭り
浅間山麓、蓼科山など望む上田市・信州国際音楽村の花畑にラベンダーが咲き誇り、華な香りを楽しめる。

リンゴ 9〜1月

桜 4月〜5月上旬 ※軽井沢は4月下旬〜

コブシ 4月下旬〜5月上旬

サクラソウ 5月

↑リンゴ

↑桜

↑サクラソウ

↑コブシ

↑バラ

↑桃

↑梨

↑栗

↑長野灯明まつり

↑信州国際音楽村すいせん祭り

↑信州国際音楽村ラベンダー祭り

↑長野えびす講 煙火大会

7月	**8**月	**9**月	**10**月	**11**月	**12**月
光シーズンの始まり。井沢は避暑客が多く大渋滞もしばしば。	高冷地気候の軽井沢・高原だけでなく、長野や松本も比較的涼しい。	台風が多い時期を迎える。その後、気温が下がり、本格的な秋が訪れる。	長野の紅葉は駆け足。見頃をチェックして、美しく色づく山々へ。	気温がぐっと下がり、いよいよ冬の到来。温かいそばが恋しい季節。	高地では、木々についた水蒸気などが凍る氷霧という神秘的な現象も。

24.4 24.8 24.6 24.1 24.8 24.7

0.6 20.0

19.3 19.6 19.2

15.6

13.4 13.9 13.7

10.2

日中はTシャツでOK。朝晩は冷え込むので羽織れるものを

涼しい紅葉のシーズンを過ぎると寒さも本格的に。冬の服装を準備

9.8 10.2 9.9

6.5

259.5

45.5

156.0
118.0
144.5
181.5

166.5 174.0 194.5

4.1 4.3 4.5

1.1

104.0 106.0
72.5

127.5
108.5
81.0
127.5

20.5 23.5 29.0 32.5

20.0 22.5 38.5 39.0

旬の日曜 の幟	上旬 **長野びんずる**	第4土曜 **美ヶ原温泉** **秋のおもてなし** **「道祖神祭り」**	上旬 **信州・松本そば祭り**	23日 **長野えびす講** **煙火大会**	上旬〜25日 **軽井沢高原教会** **星降る森のクリスマス**
所温泉に古くから伝わ雨ごいの祭り。色とりの反物と竹竿でできた長さ約6mもの幟（のり）をかつぎ、標高50mの夫婦岳山頂か別所神社まで温泉街練り歩く。	「市民総和楽・総参加」を掲げる長野市民の夏祭り。総勢約1万人もの踊り手が参加する。ステージや屋台、みこしなどのイベントが行われ、一帯は昼から歩行者天国で賑わう。	ご神体を乗せた神輿が温泉街を練り歩く奇祭。神輿には女性のみが乗ることができ、縁結びや厄除け・子宝祈願のご利益があるとされている。	全国各地のそば処が松本城に大集結。信州の特産品や名産品のブースなども多数出店。	全国でも珍しい11月の花火大会。明治32年（1899）に始まり、長い歴史を誇る。絢爛豪華な花火が晩秋の澄んだ夜空を彩り、毎年好評の音楽と花火のコラボレーション「ミュージックスターマイン」など、日本屈指の煙火師による華麗な競演が楽しめる。	軽井沢高原教会の森を星明かりとランタンの灯が照らし、幻想的な世界が広がる（予約制で開催）。
旬の土・日曜 **宝松本城** **鼓まつり** 本城公園内の特別ステージで、天守を背景に太鼓の演奏を楽しめ	第1土曜 **松本ぼんぼん** 松本の夏の一大祭り。「ぼんぼんまつもとぼんぼん」のかけ声とサンバ調の軽快な音楽の中、賑やかにさまざまな踊り連が街を練り歩く。			松代藩 **真田十万石まつり** 松代藩真田家250年余りの善政を讃える。町内を練り歩く真田十万石行列は必見。 ↑紅葉	

パラ 6月中旬〜9月下旬					
			紅葉 10月〜11月中旬		
	リンゴ 9〜1月				
桃 7〜9月					
	梨 8月中旬〜10月中旬				
	栗 9〜10月				
夏そば 8月〜9月上旬		秋そば（新そば）10月上旬〜11月			↑秋そば

※開催日程は変動することがありますので、事前にHPなどでご確認ください。

15

プレミアム滞在モデルプラン

軽井沢・上田・善光寺・長野・松本 おとなの1日プラン

山々に抱かれた情緒あふれる信州の街で
古き良き時代を巡る極上の時を過ごす。

↑軽井沢の北にそびえる活火山・浅間山。その雄大な姿は、季節や時間、見る場所によってさまざまな表情を見せてくれる

スケジュール

9:00 軽井沢駅

↓ 約15分
駅前レンタサイクル
(P.56)から自転車で軽井沢本通り、雲場池通り経由、雲場池まで約1.5km

9:15 サイクリング

↓ 約10分
自転車で軽井沢本通り経由、約1.5km

12:00 旧軽井沢

↓ 約5分
徒歩で旧軽井沢銀座通り経由、約0.5km

14:30 日本聖公会 軽井沢ショー記念礼拝堂

↓ 約20分
駐輪場に戻り、自転車で本通り経由、約3.2km

16:00 軽井沢駅

↓ 約2分
自転車を返却し、軽井沢駅南口の方へ

16:15 ショッピングモール

軽井沢 避暑地の歴史にふれるサイクリング

美しい自然のなか、華やかな時代を築いた立役者の足跡をたどる。

サイクリング でカラマツの林を抜ける

雲場池 ➡P.56
くもばいけ

御膳水をせき止めてつくられた池は、四季折々の美しい姿を見せてくれる。池の周りには散策路もあり、気軽なピクニックも楽しめる。

↷「スワンレイク」の愛称のとおり、水鳥も多く訪れるのどかな池

新緑の頃はもちろん、紅葉の時期のサイクリングもおすすめ!

御膳水 ➡P.56
ごぜんすい

ホテル鹿島ノ森(P.106)敷地内の湧き水。周囲には心地よい冷気が満ちる。

↑明治天皇がご飲用されたことからその名がついた

矢ヶ崎公園 ➡P.57
やがさきこうえん

大きな池を囲む軽井沢駅近くの公園。浅間山と離山の雄大な姿が望める。

↑ランチをテイクアウトしてピクニックを楽しんでも

軽井沢の別荘史の原点、旧軽井沢へ

旧軽井沢銀座通り ➡ P.38
きゅうかるいざわぎんざどおり

老舗の名店が数多く並ぶ、旧軽井沢のメインストリート。ショッピングや名物グルメを楽しめるほか、歴史的な建造物も建つ。

↳別荘族御用達のベーカリーや専門店などが軒を連ねる

室生犀星記念館 ➡ P.77
むろうさいせいきねんかん

大正から昭和にかけて活躍した文人・室生犀星の旧居を改修した記念館。 昭和6年（1931）に建てられたという純和風の建物は落ち着いたたたずまいで癒やされる。

↳木々や苔が美しく配された庭も必見

木立の中にたたずむ 軽井沢最古の 教会

日本聖公会 ➡ P.36
軽井沢ショー記念礼拝堂
にほんせいこうかい かるいざわショーきねんれいはいどう

軽井沢を避暑地として見いだし、第1号となる別荘を建てた宣教師A.C.ショーが創設した軽井沢最古の教会。第1号別荘も復元移築され、記念館になっている。

↳A.C.ショーが軽井沢初の別荘を築いたのが別荘史の始まりだった

国内最大規模の巨大アウトレット ショッピングモール へ

軽井沢・プリンスショッッピングプラザ ➡ P.60
まんぺいホテル

有名ブランドや雑貨、おみやげなどの多彩なショップが揃う、リゾート型ショッピングモール。自然に囲まれた美しいロケーションで、広い敷地はそれぞれ特色あるエリアに分かれている。

↳軽井沢駅南口からすぐアクセス抜群の立地

↳約26万㎡の敷地に10のモール、約240店のショップが並ぶ

プランニングのアドバイス

軽井沢駅前のレンタサイクルショップで自転車を借りてサイクリング。夏の旧軽井沢銀座通りは自転車の通行禁止なので、旧軽ロータリー近くの駐輪場を利用したい。旧軽井沢銀座通りから室生犀星記念館、日本聖公会軽井沢ショー記念礼拝堂へはそれぞれ徒歩5〜15分程度なので、木洩れ日が美しい道を歩いてまわるのもおすすめ。ランチには旧軽井沢銀座で、昔から愛され続ける名物メニュー（P.42）をいただきたい。軽井沢駅周辺は洗練されたフレンチやイタリアンの名店（P.80）も多いので、夜はぜひ贅沢なディナータイムを楽しんでみては。

↑ブランジェ浅野屋 軽井沢旧道本店（P.42）の名物ビーフシチュー

↑シェ草間（P.81）で信州食材にこだわったフレンチのディナーを

軽井沢 洗練された癒やしとアートの時間

中軽井沢と南軽井沢の自然に寄り添って営まれる2大複合施設で過ごす休日。

8:50 軽井沢駅	

約30分
しなの鉄道で5分、中軽井沢駅下車、徒歩20分

9:20 星野エリア

約1時間
星野エリアから中軽井沢駅まで徒歩20分、中軽井沢駅から町内循環バス東・南廻り線外回りで14分、風越公園下車、徒歩10分

13:45 軽井沢タリアセン

約20分
軽井沢タリアセンから町内循環バス東・南廻り線外回り（塩沢湖発）で16分

17:45 中軽井沢駅

星野エリア でモダンなリゾート体験

⊙ ハルニレの木立を生かし、建物を広いウッドデッキでつないだ「小さな街」ハルニレテラス

ハルニレテラス
星野エリアの玄関口にあたり、個性あるショップやレストランが並ぶ。
➡ P.49

⊙ 木立に囲まれたスポットでのんびり森林浴を

星野温泉 トンボの湯
ほしのおんせん トンボのゆ

北原白秋や与謝野晶子も湯浴みしたという温泉が楽しめる日帰り入浴施設。
➡ P.51

美肌の湯としても知られる名湯

軽井沢高原教会
かるいざわこうげんきょうかい

内村鑑三による「星野遊学堂」の文化的な精神を継ぎ、人々が自由に集う教会。
➡ P.50

さまざまなイベントも行われる

文学とアートが薫る 軽井沢タリアセン へ

睡鳩荘 ➡ P.64
すいきゅうそう

W.M.ヴォーリズが手がけた歴史的価値の高い別荘建築。緑の森の中、塩沢湖に面してたたずむ姿が非常に印象的。

⊙ 軽井沢の別荘建築史のなかでも、最上質なものとされている建物

> **プランニングのアドバイス**
>
> 車での移動が便利だが、星野エリアへは軽井沢駅、中軽井沢駅発着の西部観光バスの利用を検討してもよい。ゆとりをもって過ごしたければ、星野エリア内の「星野リゾート 軽井沢ホテルブレストンコート」（P.105）に宿泊し、軽井沢タリアセンは2日目に観光するのもおすすめ。昼食はレストランも充実しているハルニレテラスでいただくのが◎。また、軽井沢タリアセン内にあるグルメスポットでいただいてもよい。

軽井沢高原文庫
かるいざわこうげんぶんこ

明治から平成まで、軽井沢ゆかりの文学者たちの足跡をたどることができる。
➡ P.65

2階展示室では企画展が行われることも

深沢紅子 野の花美術館 ➡ P.65
ふかざわこうこ ののはなびじゅつかん

高原の花を水彩で描いた作品を数多く収蔵・展示している。

ペパーミントグリーンの建物が目印

上田 真田幸村ゆかりの地をたどる

大河ドラマでも大人気の英雄真田幸村を生んだ血脈に迫る。

9:00	上田駅
↓	約5分 車利用
9:10	上田城
↓	約30分 車利用
13:00	真田の郷
↓	約1時間 上田駅まで車で30分、上田駅から上田電鉄で28分、別所温泉駅下車
17:10	別所温泉
↓	約10分 徒歩
18:30	別所温泉駅

真田の武勇の象徴・上田城を散策

上田城 →P.114
うえだじょう

昌幸が2度にわたり徳川の大軍を退け苦汁を飲ませたことで知られる、上田城の城跡。天守はないが櫓や自然地形を生かした築城技術など見どころが多く、真田の戦いぶりが目に浮かぶようだ。

↑2度目の上田合戦に若き日の幸村も参戦したという上田城

←桜の名所としても有名な上田城。春は城と桜の饗宴が楽しめる

←幸村の父・昌幸が築き徳川を退けた真田の本城へ

真田一族発祥の地 真田の郷 で真田の魂にふれる

真田氏歴史館
さなだしれきしかん

真田の歴史がわかる資料を展示。隣接して真田氏館跡も残されている。 →P.122

↑古文書や武具などを観覧できる

真田氏本城跡
さなだしほんじょうあと

上田城に移るまで真田の本城があった場所。郷を見下ろす眺望が見事。 →P.122

↑城跡には土塁や郭が残る

長谷寺
ちょうこくじ

幸隆が開山した真田家の菩提寺。境内には幸隆夫妻と昌幸の墓がある。 →P.122

↑六文銭が刻まれた常香炉も

別所温泉 で疲れを癒やす

石湯 →P.118
いしゆ

別所温泉の歴史ある3つの外湯のひとつ。自然の岩を積み上げた浴槽は風情たっぷり。戦国時代、真田一族が湯治に利用したという。

→池波正太郎『真田太平記』にたびたび登場することから、「真田幸村公隠しの湯」と呼ばれている

プランニングのアドバイス

上田市街と真田の郷を合わせて巡る想定なら、車で移動するのがベスト。上田駅まで北陸新幹線でアクセスしてから、駅周辺でレンタカーを手配するのがおすすめ。真田つながりで幸村の兄・信之が治めた松代(P.116)にも足を延ばすなら、真田の郷めぐりを早めに切り上げて別所温泉に向かうか、別所温泉に宿泊して2日目に向かいたい。1泊2日なら、上田のほかの見どころや別所温泉の古刹なども見学できる。

↑松代城跡の太鼓門(P.116)

上田の柳町通り(P.115)や駅前には名物のそばをはじめ食事処が多くある。昼食はその周辺でいただくのがおすすめ。また、真田氏歴史館に隣接する真田庵(4月から11月末の10:00〜15:00営業、平日休※5月は火・水曜のみ休)でくるみおはぎや地物野菜のランチが食べられるので、ここを利用するのもいい。

善光寺・長野 善光寺参りと日本の絵画に感動

長野で善光寺を参詣したら、小布施に足を延ばして北斎の画を鑑賞。

9:00	長野駅
↓	約15分 長野駅からアルピコ交通 バス10/11/16/17系統で 8分、善光寺大門下車、 徒歩5分
9:15	善光寺
↓	約3分 徒歩
11:20	城山公園
↓	約40分 長野電鉄・善光寺下駅か ら小布施駅まで27分、 小布施駅から北斎館まで 徒歩12分
14:30	小布施
↓	約30分 岩松院から小布施駅まで 徒歩
17:30	小布施駅

「一生に一度は」とまで謳われた 善光寺 に参詣

善光寺 ➡ P.126
ぜんこうじ

約1400年の歴史を持ち年間約600万人もの参詣者が訪れる、信州を代表する名刹。日本最古といわれる仏像を絶対秘仏の御本尊とする。国宝である本堂の最奥、「お戒壇めぐり」で阿弥陀如来と縁を結びたい。

© 善光寺

↪日本仏教の宗派が分かれる前に創建された、宗派を超えた寺である善光寺

栗が名産の小布施ではおみやげにぴったりな栗スイーツも豊富

善光寺近くの 公園 を散策

城山公園 ➡ P.134
じょうやまこうえん

善光寺の東隣に広がる市民ゆかりの公園を歩く。春の桜や秋は紅葉など季節ごとの魅力がある。

↑長野市最古の公園

栗と芸術の街、 小布施 に足を延ばして

北斎館 ➡ P.136
ほくさいかん

北斎の版画や肉筆画、天井絵を描いた2基の祭屋台などを展示する。

◇画狂人・葛飾北斎の晩年の作品世界にふれる

髙井鴻山記念館 ➡ P.136
たかいこうざんきねんかん

北斎と親交のあった鴻山の旧居に、北斎も歓談しただろう書斎が残る。

↑障子の外には雁田山を望む風景が広がる

岩松院 ➡ P.136
がんしょういん

本堂中央の天井画『八方睨み鳳凰図』は北斎が死の前年に手がけたもの。畳21枚分の壮大さと迫力ある美しさは必見。
↪小林一茶や福島正則ゆかりの寺でもある

プランニングのアドバイス

善光寺は多くの人で混雑するので、参詣は午前の早い時間に。東山魁夷館を見学後は、最寄りの善光寺下駅から小布施に向かうか、一旦長野駅に戻って駅ビルMIDORI長野(P.135)などに立ち寄ってみるのもいい。昼食は仲見世通り周辺が店も多く便利。特にそば(P.130)や精進料理(P.131)がおすすめだ。MIDORI長野に立ち寄るなら、レストラン街「おごっそダイニング」でいただくのもよい。

↑精進料理は予約を忘れずに

9:00	松本駅
↓	約20分 徒歩
9:20	松本城
↓	約9分 徒歩
12:00	中町通り・縄手通り
↓	約8分 徒歩
15:30	深志神社
↓	約11分 徒歩
17:00	松本駅

松本 松本城の城下町を歩く

雄大な天守に見守られながら城下町風情を満喫する一日。

縄手通りの入口で出会える迫力満点のガマ侍。ぜひ記念写真を!

5重6階の天守が圧巻の国宝・松本城

↑白漆喰と黒漆塗りの美しいコントラストに風格が漂う松本城

女鳥羽川を挟み並行する城下町の2大商店街 中町通り・縄手通り を散策

中町通り ➡P.148
なかまちどおり

なまこ壁の蔵の街並みに風情があふれる。工芸みやげ店をまわってみたい。

↑「工藝マエストロ」の陶磁器や木漆器

縄手通り
なわてどおり

どこか懐かしい雰囲気のなか、ぜひ食べ歩きやカエルスポット探しを。
➡P.148

○食べ歩きの定番。「たい焼きふるさと」

松本城 ➡P.140
まつもとじょう

現存する天守12城のひとつ。美しい景観と眺望、興味深い構造、歴史的価値の高い資料の数々と、見どころにあふれた名城だ。松本最大の人気と知名度の観光スポット。5棟で形成される現存天守群は内部もぜひ見学したい。

松本城主も崇敬した 天神 へお参り

深志神社 ➡P.142
ふかしじんじゃ

松本城の前身・深志城を築いた小笠原氏の時代から、城や地域の鎮護神として崇敬された歴史を持つ。学業や合格成就のご利益も。

○緑の木々に映える鮮やかな朱塗りの拝殿や神楽殿が美しい。摂社も多く、絵馬殿など見どころが豊富

【 プランニングのアドバイス 】

松本城は天守への入場に行列ができるので、混雑を避け午前中に訪れたい。松本城以外の見どころも多いので、松本藩ゆかりの浅間温泉(P.150)や美ヶ原温泉(P.152)に宿泊し1泊2日で観光するのもいい。昼食は大手か中町通りの周辺で、そばの名店(P.147)やレトロなダイニング(P.144)に寄るのがおすすめ。

↑そばは「こばやし本店」(P.147)など老舗の名店も多い

21

ニュース＆トピックス

それぞれの土地の魅力を発信する新しいホテルから、旬のグルメスポットまで一挙ご紹介。
軽井沢をはじめとする信州の街を旅する前に押さえておきたい最新の情報をお届け!

全客室温泉付き
ふふ軽井沢・ふふ旧軽井沢 がオープン!

2023年12月オープン

スモールラグジュアリーリゾートブランド「ふふ」が新たに2つのホテルをオープン。ふふ軽井沢は明るくナチュラルな空間、ふふ旧軽井沢は静かな洗練された空間で過ごせる。

一年を通してグリーンがあふれる客室で心身ともにリラックス

▲薪ストーブの炎のゆらめきがシックで落ち着いた雰囲気

ふふ 軽井沢 陽光の風
ふふ かるいざわ ようこうのかぜ

軽井沢駅周辺 **MAP** 付録P.10C-3
☎0570-0117-22 所軽井沢町長倉568-1
交JR軽井沢駅から車で10分 P24台
in15:00 out11:00 室24室 予算1泊9万円～

▲客室の温泉で指先まで温まる

ふふ 旧軽井沢 静養の森
ふふ きゅうかるいざわ せいようのもり

軽井沢駅周辺 **MAP** 付録P.5D-3
☎0570-0117-22 所軽井沢町軽井沢1299-2 交JR軽井沢駅から車で5分
P22台 in15:00 out11:00 室20室
予算1泊9万8200円～

▲信州食材を用いた日本料理を味わう

お酒好きが集う、大人のためのホテル
LONGINGHOUSE 旧軽井沢・諏訪ノ森 が誕生!

地元や県産の牛肉を使用したお酒に合うコースを提供。夕食・朝食ともに個室ダイニングで食事できるほか、ワインバルがあり、ソムリエ厳選のワインが味わえる。※高校生以下宿泊不可

LONGINGHOUSE
旧軽井沢・諏訪ノ森
ロンギングハウス きゅうかるいざわ・すわのもり

軽井沢駅周辺 **MAP** 付録P.7E-4
☎0267-42-6355 所軽井沢町軽井沢878-2 交JR軽井沢駅から徒歩7分 P13台 in15:00 out11:00 室13室 予算1泊朝食付2万6400円～

▲テラス付きのエグゼクティブルーム

2023年7月オープン

夕食はフレンチをベースとした信州蓼科牛のコース料理

1日1組限定、住所非公開のアートホテル
ツキミチル が登場!

住所非公開で1棟貸しの完全プライベート空間。プロジェクターやレコードプレーヤー、備え付けのサウナも独り占め。キッチンには調理器具が揃っており、バルコニーにはBBQコンロを完備。グループや家族利用におすすめ。

ツキミチル ～TSUKI me CHILL～
ツキミチル

☎080-9577-3122 所交非公開
P2台 in16:00 out11:00
室1室 予算1泊6万5000円～
※8名まで宿泊可能

▶緑に囲まれたデッキで森林浴

2023年7月オープン

「ミチルホエール」など多様なアート作品が部屋の中を彩る

©Moomin Characters™

店内で焼き上げる焼きたてシナモンロール850円

じっくり煮込んだ自家製ミートソースパスタ

2023年4月オープン

オリジナルメニュー＆グッズが勢揃い
ムーミンカフェ がオープン!

軽井沢・プリンスショッピングプラザ内にムーミンカフェがオープン。フィンランド料理や信州産りんごのアップルパイなどを提供。

ムーミンカフェ軽井沢
ムーミンカフェかるいざわ

ムーミンのオーロラレモネード680円

軽井沢駅周辺 MAP 付録P.11F-2
☎0267-31-5450 軽井沢町軽井沢 軽井沢・プリンスショッピングプラザ W01・02区画 10:00〜19:00 施設の営業時間に準ずる 施設の休業日に準ずる JR軽井沢駅から徒歩8分 軽井沢・プリンスショッピングプラザ駐車場利用

アウトドアサウナ専門施設
kaveri が登場

2023年11月オープン

本格的なフィンランドスタイルのアウトドアサウナが体験できる施設。ロウリュの蒸気で温まった後はととのいスペースへ。目の前に国有林が広がり、小川のせせらぎに耳を澄ませてリラックス。サウナ飯やサウナドリンクも提供。

ドーム型のかわいいサウナ「kapy」

kaveri
カヴェリ

軽井沢追分 MAP 付録P.12A-2
☎050-3574-6600 軽井沢町追分1372-6 still内 12:00〜22:00（第1〜4部までの時間制）不定休 JRしなの鉄道信濃追分駅から車で5分 haluta still駐車場利用

▲山の緑を眺めながら〝ととのう〟体験

少人数でも楽しめるバレルサウナでプライベートな時間を

森の中にカフェやショップが点在する
Karuizawa Commongrounds が誕生!

2023年3月オープン

書店「軽井沢書店 中軽井沢店」をはじめ、食事処やカフェ、ショップ、コワーキングスペースなどがある複合施設。「知・食・エネルギーのシェアリング」をテーマに、地域の交流イベントを開催したり、太陽光発電を活用したエネルギーシェアなどの取り組みを行う。

Karuizawa Commongrounds
カルイザワ コモングラウンズ

中軽井沢 MAP 付録P.10A-2
☎0267-46-8590 軽井沢町長倉鳥井原1690-1 JR軽井沢駅から車で12分 9:00〜18:00 ※店舗により異なる 火曜 100台

厳選された本が並ぶBOOK＆CAFE「軽井沢書店 中軽井沢店」

▲書店内にあるSHOZO COFFEE STORE

▲本に囲まれて静かに集中できるコワーキングスペース

▶約3500坪の広大な森の中にある

▼お惣菜と雑貨を販売する「RK DAYS」

23

春
新緑が祝福する高原を歩く

折々に変わる、高原リゾートの四季の顔

移ろう季節のなかへ

自然と寄り添うリゾートとして歴史を歩んできた軽井沢。
避暑地にふさわしい爽快な夏はもどより、花々や新緑が彩る春、
紅葉に染まる秋、幻想的な灯りが紡ぐ冬と、
四季折々の美しい姿を見せる。

軽井沢野鳥の森
かるいざわやちょうのもり

中軽井沢 **MAP** 付録P.9 F-2

約100haにおよぶ広大な森に、多種多様な植物や、野鳥などの野生生物が生息する。「ピッキオ」(P.51)では森の自然に親しむネイチャーツアーも開催。

☎0267-45-7777(ピッキオ) 所軽井沢町星野 交JR軽井沢駅から車で15分 P軽井沢星野エリア駐車場利用

鮮やかな新緑の森に
鳥たちのさえずりが響く

木立にたたずむ
軽井沢最古の教会

軽井沢におけるキリスト教
文化の原点ともいえる教会

日本聖公会 軽井沢ショー 記念礼拝堂 ➡P.36
にっぽんせいこうかい
かるいざわショーきねんれいはいどう
旧軽井沢 MAP 付録P.5 F-2
5〜6月を迎えると教会は周囲の
鮮やかな新緑に包まれる。

軽井沢タリアセン ➡P.64
かるいざわタリアセン
南軽井沢 MAP 付録P.10 B-3
塩沢湖を中心に、別荘建築や美術館など
が集まる。周囲には豊かな森が広がり、
四季折々の景色が楽しめる。

豊かな自然が残る森。年間で約
80種類もの野鳥が観察できる

ヨーロッパの避暑地にいるよう
な気分になれる優雅なスポット

湖面に映し出される
緑の木々と瀟洒な館

25

軽井沢有数の景勝地
目と耳で涼を感じる

横長に広がる岩肌から無数の滝
が落ちていくさまは圧巻

白糸の滝 ➡ P.58
しらいとのたき

北軽井沢 MAP 付録 P.4 B-1

岩肌をつたう幅70mの水のカーテンは優雅で涼し
げ。夏・冬期間限定のライトアップも楽しめる。

深い森の中に現れる高さ20m、
幅2mの小さな滝

千ヶ滝
せんがたき

中軽井沢 MAP 付録 P.4 A-2

ハイキングコースを1時間
ほど歩くと、落差20mの滝
が現れる。途中の渓谷の
自然も魅力。

☎0267-45-6050（くつかけテラス
内観光案内所） 所軽井沢町長
倉千ヶ滝 交JR軽井沢駅から西
武観光バス・草津温泉行きで20
分、千ヶ滝温泉入口下車、徒歩25
分の千ヶ滝せせらぎの道を徒歩
25分 Pあり

竜返しの滝 りゅうがえしのたき

北軽井沢 MAP 付録 P.4 B-2

龍伝説の残る滝は太く真っ白
で力強い。周囲の緑が滝の迫
力をいっそう際立たせている。

☎0267-45-6050（くつかけテラス
内観光案内所） 所軽井沢町長倉
交JR軽井沢駅から草軽交通バス・
草津温泉行きで16分、小瀬温泉下
車、徒歩15分 Pあり

緑の木々と白く輝く滝のコント
ラストが素晴らしい

龍の伝説が生まれた
豪快に流れ落ちる滝

静寂に包まれた渓谷で
幾重にも落ちる風情

紅葉を楽しみながら周囲の散策
路をピクニック気分で歩こう

賑やかな紅葉に包まれた
池畔の遊歩道を散策する

雲場池 ➡ P.56
くもばいけ

軽井沢駅周辺 MAP 付録P.8 A-2

水鳥たちが戯れるのどかな池を
モミジが彩る。水面を染める鮮
やかな光景が広がる。

秋
避暑地を染める
紅葉の輝き

見晴台 ➡ P.45
みはらしだい

旧碓氷峠 MAP 付録P.4 C-2

浅間山や南アルプス、妙義山などの
山の眺望と紅葉を楽しめる。ハイキ
ングあるいはドライブで訪れたい。

群馬との県境にある
景勝スポットの紅葉

標高約1200mから雄大な山々
の景色が望める

溶岩と浅間山が描きだす絶景。
自然の雄大さを実感する

冬
美しい雪景色と
光の饗宴

軽井沢のシンボルが
白銀の輝きを見せる

浅間山
あさまやま

北軽井沢 **MAP** 本書 P.3 D-2

雪化粧をした浅間山はひ
ときわ優美。鬼押出し園
（P.59）からの眺めは特に迫
力満点だ。

軽井沢高原教会
かるいざわこうげんきょうかい

➡ **P.50**

中軽井沢 **MAP** 付録 P.9 E-3

12月上旬からクリスマスまで、
教会を星明かりとランタンが灯
すイベントを開催（要予約）。

クリスマスの聖なる夜を
歴史ある教会で過ごす

教会に向かって星明かりが照
らす幻想的な風景に出会える

軽井沢

❖

西洋人宣教師に避暑地として
見いだされた街には、
教会や別荘が立ち並び、
異国情緒漂う
リゾートとして発展を遂げ、
今も多くの人々を魅了する。
癒やしに満ちた清らかな高原を歩く。

清涼な風と緑、
ロマンに満ちた
名門避暑地

旅のきほん

エリアと観光のポイント
軽井沢はこんなところです

西洋人宣教師に避暑地として見いだされた異国情緒漂う街。教会や別荘が立ち並ぶ
旧軽井沢のほか、中軽井沢や南軽井沢も近年人気が高まっている。

避暑地の歴史が始まった舞台
旧軽井沢　➡ P.32
きゅうかるいさわ

グルメやショッピングが楽しめる旧軽井沢銀座通りを中心に、名門
ホテルや教会など軽井沢の歴史を象徴するスポットが点在する。

**観光の
ポイント**　旧軽井沢銀座通り P.38

軽井沢 ● 旅のきほん

森と水のリゾートに癒やしが充実
中軽井沢　➡ P.46
なかかるいさわ

星野温泉がルーツの「星野エリア」は、
自然を身近に感じながらくつろぐの
に最適。滞在型ステイにおすすめの
宿泊施設にも注目。

**観光の
ポイント**　ハルニレテラス P.49
星のや軽井沢 P.104

緑の大地で美とふれる
南軽井沢　➡ P.62
みなみかるいさわ

自然のなかに個性的な美術館が点在
し、アートスポットが多くあるエリ
ア。四季折々の花々が楽しめるガー
デンや植物園も訪れたい。

**観光の
ポイント**　軽井沢タリアセン P.64

（地図）

・軽井沢野鳥の森

星のや軽井沢

千ヶ滝南 … 星野エリア

ハルニレテラス

中軽井沢

湯川

146

中軽井沢駅　○軽井沢町役場

信濃追分駅

しなの鉄道

北陸新幹線

佐久平駅

熊野神社

軽井沢
千住博美術館

塩沢

軽井沢タリアセン

塩沢湖

湯川

ムーゼの森

風越公園前

南軽井沢

30

高原リゾートの玄関口

軽井沢駅周辺 ➡P.54

かるいざわえきしゅうへん

| 観光の ポイント | 雲場池 P.56　軽井沢・プリンス ショッピングプラザ P.60 |

軽井沢の玄関口である駅の北側は、緑に囲まれた池や公園をサイクリングで巡りたい。南側には巨大アウトレットもある。

町の地図（旧軽井沢、軽井沢駅周辺、南軽井沢など）

一ノ字山
愛宕山
精進場川
★三笠通り
旧碓氷峠
旧軽井沢
★旧軽井沢銀座通り
雲場池★
軽井沢本通り
東雲
しなの鉄道
軽井沢駅
18
SC 軽井沢・プリンス ショッピングプラザ
矢ヶ崎山
矢ヶ崎川
南軽井沢
扇平
安中榛名駅
碓氷峠・トンネル

周辺の街

信濃追分 ➡P.108

しなのおいわけ

軽井沢の西、中山道と北国街道の分岐点として江戸時代に賑わった歴史を持つ宿場町。軽井沢とゆかりのある堀辰雄も滞在した。

小諸 ➡P.110

こもろ

信濃追分のさらに西、仙石秀久が完成させた小諸城の城址が残る城下町。浅間山と千曲川に挟まれた美しい風景は文化人に愛された。

鬼押出し園 ★ 146
白糸の滝 ★
北軽井沢
中軽井沢
信濃追分駅
左図
高崎駅
上田菅平IC
小諸IC
小諸駅
信濃追分
軽井沢駅
18
しなの鉄道
小諸
上田駅
北陸新幹線
藤岡JCT
碓氷軽井沢IC
小海線
上信越自動車道
▲押立山

(｢ 交通 information ｣)

軽井沢の移動手段

北陸新幹線が乗り入れている軽井沢駅から、各エリアを巡る町内循環バス（東・南廻り線）が運行。旧軽井沢へ向かう草軽交通や西武観光バスの路線バスも発着。南軽井沢の塩沢湖行きの急行バスも運行する。

周辺エリアとのアクセス

鉄道

JR松本駅	JR長野駅
JR特急で43分／JR篠ノ井線で58分	JR特急で8分／JR篠ノ井線（またはしなの鉄道）で13分　　北陸新幹線で11分

JR篠ノ井駅
しなの鉄道で30分
JR上田駅
しなの鉄道で20分
JR小諸駅 ／ 北陸新幹線で18分
しなの鉄道で15分
信濃追分駅
しなの鉄道で4分
中軽井沢駅
しなの鉄道で4分
JR軽井沢駅

車

松本	松本IC
	長野道経由 49km
	更埴IC
国道254・152号、県道79・80号、国道18号など経由 75km	上信越道・長野道経由 7km
	長野道・上信越道経由 23km　長野IC
	上信越道経由 28km
	上田菅平IC
	上信越道経由 15km
	小諸IC
	上信越道経由 30km
軽井沢	碓氷軽井沢IC

問い合わせ先

観光案内
軽井沢観光会館　☎0267-42-5538
軽井沢駅内観光案内所　☎0267-42-2491
くつかけテラス内観光案内所
　　　　　　　　☎0267-45-6050
こもろ観光局　☎0267-22-1234
交通
草軽交通バス 軽井沢営業所
　　　　　　　　☎0267-42-2441
西武観光バス 軽井沢営業所
　　　　　　　　☎0267-45-5045
しなの鉄道　　☎0268-21-4700

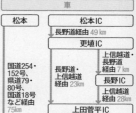

軽井沢はこんなところです

西洋の風が吹き抜けた避暑地誕生の舞台
旧軽井沢
きゅうかるいざわ

宿場町から西洋人に人気の避暑地へと変貌。
リゾート・軽井沢の中心エリアには、
昔のおしゃれでハイカラな空気が今も漂う。

↑木々に囲まれ静かにたたずむ軽井沢最古の教会「日本聖公会 軽井沢ショー記念礼拝堂」

街歩きのポイント
木々に包まれた緑の散歩道を歩く
宣教師たちが築いた教会めぐり
旧軽井沢銀座通りで
買い物&食べ歩き

軽井沢初の別荘地が生まれた場所
散策や買い物でリゾート気分を堪能

　軽井沢のメインストリート、旧軽井沢銀座通りを中心とした観光の拠点。江戸時代に中山道（なかせんどう）の宿場町として栄え、明治時代には外国人宣教師らによって、避暑地に生まれ変わった。かつて、西洋人が往来した旧軽井沢銀座通りには、約200軒のショップや飲食店が並び、夏には観光客が通りを埋め尽くす。賑やかな通りを一歩外れれば、静かな森の中に瀟洒な別荘地が広がる。クラシックな教会やホテルが点在する、昔むした緑の小径を散策し、高原リゾートの優雅な魅力を満喫したい。

アクセス方法

塩沢湖（一部の便のみ停車）

○バス 町内循環バス
東・南廻り線
内回りで
30分

○バス 町内循環バス
東・南廻り線外回りで17分

中軽井沢駅

○電車
しなの鉄道
しなの鉄道線
で4分

○バス
町内循環バス
東・南廻り線
外回りで12分

軽井沢駅

○バス 町内循環バス
東・南廻り線内回りで2分／
草軽交通シャトルバスで7分

旧軽井沢

避暑地・軽井沢の原点
日本聖公会 軽井沢ショー記念礼拝堂
にっぽんせいこうかい かるいざわショーきねんれいはいどう

旧軽銀座通りを抜けた木立の中に
たたずむ、簡素な木造礼拝堂。明
治28年(1895)に原型が建立された、
軽井沢初の教会。 **➡ P.36**

作家・室生犀星ゆかりの地
室生犀星記念館
むろうさいせいきねんかん

かつて室生犀星が過ごした旧居。
苔むす美しい庭や往時の面影を残
す建築物が見られる。 **➡ P.77**

Street
三笠通り
みかさどおり

旧軽ロータリー
ーから旧三笠
ホテル方面に
続く、美しい
カラマツの並
木道 **➡ P.34**

Street
旧軽井沢銀座通り
きゅうかるいざわぎんざどおり

旧軽井沢エリ
アの中心を通
り、ショップ
や飲食店が立
ち並ぶ賑やか
な商店街 **➡ P.38**

旧軽井沢

日本聖公会 軽井沢ショー記念礼拝堂

★ 二手橋
P.44

P.70/P.77/P.107
つるや旅館 H

三笠通り

P.37 軽井沢聖パウロカトリック教会 ✝

旧ゴルフ通り
聖パウロ教会前

室生犀星記念館

旧軽井沢銀座通り

★ オーディトリアム通り P.35

✝ 軽井沢ユニオンチャーチ
P.37

万平ホテル

旧軽井沢
旧軽ロータリー

離山通り

★ 万平通り
P.35

矢ヶ崎川

ささやきの小径

S Schokoladen burg
軽井沢チョコレート館 P.102

中軽井沢駅・塩沢湖バス停 ⬇

⬇ 中軽井沢駅・塩沢湖バス停

↟ 森に溶け込んでたたずむ、
軽井沢最古の教会の日本聖公
会 軽井沢ショー記念礼拝堂

↟ 近代建築としても名高い軽
井沢聖パウロカトリック教会

↟ 随所に緑の
木々の間を延び
る散歩道がある

別荘地を縫うように延びる木々に包まれた小径を歩く

木洩れ日が揺れる緑陰の散歩道

賑わう通りから一本裏道に入ってみると、
そこには避暑客らに親しまれた散歩道が続いている。
清涼な空気を吸い、緑の木々を眺めながら散策を楽しみたい。

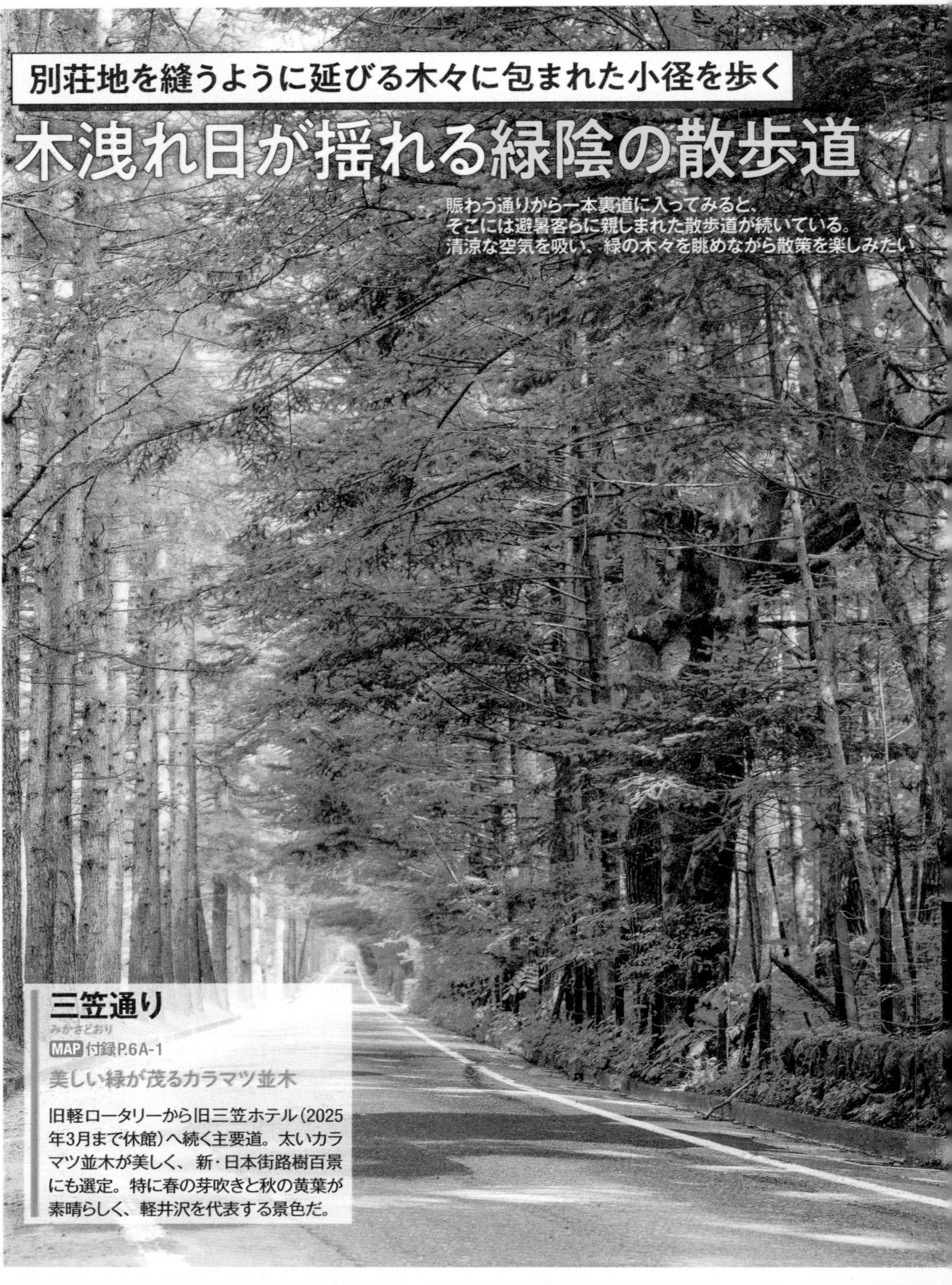

三笠通り

みかさどおり

MAP 付録P.6 A-1

美しい緑が茂るカラマツ並木

旧軽ロータリーから旧三笠ホテル(2025年3月まで休館)へ続く主要道。太いカラマツ並木が美しく、新・日本街路樹百景にも選定。特に春の芽吹きと秋の黄葉が素晴らしく、軽井沢を代表する景色だ。

犀星の径
さいせいのみち
MAP 付録P.7 E-2

文人たちが歩いた趣のある小径

室生犀星の旧居を改修した室生犀星記念館(P.77)へと続く細い道。堀辰雄や立原道造なども訪れていたという。軽井沢を愛した文人たちに思いを馳せつつ歩きたい。

オーディトリアム通り
オーディトリアムどおり
MAP 付録P.7 E-3

「講堂」の愛称で親しまれた

旧軽銀座の裏手、軽井沢ユニオンチャーチ(P.37)とテニスコートの間を抜け、万平通りと交差する。ユニオンチャーチの大講堂にちなみオーディトリアム(講堂)と名付けられた。

万平通り
まんぺいどおり
MAP 付録P.8 C-1

由緒あるホテルへと続く道

軽井沢本通りから万平ホテルまで、緑の別荘地の中を延びる道。木立の中に見え隠れする別荘を眺めながら、散策が楽しめる。

外国人宣教師により開かれた
街の聖地を訪れる

静寂に包まれた祈りの場
森の教会

およそ130年前、カナダから訪れた宣教師A.C.ショーによって
見いだされた避暑地・軽井沢。宣教師たちが仲間を呼び、
標高1000mの高原に造られた、ここは聖なる地。

旧軽井沢銀座通りを抜けた先、
緑あふれる木立の中に静かにた
たずむ日本聖公会 軽井沢ショー
記念礼拝堂

日本聖公会
軽井沢ショー記念礼拝堂
にっぽんせいこうかい かるいざわショーきねんれいはいどう

MAP 付録P.5 F-2

軽井沢の歴史を象徴する
素朴な礼拝堂

避暑地・軽井沢の基礎を築いた宣教師
A.C.ショーが、布教活動を行った軽
井沢最古の教会。旧軽井沢銀座通り
の商店街を抜けた木立の中にたたず
み、軽井沢を訪れる人々の心休まる場
となっている。

☎0267-42-4740 　所軽井沢町軽井沢57-1
時9:00～17:00(冬季は～16:00) 　休不定休
料無料 　交JR軽井沢駅から町内循環バス東・
南廻り線内回りで4分、旧軽井沢下車、徒歩10
分 　Pなし

⬆明治28年(1895)の建立ののち、大正11年
(1922)まで増改築を繰り返してほぼ現在の姿に

注目ポイント

軽井沢の恩人と呼ばれる宣教師
アレキサンダー・クロフト・ショー

カナダ出身の宣教師。明治19年(1886)、初め
て軽井沢を訪れた際、故郷のトロントに似た
風光に魅せられ、同21年(1888)に別荘を建て
る。仲間に軽井沢を避暑地としてすすめたこ
とから、外国人の別荘が増え、軽井沢の発展の
きっかけとなった。

⬆敷地入口
にはショーの
胸像が立ち、
ショー氏記念
碑やショーハ
ウス記念館も
ある

ショーハウス記念館
ショーハウスきねんかん

MAP 付録P.5 F-2

ショーによる軽井沢の別荘第1号を復元し、
記念館として公開。当時の写真などを展示。

軽井沢ユニオンチャーチ

かるいざわユニオンチャーチ

MAP 付録P.7 E-3

☎なし ㊟軽井沢町軽井沢1001
⏰9:00～17:00 ㊡不定休 ㊎無料
🚉JR軽井沢駅から町内循環バス東・南
廻り線内回りで4分、旧軽井沢下車、徒
歩10分 Ｐなし

ヴォーリズが手がけた建築が今に伝える祈りの時

祭壇がドーム型になっている珍しい教会。もとは鉄道技師のクラブハウスだった建物を、W.M.ヴォーリズが改修。明治39年（1906）の設立以来、宗派を超えた教会として人々に愛されている。

⬆設立当初は外国人のために造られたもので、日本人の利用はなかった

⬆現在は日本基督教団に所属するプロテスタント教会となっている

⬆毎週日曜に行われる礼拝には、誰でも自由に参加できる

> **注目ポイント**
> 日本に帰化し生涯を過ごした
> ウィリアム・メレル・ヴォーリズ
> 建築家を志していた青年時代に、外国伝道のため来日。多くの西洋建築を手がけながら教育活動や文化事業を行った。日本に帰化し一柳米来留（ひとつやなぎめれる）と改名した。

⬆夏には開堂され、現在も多くの外国人らが集まる

日本基督教団軽井沢教会

にほんきりすときょうだんかるいざわきょうかい

MAP 付録P.6 C-3

110年以上の歴史を持つ軽井沢で最も古い日本人教会

旧軽井沢銀座通り沿いに建つ、歴史のある教会。明治38年（1905）に建てられた教会を、W.M.ヴォーリズが改修し現在の姿に。併設の軽井沢幼稚園も同氏の設計による。

☎0267-42-1008 ㊟軽井沢町軽井沢786-1 ⏰9:00
～18:00 ㊡不定休（要問い合わせ）㊎無料 🚉JR軽
井沢駅から町内循環バス東・南廻り線内回りで4分、旧
軽井沢下車、徒歩2分 Ｐなし

軽井沢聖パウロカトリック教会

かるいざわせいパウロカトリックきょうかい

MAP 付録P.6 B-1

アントニン・レーモンド設計近代木造建築の珠玉

昭和10年（1935）に英国人ワード神父が設立。アントニン・レーモンドが設計した銅板葺き（元はこけら葺き）の三角屋根が東欧の教会を思わせる。

☎0267-42-2429 ㊟軽井沢町軽井沢179 ⏰9:00
～16:00（祭儀等教会使用中は入堂不可）㊡無休 ㊎無
料 🚉JR軽井沢駅から町内循環バス東・南廻り線内回
りで4分、旧軽井沢下車、徒歩6分 Ｐなし

⬆堀辰雄の『木の十字架』にも登場する教会

⬇大きな尖塔と傾斜の強い三角屋根、そして屋根にはめ込まれたマリア像と頂に立つ十字架が目を引く

> **注目ポイント**
> モダニズムの建築家
> アントニン・レーモンド
> チェコ出身の建築家で、帝国ホテル建設の際にフランク・ロイド・ライトと共に来日。その後も日本にとどまって日本の建築史に多くの影響と功績を残した。ペイネ美術館（P.64）も彼が設計した「夏の家」と呼ばれた別荘を移築したもの。

静寂に包まれた祈りの場 森の教会

特徴的な三角屋根に注目
軽井沢聖パウロ
カトリック教会 ➡P.37
かるいざわせいパウロカトリックきょうかい

昭和10年（1935）、英国人ウォード神父が設立。銅板葺き（元はこけら葺き）の三角屋根が東欧の教会を思わせる。

🚹旧三笠ホテル
（2025年3月まで休館）

軽井沢聖パウロカトリック教会 ✝

P.34
★三笠通り

チャーチストリート軽井沢

P.43 Qcul Atelier S
P.22 HOTEL KARUIZAWA CROSS H

旧ゴルフ通り

テルミドール
鹿島の森

精進場川

🚹聖パウロ教会前

旧三笠通り

妙順寺卍

P旧軽

軽井沢物産館
P.98

旧軽井沢銀座通りは夏季に自転車の通行が禁止されるので、ここの駐輪場を利用したい

Paomu Karuizawa
P.102 Sweet's Shop S
Karuizawa Bistro Paomu R
P.40

町営
旧軽井沢(立体)

P.95 軽井沢キッチン
ロータリー店 S R

旧軽井沢森／美術

旧軽井沢
草軽交通駅舎
旧軽井沢

旧軽ロータリー

旧軽井沢

離山通り

旧軽井沢
本通り

P.100
S酢重正
商店

P.95
ベーカリー&レストラン
沢村 旧軽井沢 S R

P.97 川上庵本店 軽井沢 川上庵 R

P.96 レストラン酢重正之 R

旧軽井沢

133

避暑客で賑わうメインストリートで
西洋文化に育まれた逸品を探す

旧軽井沢銀座通り
きゅうかるいざわぎんざどおり

おみやげを探す避暑客の賑わいにあふれる商店街に、
しゃれた専門店や老舗グルメスポットが軒を連ねる。
リゾートとして歩んだ街の歴史にふれるのも楽しい。

歴史と伝統に培われた
新旧が交差するストリート

　江戸時代は中山道の宿場町として、明治以降は避暑地の顔として西洋の文化を取り入れ、繁栄した軽井沢のメインストリート。約500mの通りには、老舗のパン屋やジャム、ソーセージの専門店などが軒を連ね、いち早く西洋化を果たした街の歴史がうかがえる。人の熱気にあふれる通りから少し離れると、歴史ある教会や手つかずの自然が現れる。

ここでも紹介 別荘族御用達みやげ ▶P.98

⬆木造のレトロな外観で旧軽井沢銀座通りのシンボル的存在として愛される、軽井沢観光会館

⬇入口にあたる旧ロータリーからゆるやかな上り坂になっている商店街

⬇軽井沢駅へ

つるや旅館

創業400年の歴史を誇る
つるや旅館 → P.107
つるやりょかん

今もなお旅籠の風情を残す、軽井沢きっての老舗旅館。昭和初期の家具や調度品に、囲まれ、静かな時が流れる。

堀辰雄と矢野綾子が散歩したという道は『風立ちぬ』の世界

神宮寺

神宮寺卍　P.99 軽井沢 S デリカテッセン

P.41 茜屋珈琲店 旧道店 C

軽井沢ショッピングアレイ SC

礼軽日旧拝井本碓堂沢聖氷公会ー峠記念

軽井沢の風景のほか、明治時代からの軽井沢の歴史がわかる貴重な写真を販売

軽井沢クリークガーデン

C ちもと総本店 P.41

S ジャムこばやし P.98

P.43 大坂屋家具店 S

土屋写真店

フランスベーカリー S P.75/P.94

どんぐり共和国 S

ツチヤプラザ

S ハニーショップ軽井沢

軽井沢開発の父であるショーの名を冠する

室生犀星記念館
★ 犀星の径 P.35

旧軽銀座のニューシンボル
チャーチストリート軽井沢
チャーチストリートかるいざわ

MAP 付録P.6 C-2

旧軽井沢銀座通りにあるおしゃれなショッピングモール。自由に買い物を楽しみながら、軽井沢ならではの優雅な時間が過ごせる。

R S ブランジェ浅野屋 軽井沢旧道本店 P.42/P.94

i 軽井沢観光会館

観光案内所のほか、観光展示や休憩スペースもある

C 旧軽井沢 cafe 涼の音 P.40

S 中山のジャム P.98

シャトレー軽井沢

ロストボールレーン

軽井沢紅茶館 S サンビーム P.100

天狗屋養蜂店 S

軽井沢局

アイビーコート

S 一彫堂 ICCHODO P.43

S グリーングラス

軽井沢会テニスコート

S 軽井沢のアトリエ P.103

SASH! 軽井沢

旧軽井沢

軽井沢集会堂

P.37
日本基督教団軽井沢教会

P.35
オーディトリアム通り
★

C ミカド珈琲 軽井沢旧道店 P.41/P.75

万平ホテル

諏訪神社への参道でもある

† 軽井沢ユニオンチャーチ

P 銀座

N

0　　50m

社叢（しゃそう＝神社の森）が町指定文化財に指定されている神社。木立に囲まれた境内は神秘的な雰囲気

卍 諏訪神社

諏訪の森公園

旧軽井沢銀座通り

偉大な文人が過ごした旧居
室生犀星記念館 → P.77
むろうさいせいきねんかん

大正期から昭和中期にかけて活躍した、日本文学を代表する詩人・小説家。昭和6年（1931）に建てられ、犀星は亡くなる前年の同36年（1961）まで毎夏ここで過ごした。

国籍も宗派も問わず誰もが集える教会
軽井沢ユニオンチャーチ → P.37
かるいざわユニオンチャーチ

明治30年（1897）に軽井沢合同基督教会として活動を始め、明治39年（1906）献堂式、大正7年（1918）W.M.ヴォーリズの設計で改築された。

趣向を凝らした絶品フレンチトーストを堪能

避暑地の新定番 軽井沢トースト

軽井沢トーストとは軽井沢で提供されるフレンチトーストのことで、店ごとにトッピングが異なり
食べ比べも楽しい。多くのグルメスポットが集まる激戦区・旧軽井沢で定評のある人気店はこちら。

国の登録有形文化財で
軽井沢の別荘気分を味わう

旧軽井沢cafe 涼の音

きゅうかるいざわカフェ すずのね

MAP 付録P.7 E-2

広いテラスのある森の中のカフェ。
著名人との縁も深い旧家の別荘だっ
た建物は国の登録有形文化財に登
録されている。落ち着いた空間がリ
ピーターに人気だ。

☎0267-31-6889
所軽井沢町旧軽井沢972 ハウス1138 営
9:00～17:00 休水曜、冬季休業あり
交JR軽井沢駅から町内循環バス東・南廻
り線内回りで4分、旧軽井沢下車、徒歩10
分 Pなし

予約 可
予算 (L)1000円～

フレンチトースト 1210円
色とりどりのフルーツが美しい目
にも鮮やかな人気メニュー。数量
限定のため早めに来店したい

⬆大正末期の軽井沢のバンガローで
当時の間取りや雰囲気が残る

⬆家具や調度品も往時のものを使用

厳選素材を使ったスイーツと
こだわりのランチを楽しむ

Paomu Karuizawa Bistro

パオム カルイザワ ビストロ

MAP 付録P.6 C-3

旧軽銀座を見下ろすテラス席のある
老舗洋食店。定番のハッシュドビー
フセットやステーキなどていねいに
仕込んだ洋食メニューが揃う。ディ
ナーはアラカルト中心とするビストロ
営業(要問合せ)。

☎0267-42-8061
所軽井沢町軽井沢806-1 営ランチ11:00
～15:00(LO14:30)、ディナー17:00～要
予約 休木曜(不定休、冬季休業あり)
交JR軽井沢駅から町内循環バス東・南廻
り線内回りで4分、旧軽井沢下車すぐ P
なし

予約 可
予算 (L)1500円～

⬆明るくくつろげる雰囲気の店内。テ
ラス席で通りを眺め食事するのもいい

⬆旧軽銀座に入ってすぐ、みやげ店の
2階にある。スイーツ売店は1階

⬆復刻パオム特製旧三笠ホテル
チキンカレーセット1690円

信州イチボのステーキフ
リットセット
3960円
信州牛の希少部位をていねい
に焼き上げたボリュームたっ
ぶりなステーキ

軽井沢●歩く・観る

40

軽井沢に出店の名店で
淹れたての一杯をいただく

茜屋珈琲店 旧道店
あかねやこーひーてんきゅうどうてん

MAP 付録P.7 E-1

昭和40年（1965）に神戸で開店した
店が同45年（1970）に軽井沢に出店。
古い松材を用いたオーダーメイドの
店づくり、見事な器の数々と絵画な
ど、そのすべてが一杯のコーヒーの
ための演出なのだ。

☎0267-42-4367
所軽井沢町軽井沢666　営9:00～18:00
（夏季は～20:00）　休無休　交JR軽井沢
駅から町内循環バス東・南廻り線内回りで
4分、旧軽井沢下車、徒歩10分　Pなし
1.レトロな雰囲気の心地よいインテリア。
カウンターで所作を眺めるのもよい
2.木材のみで仕上げられた店舗外観から
和のテイストが漂う3.飲み物とケーキの
セット1400円が人気。高いが美味いお菓
子4.新鮮な豆をたっぷりと使ったコー
ヒー。ストレート珈琲995円がおすすめ

> ノスタルジックな店内を満たす、コーヒーの香りに誘われて

昭和が息づくレトロ喫茶で憩う

賑わう旧軽井沢銀座通りで長年避暑客を迎えてきた老舗の喫茶店。
街の歴史が刻まれた店内で極上のコーヒータイムを楽しみたい。

軽井沢のカフェ文化を築いた
昔懐かしい空間でくつろぐ

ミカド珈琲
軽井沢旧道店
ミカドこーひー　かるいざわきゅうどうてん

MAP 付録P.6 C-3

軽井沢名物のモカソフトをはじめ、
手作りケーキとコーヒーが味わえる。
自社焙煎コーヒー豆も販売しており、
オリジナルのハウスブレンド「旧軽
通り」がおすすめ。

☎0267-42-2453
所軽井沢町軽井沢786-2　営11:00～16:
30　休不定休　交JR軽井沢駅から町内循
環バス東・南廻り線内回りで4分、旧軽井
沢下車、徒歩5分　Pなし
1.2階のカフェスペースには、旧軽の通り
を眺められる開放的なテラス席を用意
2.1階ではテイクアウトあり　3.「旧軽通
り」はバランスのとれた味が特徴　4.コー
ヒーの味わいを生かした旧軽モカロール
ケーキが人気。ケーキセット1280円

レトロな和の甘味処も

天然氷のおいしさを
楽しめるかき氷

ちもと総本店
ちもとそうほんてん

天然氷を使ったふんわりボリューミーな
14種類のかき氷が人気。手作りのあん
みつや餅、団子、麺類も提供。

MAP 付録P.7 E-1

☎0267-42-2860　所軽井沢町軽井沢691-4
営10:00～17:00　休不定休　交JR軽井沢駅
から町内循環バス東・南廻り線内回りで4分、
旧軽井沢下車、徒歩7分　Pなし

▶落ち着きある和
の空間でのんびり

▶ほろ苦い抹茶と
小豆が絶妙の宇治
金時950円

▶醤油が香ばしい
あつあつの焼き団
子。2本360円

41

ブランジェ浅野屋
軽井沢旧道本店
ブランジェあさのや かるいざわきゅうどうほんてん

MAP 付録P.7 D-2

老舗ベーカリーのイートインで
人気のビーフシチューを

東京と軽井沢を拠点に展開するブラ
ンジェ浅野屋。軽井沢旧道本店で利
用できるイートインスペースでは、パ
ンのほかに名物料理のビーフシチュ
ーを味わえる。

☎0267-42-2149
所軽井沢町軽井沢738　営8:00〜18:00
1〜3月9:00〜17:00 夏季7:00〜20:00
休無休　交JR軽井沢駅から町内循環バス
東・南廻り線内回りで4分、旧軽井沢下車、
徒歩5分　Pなし

予約 不可
予算 L1680円〜

ビーフシチュー1680円
やわらかく煮込まれた牛肉と
大きな野菜がいっぱいのシ
チュー。パンとの相性も抜群

↑東京と軽井沢を拠点にベー
カリーを展開する(P.94)

↑石窯「オルノヒラトリオ」が
せり出している店内

古くから別荘族に愛され続ける、老舗の絶品ランチに舌鼓

洋と和のなつかしい美味

西洋人に別荘地として見いだされた歴史が生んだ洋食と、古くから日本人に愛される和の逸品。
旧軽井沢で長く親しまれる歴史の味を、昼食どきにいただきたい。

わかどり

MAP 付録P.8 B-1

特製窯で焼き上げる香ばしく
ジューシーな絶品焼鳥

老舗の鶏料理店。名物は手でむしっ
て食べたことが名前の由来の「むし
り」。先代が考案した、特製窯で蒸
し焼きした風味豊かな焼鳥を求め足
繁く通うファンも多い。

☎0267-42-4520
所軽井沢町軽井沢3-4　営17:00〜21:00
(LO19:45)　休火曜、第1・3水曜(冬期は
火・水曜)　交JR軽井沢駅から町内循環バ
ス東・南廻り線内回りで3分、中部電力前
下車、徒歩1分　Pあり

焼鳥椀 1300円
注ぎ足しで作られる秘
伝の醤油ダレと香ばし
くジューシーな焼鳥が
ご飯と好相性の逸品

予約 不可
予算 L1000円〜
　　 D3000円〜

むしり 990円
蒸し焼きするためパリ
パリの皮と旨みが凝縮
された肉が特徴。特製
にんにくダレをつけて

↷店内はアット
ホームな雰囲気
(左)。昭和35年
(1960) 創業で、
各界の著名人も
多く訪れる(右)

軽井沢●歩く・観る

別荘族の需要が生んだ、軽井沢ならではの工芸品をおみやげに

避暑地の洗練をお持ち帰り

別荘地を訪れる西洋人の需要から生まれた軽井沢彫などの工芸品。
確かな技術に裏打ちされた上質な雑貨を探したい。

A「草木屋」のストール 6600円〜
昭和6年(1931)創業の老舗「草木屋」の
ストール。桜や藍など植物由来の染料を
用いた草木染めのストールは、豊かな風
合いが魅力

A 雲模様の平皿
各3080円
長野県在住の陶芸家、
坪内真弓氏によるか
わいらしい平皿

C 写真立て(L版)
桜カット 8250円
軽井沢彫の代表的な彫
刻柄である桜の写真立
てを、旅の思い出に

A ドライフラワー
4400円
軽井沢の花屋「フィオ
レ・アズール」の
ドライフラワー。
グリーンベース
のナチュラルな
色合いに癒や
される

B 豆鏡 5500円
携帯に便利な手鏡。軽井
沢彫の特徴的な「星打ち」
で点模様を施し、桜の花
を際立たせている

B 銘々皿 角・小・桜 8800円
スプーン 小・桜 3850円
ソーサーとしても使える銘々皿。可
憐な桜の花びらが彫刻されたスプー
ンとセットで揃えたい

B 箸置き(上) 3850円
会石盆 角(左上)
2万3100円
箸(左) 4400円
落ち着いた深みのある伝
統的な色調のほか、淡く
やさしい風合いに彩色し
た小物も人気がある

C 手鏡(中)全面彫
1万4300円
全面に桜の彫刻をあ
しらった手鏡。手鏡
にはバリエーション
が多いので好みのも
のを選ぶのも楽しい

C くりぬき一輪ざし
枝桜 8800円
桜の彫刻をワンポイントにあしらっ
た一輪ざし。中にはガラスの管が
入っており、手入れもしやすい

なつかしい美味／避暑地の洗練をお持ち帰り

A ナチュラルな暮らしを彩る ハンドメイド雑貨が揃う

Qcul Atelier
キューカル アトリエ
MAP 付録P.6 C-2

県内在住のアーティストを中心に、作
家のハンドメイド雑貨を揃えるお店。
軽井沢という土地柄を意識した、ナ
チュラルで洗練された作品に出会える。
☎0267-31-6979 ㊟軽井沢町軽井沢601-1チャー
チストリート軽井沢1F ㊐10:00〜18:00(12〜3
月は〜17:00、その他変動あり) ㊡冬季不定休
㊋JR軽井沢駅から町内循環バス東・南廻り線内回
りで4分、旧軽井沢
下車、徒歩3分
㊒チャーチスト
リート軽井沢駐車
場利用(有料・割引
サービスあり)

B 職人の手仕事から生まれる 意匠を凝らした美しい彫り

大坂屋家具店
おおさかやかぐてん
MAP 付録P.7 D-2

外国人別荘族のために家具を作ったこ
とに始まる老舗家具店。100年以上もの
伝統の技が光る軽井沢彫には定評があ
る。大型家具のほか小物も揃う。
☎0267-42-2550 ㊟軽井沢町軽井沢629-5
㊐10:00〜18:00(夏季は延長) ㊡11〜3月の水
曜(祝日の場合は営業) ㊋JR軽井沢駅から町
内循環バス東・南廻り線内回りで4分、旧軽井沢
下車、徒歩6分 ㊒なし

C 軽井沢彫家具工房が作る 小物類で伝統の技を堪能

一彫堂 ICCHODO
いっちょうどう
MAP 付録P.6 C-3

昭和2年(1927)創業の軽井沢彫専門店。
宣教師の別荘や旧三笠ホテルにも家具
を納品してきた伝統ある老舗だ。小物
も多く扱うのでおみやげにぜひ。
☎0267-42-2557 ㊟軽井沢町軽井沢775
㊐10:00〜17:00 ㊡不定休 ㊋JR軽井沢
駅から町内循環バス東・南廻り線内回りで4分、
旧軽井沢下車、徒歩5分 ㊒なし

43

旧軽井沢から足をのばして
旧碓氷峠
森林浴ハイキング

旧軽井沢銀座通りの賑わいを離れ、小橋を渡って
緑あふれる峠道へ。澄んだ森の空気と絶景を楽しむ。

長野と群馬の県境
絶景が待つ見晴台へと進む

　旧軽井沢から見晴台までは、旧碓氷峠 遊覧歩道を歩いて約1時間。標高1200mの見晴台は眺望が素晴らしく、サンセットポイントとしても有名。夕暮れどきの浅間山は絵に描いたように美しい。散策の際は、旧軽井沢の観光会館や駅の観光案内所でマップを入手し、履きなれた靴で歩きたい。

軽井沢●歩く・観る

1 二手橋
にてばし

MAP 付録P.5 F-2

矢ヶ崎川に架かる小橋

軽井沢が中山道の宿場だった江戸時代、旅籠に泊まった旅人同士が、互いに別れを惜しみながら二手に分かれたことが名前の由来。

☎0267-42-5538(軽井沢観光会館) 所軽井沢町軽井沢 営休料見学自由 交JR軽井沢駅から町内循環バス東・裏廻り線内回りで4分、旧軽井沢下車、徒歩15分 Pなし

●軽井沢に泊まった旅人が飯盛女に見送られた場所とも伝わる

二手橋を渡って10分ほど歩くと、旧碓氷峠遊覧歩道に入る

山腹を縫うように登る道が続く

矢ヶ崎川の分流のせせらぎを渡る吊り橋が架かる

旧碓氷峠遊覧歩道

このあたりから尾根に沿ったなだらかな道に変わる

分かれ道を右手に曲がると見晴台へ

群馬県

長野県

3 熊野皇大神社

GOAL
見晴台バス停
しげの屋

2 見晴台

N

0　　200m

安中市

室生犀星文学碑

二手橋 1

START
二手橋バス停

芭蕉句碑

★日本聖公会
軽井沢ショー記念礼拝堂
P.36/P.71

旧軽井沢

つるや旅館
P.70/P.77/P.107

44

↷ 路線バス（見晴台行）なら終点が見晴台にも近いので、気軽に絶景を楽しめる

緑豊かな遊歩道を歩いて見晴台を目指す定番ハイキングルート。急な上り坂や難所もないので、お散歩気分で楽しめる。

二手橋バス停
⬇ 徒歩すぐ
1 二手橋
⬇ 徒歩約1時間
2 見晴台
⬇ 徒歩約5分
3 熊野皇大神社
⬇ 徒歩すぐ
見晴台バス停

旧軽井沢から見晴台まではシャトルバスも運行

4月下旬～11月下旬は万平ホテルから旧軽井沢通りを経由し見晴台に向かう通称「赤バス」（見晴台線）が運行。万平ホテルから終点まで所要20～30分、片道500円。帰り道だけ利用するのも便利。

軽井沢交通バス
かるいざわこうつうバス
☎0267-42-0353

※上記の「歩く時間（往復）」は神社仏閣／施設などの入口までの目安です。見学時間などは含みません。

2 見晴台
みはらしだい

MAP 付録P.4 C-2

標高1200mの展望公園

旧碓氷峠の頂上近くの展望台。晴れた日は、浅間山をはじめ妙義山、南アルプス、八ヶ岳など、壮大な絶景が見渡せる。

↷ 長野県と群馬県の県境から、周囲の山々を一望できる
☎0267-42-5538（軽井沢観光会館）
所軽井沢町峠町
開休料見学自由
交上信越自動車道・碓氷軽井沢ICから車で30分 Pあり

老舗茶屋で味わう昔ながらの味
しげの屋
しげのや

長野県と群馬県にまたがる峠のお茶屋。中山道を歩く旅人も食べたという名物の力餅（あんこほか6種類）を味わいながら、ひと息つきたい。

MAP 付録P.4 C-2

☎0267-42-2402 所軽井沢町峠町2 開10:00～16:00（LOは閉店10分前、冬期は縮小営業）休不定休 交上信越自動車道・碓氷軽井沢ICから車で30分 P30台

↷ 創業300年以上の歴史を持つ老舗茶屋

↷ 名物「峠の力餅」がおすすめ

3 熊野皇大神社
くまのこうたいじんじゃ

MAP 付録P.4 C-2

パワースポット「しなの木」へ

長野県と群馬県の県境に鎮座し、信濃国特別神社に指定。境内に2つの神社が建立する、全国でも珍しい神社。

☎0267-42-5749 所軽井沢町峠町碓井峠1 開休料参拝自由 交上信越自動車道・碓氷軽井沢ICから車で30分 P20台

↷ 八咫烏に先導され、碓氷嶺山頂へ登った日本武尊（ヤマトタケルノミコト）により建立されたと伝わる古社

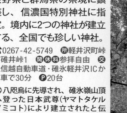

↷ 本殿の左奥には樹齢1000年以上という御神木「しなの木」がある

歴史ある名湯を中心に広がるモダンなリゾートエリア

中軽井沢
なかかるいざわ

古くは作家や詩人たちに愛された湯の街。
老舗温泉旅館から変貌を遂げた、
大人のナチュラル・リゾートで極上の時を過ごす。

軽井沢●歩く・観る

街歩きのポイント

洗練されたリゾートを満喫
歴史ある名湯でリラックス
モダンアートと
庭園散策を楽しもう

自然と芸術、温泉にショッピング
コンパクトに楽しめる最新リゾート

↑清流沿いの森に囲まれた星野エリア。
緑と水のリゾートは滞在型ステイに人気

　明治時代に星野温泉が開湯してから、多くの文化人が訪れるようになった中軽井沢。今でも美術館や芸術的な教会が点在し、文化的な空気が漂う。近年では、温泉旅館があった星野エリアに、ショッピング＆グルメ・タウンのハルニレテラスや日帰り温泉、ホテルなどが集まり、自然を生かしたコンパクトな大人のリゾートに変身した。江戸時代に沓掛宿が置かれた中軽井沢の駅前も、駅舎の改装やくつかけテラスの誕生で、おしゃれな玄関口へと生まれ変わっている。

アクセス方法

旧軽井沢

↑バス 町内循環バス
東・南廻り線外回り
で8分/草軽交通シャ
トルバスで7分

↑バス 町内循環バス
東・南廻り線
内回りで14分

軽井沢駅

↑電車 しなの鉄道し
なの鉄道線で4分

中軽井沢駅

↑バス 町内循環バス東・南廻り線外回りで17分

塩沢湖(一部の便のみ停車)

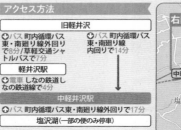

右図

旧軽井沢
146
軽井沢駅
中軽井沢駅　しなの鉄道 18
北陸新幹線
塩沢湖
南軽井沢
湯川
18

46

一日楽しめる洗練エリア
星野エリア
ほしのエリア
自然のなかの複合リゾートエリア。ホテル以外にも温泉やハルニレテラス、教会などが日帰り客にも人気。 ➡ P.48

森の中にたたずむ開かれた教会
軽井沢高原教会
かるいざわこうげんきょうかい
軽井沢の中でも特に歴史が深い教会。参加自由の礼拝や季節のキャンドルナイトのイベントなども開催。 ➡ P.50

山岳画家の迫力ある作品を鑑賞
田崎美術館
たさきびじゅつかん
文化勲章受章画家・田崎廣助の遺志で、第2の故郷として愛した軽井沢にその作品を保存・展示する。 ➡ P.53

千光稲荷 ⛩

塩壺上

P.72/P.104 星のや軽井沢 🏨

↗ 星野リゾートの原点といえる星野温泉 トンボの湯

★ **軽井沢野鳥の森**
P.24

千ヶ滝南
星野温泉トンボの湯

♨ **星野温泉トンボの湯** P.51

★ **ハルニレテラス** P.49

田崎美術館　　星野エリア

P.28/P.50 軽井沢高原教会 ⛪

P.105 星野リゾート
軽井沢ホテルブレストンコート 🏨

湯川

↗ 星野リゾート敷地内の緑豊かな森を歩く

富ヶ丘

P.70 長倉の牧 ★

⛩ 長倉神社
● 長倉公園

中軽井沢西　中軽井沢　軽井沢町役場
中軽井沢駅 ⛩
中軽井沢駅

上ノ原　中部小入口

くつかけテラス

中軽井沢散策の起点にしたい
くつかけテラス
図書館に観光案内所やショップを併設した、中軽井沢駅前の地域交流施設。
MAP 付録P.9 E-4
☎ 0267-41-0743
🏠 軽井沢町長倉3037-18　🕕 6:00～24:00(施設、店舗により異なる)　🈳 無休

中軽井沢

○大正4年(1915)に開湯し避暑地の名湯として愛された星野温泉の流れをくむ、星野温泉 トンボの湯(P.51)

自然と文化が調和する 新しい避暑地のかたち

森に包まれた小さな街
星野エリア

由緒ある星野温泉とハルニレテラス、厳かな教会、
野鳥の森でのネイチャーツアーなど、魅力的なスポットが揃う
おしゃれなリゾートで、新しい避暑地の時間を過ごしたい。

P.51
星野温泉 トンボの湯 R

村民食堂 R
カフェ ハングリー C
スポット

星野温泉トンボの湯(下り)

星野温泉 トンボの湯(上り)

Karuizawa Vegetable
ココペリ S
P.49 我蘭憧 S
P.49 サジロカフェ C
リンデン

S TEAM7 軽井沢
ハルニレテラス P.49

R せきれい橋川上庵 P.49

P.88
軽井沢ホテル
ブレストンコート
ザ・ラウンジ C

軽井沢ホテル R
ブレストンコート
レストラン ノーワンズレシピ

P.80
ブレストンコート R
ユカワタン

イル・ソーニョ R
P.49
P.49 NATUR S
TERRACE
P.49 CERCLE R
wine & deli

CRAFY・glänta
C 丸山珈琲
S HARVEST NAGAI FARM
S 希須林
S モリアソビ

P.28/P.50
軽井沢
高原教会 ✝

P.85

石の教会
内村鑑三記念堂

H 星野リゾート
軽井沢ホテル
ブレストンコート

S 和蘭屋傳兵衛
S ギャラリー樹環

C 沢村

P.105   146

星野リゾート
BEB5 軽井沢 H

開湯は大正時代に遡る
避暑地のなかの温泉街

　星野エリアの歴史は古く、大正4年(1915)に開
湯した星野温泉が始まり。当時、草津温泉に逗留
した人々が仕上げ湯として利用しており、その後
北原白秋や島崎藤村など多くの文人らが逗留し、
名作を執筆。また明治時代より避暑地として多く
の外国人が訪れたことから、由緒ある教会が誕生
し、文化人の集う地として歴史を重ねてきた。こう
した成り立ちを背景に星野エリアは、自然との共
生をコンセプトに誕生。湯川沿いの遊歩道でつな
がるハルニレテラスは、自生するハルニレの木々を
生かしながら店が並び、四季折々の景観も美しい。

○星野エリアの最奥にたたずむ滞在型リゾート、星のや軽井沢(P.104)

星のや軽井沢 🅷
P.72/P.104

★ケラ池
★軽井沢野鳥の森　P.24
ピッキオビジターセンター

↱広さ約100ha、年間約80種類の野鳥が見られる軽井沢野鳥の森を拠点に、ピッキオ（P.51）がネイチャーツアーを催行している

↱モダンな建物が広いウッドデッキでつながれている

ハルニレテラス

MAP 付録P.9E-3

自然と文化が調和する小さな街

軽井沢の日常をコンセプトに、16のレストランやショップが集まる小さな街。星野温泉 トンボの湯からは遊歩道を徒歩5分。季節ごとにさまざまなイベントを開催する。

↱川のせせらぎに耳を傾けながら、テラス席でカフェ休憩するのも心地よい

☎050-3537-3553
所軽井沢町星野
時7:00～22:00（店舗・季節により異なる）
休無休
交JR軽井沢駅から車で15分
Pエリア内250台

ハルニレテラスのグルメ＆ショッピングスポット

美しい緑と川に囲まれた空間に、信州の旬の食材を使ったメニューや、洗練されたハンドメイド品が集結。

野菜たっぷりのイタリアン
イル・ソーニョ

MAP 付録P.9E-3

旬の野菜を味わうソーニョ風バーニャカウダや、本格的な石窯で焼き上げるローマ風ピッツァが人気。

☎0267-31-0031
時11:00～21:00(LO)　休無休

晴れた日のテラス席が人気
せきれい橋 川上庵
せきれいばし かわかみあん

MAP 付録P.9E-3

旧軽井沢に本店をおく蕎麦屋（P.97）。おすすめは大きなエビが人気の天せいろ。地酒と一品料理の種類も豊富。

☎0267-31-0266
時11:00～21:00(LO)　休無休

フレンチデリと厳選ワイン
CERCLE wine & deli
せるくる わいん＆でり

MAP 付録P.9E-3

デリの手軽さと一流フレンチの味を兼ね備える。ソムリエセレクトのワインと一緒に楽しんでみたい。

☎0267-31-0361　時10:00（レストラン11:00）～21:00(LO)　休無休

スパイス料理とテーブルウェア
サジロカフェ・リンデン

MAP 付録P.9E-3

スパイス料理やハーブ、紅茶、雑貨を扱うカフェ＆ライフスタイルショップ。小分けにしたスパイスの販売も。

☎0267-46-8191　時11:00～21:00(LO)　休無休

上質な北欧スタイルを提案
NATUR TERRACE
なちゅーる てらす

MAP 付録P.9E-3

北欧ならではの洗練された家具や食器などが並んでおり、1950年代を中心としたヴィンテージ食器も充実。

☎0267-31-0737　時10:00～18:00　休無休

温かみのある木工おもちゃ
我蘭憧
がらんどう

MAP 付録P.9E-3

ヨーロッパ各地からセレクトされた木製おもちゃや家具が所狭しと並ぶ。オーダーメイドも受け付けている。

☎0267-31-0036　時10:00～18:00　休無休

※ハルニレテラス全店舗の営業時間は季節により異なります

星野エリア

いつでも迎えられるようにとの思いから、常に開かれている教会の扉

軽井沢高原教会
かるいざわこうげんきょうかい

MAP 付録P.9 E-3

今も受け継がれる
誰にでも開かれた教会

教会文化が色濃く残る軽井沢のなかでもとりわけ歴史が深く、大正10年(1921)に芸術自由教育講習会が開催され、内村鑑三はじめ多くの文化人が集まり、熱く語りあったという。

☎0267-45-3333　所軽井沢町星野
時10:00〜17:00(挙式時は見学不可)
休無休　料無料　交JR軽井沢駅から車で15分　P160台

⤵祭壇に続く大理石のバージンロード。厳かな空気が漂う礼拝堂

⤵日曜の礼拝(8時)やハープの演奏＆教会ガイド(16時)への参加は自由

季節のイベントに注目

無数のランタンが教会の森を幻想的に照らし出す8月のサマーキャンドルナイト(予約制、上)。ゴスペルの美しい歌声が教会に響きわたる(下)

星野温泉 トンボの湯

ほしのおんせん トンボのゆ

MAP 付録P.9 E-2

数多の文豪や芸術家が愛した 大正時代から続く美肌の湯

星野温泉の歴史の流れをくむ日帰り
立ち寄り湯として2002年にオープ
ン。湧出量毎分400ℓを誇る源泉
100％のかけ流しの湯は、しっとり
とした肌になると好評。

☎0267-44-3580 　所軽井沢町星野
時10:00～22:00(受付は～21:15) 　休無休
料1350円(GW・8月・年末年始は1550円)
交JR軽井沢駅から車で15分 　P250台

↑花崗岩が連なる開放的な露天風呂

↩檜造りの内湯には自然光が差し込む大き
な窓が設けられ、豊かな景色が楽しめる

 星野エリア

軽井沢の自然と親しむネイチャーツアー

野鳥の宝庫として有名な軽井沢。森を知り尽くしたガイドが、
野鳥や植物、昆虫の生態や名前などを解説してくれる。

野生動植物の調査・保全や、多
彩なネイチャーツアーを開催する
「ピッキオ」。星野エリアに隣接
する「軽井沢野鳥の森」(P.24)は
100haもの広さで、年間約80種
の野鳥が生息し、約300種の植
物が生育する。その森を舞台に
ネイチャーウォッチングやワイルド
サファリツアー、こども冒険クラ
ブ、ムササビウォッチングなど、
誰もが楽しめる魅力的なツアーが
多彩に揃う。

ピッキオ　**MAP** 付録P.9 E-2

☎0267-45-7777 　所軽井沢町星野
時9:30～16:00(GW～8月は～17:00)
休無休(臨時休業あり) 　料野鳥の森
ネイチャーウォッチング2500円～、空
飛ぶムササビウォッチング3400円～、
ワイルドサファリツアー6500円～
P250台

↑軽井沢は日本三大野鳥生息地のひとつ

↑ムササビなど夜行性動物観察も人気

↑軽井沢の豊かな動植物を四季を通じて観察できる

珠玉のアートと芸術家が愛した自然に魅せられて

心洗われる高原の美術館

⤴自然の外光を採り入れたユニークな館内で、日本人アーティストの作品をテーマに合わせて展示。1階のメイン展示室は奥行50m

多くの芸術家が訪れた軽井沢には、人々の心を魅了する個性豊かな美術館が点在。
アートを鑑賞したあとは、カフェやテラスで周囲の自然を眺めながら余韻に浸る贅沢なひとときを。

軽井沢現代美術館
かるいざわげんだいびじゅつかん
MAP 付録P.10 C-1

海を渡ったアーティストの
幅広い作品が並ぶ

2008年にオープンした、静かな森の中にたたずむミュージアム。草間彌生や奈良美智など、海外のアートシーンで高評価を得ている日本人作家を中心に展示し、企画展示室、ギャラリーも併設。版画を中心に作品も購入できる。

📞0267-31-5141　🏠軽井沢町長倉2052-2　🕐10:00〜17:00　🚫火・水曜(祝日の場合は開館、GW・夏季は無休)、11月下旬〜4月中旬は冬季休館　💰1000円　🚊しなの鉄道・中軽井沢駅から車で5分／JR軽井沢駅から町内循環バス東・南廻り線内回りで10分、図書館前下車、徒歩3分　🅿20台

⤴緑に囲まれた美術館。運営が東京の画廊なので、ギャラリーでは作品の購入もできる

⤴木立にたたずむゲートもモダンな雰囲気

⤴来館の記念になるオリジナルノートやミュージアムグッズも充実

↑原広司設計による建物は、積乱雲をイメージした屋根と幾何学的な壁面構成が軽井沢の自然にマッチ

田崎美術館
たさきびじゅつかん

MAP 付録P.9 D-3

山を愛する田崎氏の作品を幾何学的な建物が包む

文化勲章受章画家・田崎廣助が、第2の故郷としてアトリエを構えた軽井沢に、昭和61年(1986)開館。代表作の阿蘇山、朱富士、浅間山をはじめ、パリ留学時代のスケッチ画などが並ぶ。日本建築学会賞受賞の建物も注目したい。

☎0267-45-1186
🏠軽井沢町長倉横吹2141-279
🕐10:00〜17:00 10・11月10:30〜16:30
🈺水曜、臨時休あり、11〜4月に冬季休館あり　🈯900円　🚃しなの鉄道・中軽井沢駅から徒歩20分　🅿20台

注目ポイント

「山岳画家」田崎廣助

昭和41年(1966)から軽井沢で活動した洋画家。スケールの大きい山を多く題材とし、何度も富士に足を運ぶなど「山岳画家」として知られた。同50年(1975)には文化勲章を受章。

↪『箱根朱富士』1975年、油彩、画布

↑自分の作品を軽井沢で永久に保存展示したいという、故人の遺志により開館

↑欠けた看板や壁の模様など、自然を表現したディテールが館内のさまざまなところに見られる

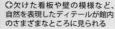

避暑客を迎えるリゾートの玄関口

軽井沢駅周辺
かるいざわえきしゅうへん

駅の南の大型ショッピングモールが賑わいをみせる
新幹線の停車駅。旧軽井沢へ延びる通りには
おしゃれなショップやレストランも点在する。

軽井沢●歩く・観る

↑軽井沢・プリンスショッピングプラザ。
季節や天候に左右されずに楽しめる

街歩きのポイント

サイクリングで
別荘地や景勝地を走る

アウトレットで
お得に買い物を楽しむ

壮大な絶景が待つ
北軽井沢へドライブ

旧軽井沢へ向かう前に立ち寄りたい
買い物やグルメ、景勝スポットが点在

　軽井沢観光の玄関口で、新軽井沢とも呼ばれるエリア。北口から旧軽井沢方面に向かって延びる軽井沢本通りには、人気のショップや老舗レストランのほか、個性的な美術館も数多い。駅の近くには、四季折々の風情を見せる雲場池、開放感あふれる矢ヶ崎公園などの自然スポットも点在している。駅の南口には、軽井沢・プリンスショッピングプラザの広大な敷地が広がる。アウトレットのほか、軽井沢の上質な特産品も見つかり、外国人観光客にも人気が高い。

アクセス方法

旧軽井沢
↑バス 町内循環バス東・南廻り線外回りで8分

軽井沢駅
↑電車 しなの鉄道しなの鉄道線で4分

中軽井沢駅
↑バス 町内循環バス東・南廻り線外回りで17分 ／ ↑バス 町内循環バス東・南廻り線内回りで30分

塩沢湖(一部の便のみ停車)

146
中軽井沢
中軽井沢駅
旧軽井沢
右図
しなの鉄道
北陸新幹線
18
軽井沢駅
南軽井沢
塩沢湖
18
泥川

↑明治期の姿を復元した(旧)軽井沢駅舎記念館

Street
軽井沢本通り
かるいざわほんどおり

軽井沢駅北口から旧軽銀座ロータリーまでの通り。駅前には便利なレンタサイクルショップも

軽井沢の四季を映し出す
雲場池
くもばいけ

南北に細長い形状の池の周囲に、四季折々の美景が広がる。ぜひ遊歩道を散策したい。 **➡P.56**

↑自然あふれる雲場池ではカモの親子にも会える

P.38
★旧軽井沢銀座通り
🚻旧軽井沢

離山通り

P.35
万平通り★

さきやきの小径
矢ヶ崎川

P.106 ルグラン旧軽井沢 🅷

軽井沢本通り

雲場池

🅷旧軽井沢ホテル
音羽ノ森
P.106

六本辻● 雲場池通り

🚻新道
東雲

P.56 サイクルメイトQ 新軽店★

矢ヶ崎公園

中軽井沢駅
↻

新軽井沢
新軽井沢西
⑱

P.56
レンタサイクル
市村輪店★

P.56 サイクルメイトQ駅前店★

しなの鉄道

北陸新幹線

(旧)軽井沢
駅舎記念館●

🚻軽井沢駅
軽井沢駅

→高崎駅

駅入口

軽井沢・プリンスショッピングプラザ

ショッピングプラザ前🚻

ピクニックランチにも最適
矢ヶ崎公園
やがさきこうえん

軽井沢駅から徒歩約5分の位置にある広さ約4万6000㎡の公園。浅間山を眺望する憩いの場。 **➡P.57**

アクセス抜群の巨大アウトレット
軽井沢・プリンスショッピングプラザ
かるいざわ・プリンスショッピングプラザ

軽井沢駅南口側、26万㎡以上の広大な敷地に200を超えるショップが入る。美しい池や緑の鮮やかな広場を間近に休憩するのもいい。 **➡P.60**

↑街の玄関口でもある軽井沢駅

軽井沢サイクリング

自転車に乗って巡る軽井沢の風光

カラマツ林を抜けて 水と緑の高原を走る

清涼な空気に包まれ、別荘地や 緑あふれる林間の小径を抜け、 ヒーリングスポットを訪ねたい。

さわやかな空気のなかを走る サイクリングに出発

高原の澄んだ空気と緑の木々のなか を通る小径は、サイクリングにうって つけ。軽井沢駅北口近くにはレンタ サイクルショップも多く、気軽に体験 できるのも魅力だ。池や小川の近く で野鳥や野草に癒やされる、自然豊 かなスポットを巡りたい。

レンタサイクル

自転車は、軽井沢駅前のレンタサ イクルショップを利用するのがお すすめ。駐車場もあるので、車 で訪れた場合でも安心だ。

サイクルメイトQ 駅前店
サイクルメイトキュー えきまえてん
MAP 付録P.8 C-4
☎0267-42-8985　所軽井沢町軽井沢東
7-1　営9:00～17:00お盆中は8:00～
18:00　休不定休、雨天時、1・2月
交JR軽井沢駅からすぐ　P6台

サイクルメイトQ 新軽店
サイクルメイトキュー しんかるてん
MAP 付録P.8 B-3
☎0267-42-3315　所軽井沢町軽井沢東
18-14　営9:00～17:00お盆中は8:00～
17:00　休不定休、雨天時、1・2月　交JR
軽井沢駅から徒歩5分　P15台

レンタサイクル市村輪店
レンタサイクルいちむらりんてん
MAP 付録P.8 C-4
☎0267-42-2484　所軽井沢町軽井沢
東11-4　営9:00～17:00(4～9月は～
18:00)　休水曜(8月は無休)、1・2月
交JR軽井沢駅から徒歩2分
P4台

1 雲場池
くもばいけ
MAP 付録P.8 A-2

四季折々の美しさを楽しむ

「スワンレイク」の愛称を持つ神秘の池。夏 は緑と空のコントラストが、秋は紅葉、そし て冬さえも美しい表情を見せてくれる。
☎0267-42-5538(軽井沢観光会館)　所軽井沢町
六本辻　開休料見学自由　交JR軽井沢駅から約
1.5km　P周辺の有料駐車場を利用

↑御膳水を源と する雲場川を堰き 止めたことで雲場 池が誕生した

↑池からのさ わやかな風と鳥 のさえずりに、 心が癒やされる

↻池の周りの 小径は、20分 ほどで一周で きる

2 御膳水
ごぜんすい
MAP 付録P.5 D-2

雲場池の 水源でもある清水

ホテル鹿島ノ森(P.106)の敷 地内にある小さな渓谷に湧き 出る清水。明治天皇もこの 水をご飲用されたため「御膳 水」と呼ばれる。
☎0267-42-3535(ホテル鹿島ノ
森)　所軽井沢町軽井沢1373-6
開休料見学自由　交JR軽井沢駅
から約2.7km　P50台

旧軽井沢ゴルフクラブ
P.34 三笠通り ★
2 御膳水
P.38 旧軽井沢銀座通り ★
万平ホテル
P.106 ホテル鹿島ノ森 H
軽井沢本通り
矢ヶ崎川
★ 万平通り P.35
H ルグラン旧軽井沢 P.106
1 雲場池
H 旧軽井沢ホテル 音羽ノ森 P.106
脇田美術館
雲場池通り
六本辻
東部小
サイクルメイトQ 新軽店 ★
3 矢ヶ崎公園
東雲
大賀ホール
東部小
レンタサイクル市村輪店
珈琲館 旦念亭
軽井沢署
サイクルメイトQ 駅前店 ★
18
18
東部小入口
しなの鉄道
軽井沢駅
START&GOAL
北陸新幹線
N
SC 軽井沢・プリンスショッピングプラザ P.28/P.60
0　　300m
晴山ゴルフ場
プリンスホテルスキー場

所要◆約2時間

サイクリングコース

喧騒から離れ、緑豊かなエリアを走る爽快なコース。軽井沢本通り沿いのレストランでランチも◎。

軽井沢駅 かるいざわえき

⬇ 1.5km／10分

1 雲場池 くもばいけ

⬇ 1.2km／8分

2 御膳水 ごぜんすい

⬇ 2.4km／16分

3 矢ヶ崎公園 やがさきこうえん

⬇ 0.3km／2分

軽井沢駅 かるいざわえき

水と緑の高原を走る

↑ホテル鹿島ノ森 メイプルラウンジ(P.86)で休憩するのもいい。テラス席がおすすめ

ホテルの敷地内だが、遊歩道を通って自由に散策することができる

3 矢ヶ崎公園
やがさきこうえん

MAP 付録 P.8 C-4

浅間山を望む憩いの場

大きな池を中心に遊歩道や遊具、芝生エリアなどがある多目的公園。五角形の建物が特徴的な大賀ホールの風景や、浅間山と離山の眺望を楽しめる。

☎0267-45-8582(地域整備課) 所軽井沢町軽井沢 開休料入園自由 交JR軽井沢駅から約0.3km P60台(2時間未満無料)

↑大賀ホールに隣接する多目的公園

アイスコーヒーでひと息

珈琲館 旦念亭
こーひーかん たんねんてい

親子で営む老舗喫茶店。8時間かけて抽出する名物の水出しコーヒーは手作りチョコレートケーキ(地方発送可)とともに堪能したい。

MAP 付録 P.8 C-4

☎0267-42-5616 所軽井沢町軽井沢東4-2 営9:00〜18:30 GW、7〜9月8:00〜17:30 休水曜(GW、8月は無休) 交JR軽井沢駅から徒歩2分 P11台

↑落ち着いた雰囲気の店内。晴れた日は風が心地よいテラス席がおすすめ
↑白糸の滝を源水とする水で抽出する水出しコーヒー800円とチョコレートケーキ700円

57

浅間山の麓を車で爽快に駆ける
北軽井沢へ! 絶景ドライブ

↑三笠通りから北軽井沢へ
続く白糸ハイランドウェイ
（普通車500円）

軽井沢から北軽井沢へ、緑あふれる森の中を進む白糸ハイランドウェイと、
浅間山を望み鬼押出し園へ向かう鬼押ハイウェー。2つの観光道路を走り、絶景をたどる旅へ。

↑湾曲した岩壁を、岩肌から染み出た清水が数百条の白糸のように流れ落ちる

1 白糸の滝
しらいとのたき
MAP 付録P.4 B-1

清涼な空気に満ちた滝

落差3m、幅70mのダイナ
ミックな滝。軽井沢の澄み切っ
た空気とすがすがしい水音が
五感に響き、心身の疲れを
癒やしてくれる。
☎0267-42-5538（軽井沢観光会
館）　所軽井沢町長倉　閉休料見
学自由　交JR軽井沢駅から約12
km　P200台

2 浅間山キャンプ場
あさまやまキャンプじょう
MAP 付録P.3 E-1

広大な景観のなかでアウトドア体験

鬼押ハイウェーの途中にあり、
浅間山の眺望が抜群のキャンプ
場。キャンプやグランピングの
ほか、テーブルや椅子が借りら
れるデイキャンププランもある。
☎0279-80-5222　所群馬県嬬恋村
鎌原1053-46　開IN 13:00/OUT
10:00（デイキャンプは11:00〜16:00）
休11月下旬〜4月下旬　交JR軽井沢
駅から約15.9km　P120台

↓軽食コーナーや売店、シャワー室などが完備

➡軽井沢と嬬恋を
結ぶ鬼押ハイウェー
（普通車280円／峰
の茶屋〜鬼押出し）

嬬恋村

鬼押出し園 **3**

浅間山熔岩樹型 ●

鬼押出岩 ●

火山白根ルート
浅間白根ルート

群馬県

浅間牧場

2 浅間六里ヶ原休憩所

1 白糸の滝

小浅間山

黒斑山

浅間山 P.28

前掛山

火山観測所

146

鼻曲山

長野県

留夫山

剣ヶ峰

千ヶ滝 P.26 ★

★ 竜返しの滝 P.26

石尊山

御代田町

軽井沢町

三笠通り P.34

旧三笠ホテル

子持山

旧軽井沢
銀座通り P.38

中軽井沢駅

離山

碓氷峠トンネル

18

信濃追分駅

北陸新幹線

しなの鉄道

START & GOAL
軽井沢駅

碓氷峠

18

御代田駅

借宿トンネル

湯川

塩沢湖

18

泥川

矢ヶ崎山

上信越自動車道

北陸新幹線

湯川

N

0   2km

所要◆約3時間30分

おすすめドライブルート

美しい景色が続く2つの観光道路を進もう。浅間山の噴火警戒レベルについては事前に確認を。

軽井沢駅
かるいざわえき

⬇ 県道133号・
白糸ハイランドウェイ経由
約12km／24分

1 白糸の滝
しらいとのたき

⬇ 白糸ハイランドウェイ・
鬼押ハイウェー経由
約5.3km／8分

2 浅間山キャンプ場
あさまやまキャンプじょう

⬇ 鬼押ハイウェー経由
約3.3km／4分

3 鬼押出し園
おにおしだしえん

⬇ 鬼押ハイウェー・
白糸ハイランドウェイ・
県道133号経由
約18.8km／32分

軽井沢駅
かるいざわえき

北軽井沢へ！絶景ドライブ

---

3 ## 鬼押出し園
おにおしだしえん

MAP 付録P.3 E-1

「溶岩の芸術」ともいわれる

天明3年（1783）の浅間山噴火で流出した鬼押溶岩流が形成した奇勝。遊歩道が整備され、迫力ある奇岩群を見学しながら散策できる。2021年に70周年を迎えた。

☎0279-86-4141 ㊟群馬県嬬恋村鎌原1053
⏰8:00〜17:00 ㊡無休 ㊟700円 ㊟JR軽
井沢駅から約18.8km ㊟750台
🔽昭和33年（1958）建立の浅間山観音堂には、
御本尊として聖観世音菩薩が祀られている

🔽年間を通して秘仏をご開帳

59

国内最大の店舗数、規模を誇る巨大アウトレット

軽井沢・プリンスショッピングプラザ

かるいざわ・プリンスショッピングプラザ

有名ブランドからアウトドアウェア、雑貨、おみやげなど、多彩なショップを備えた
リゾート型ショッピングモールでショッピングやグルメを満喫したい。

約26万㎡の緑豊かな空間に
魅力的な10のモールが並ぶ

　軽井沢駅南口側に展開される国内最
大級のショッピングモール。軽井沢という
長い歴史に育まれた高原リゾートが醸す
ゆったりとした時間と上質な空気に包まれ
ながら、買い物や食事を快適に楽しめる。
自然に囲まれたロケーションも素晴らし
く、広大な敷地は10のそれぞれ特色ある
エリアに分かれており、約240のショップ
が軒を連ねている。

MAP 付録P.8 B-4

☎0267-42-5211　㉑軽井沢町軽井沢
⏰10:00～19:00(季節により異なる)　㉘不定休
㉕JR軽井沢駅からすぐ　Ｐ約3500台(有料)

◐芝生や木々など、高原リゾートの自然の美しさ
の中でのんびりとした時間を過ごせる

ニューウエスト
NEW WEST

店舗数・ラインナップとも充実

レディスファッション、メンズファッシ
ョン、雑貨、おみやげ、キッチン用
品まで多彩なショップが並ぶ。店
舗数が最も多いエリア。

⬆目移りするような豊富な商品が揃う

⬆キッズショップが中心のエリア

ウエスト
WEST

子ども連れのほか雑貨好きにも人気

キッズ服や玩具、子ども向けの店舗が多
く、カラフルで楽しい雑貨を扱う店もある。
なにかと便利なコンビニや薬局も入る。

スーベニアコート
SOUVENIR COURT

信州・軽井沢の名産をチェック

そばやジャムなど地産の食料品を
中心とした、信州・軽井沢ならで
はのおみやげが揃う。

⬆テイクアウトフードを扱う店もある

フードコート
FOOD COURT

買い物途中で気軽に腹ごしらえ

店内400席とテラス100席があり、ラーメン、カレー、お好み焼など、カジュアルな食事が楽しめる。

↑広々とした店内では8店舗が出店している

↑7つの飲食店でグルメを満喫できる

軽井沢 味の街
KARUIZAWA AJI NO MACHI

落ち着いて食事をとりたいならここ

和食、洋食、寿司、イタリアンなどの店があり、各店ともゆっくり食事が楽しめるだけのスペースもあるのがうれしい。

センターモール
CENTER MALL

アクセサリーショップが多数揃う

プラザ内で最も新しいエリアのひとつ。軽井沢駅南口の正面に位置し、ジュエリーやアクセサリー、雑貨などが揃う。

↑案内所があるので、最初に立ち寄りたい

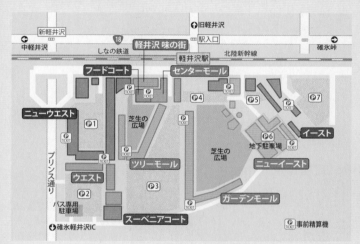

イースト
EAST

アクティブ派におすすめ

スポーツやアウトドアショップが充実している。スポーツ好きの若者からゴルフを楽しむシニアまで、世代を問わずニーズに対応。

↑スポーツ以外におみやげ店もあり

↑「芝生のひろば」に隣接している

ツリーモール
TREE MALL

広場を眺めながらショッピング

「芝生のひろば」を囲むように海外の有名ブランドが並び、開放感抜群。公園を散歩する感覚で買い物が楽しめる。

ガーデンモール
GARDEN MALL

ハイセンスなショップが集中

洗練された海外ラグジュアリーブランドや、好感度なセレクトショップが出店。

↑ガーデンそばの開放的なモール

ニューイースト
NEW EAST

幅広い好みに応えてくれる

老舗ラグジュアリーブランドから若者に人気のカジュアルウェアまで、幅広い年齢層に対応したショップが揃う。

↑正面入口の洗練されたデザインが目を引く

まばゆい緑のなかに漂うアートと文学の薫り

南軽井沢
みなみかるいざわ

ゆったりとした自然のなかにたたずむ
メルヘンチックな美術館でアートに浸り、
文人たちが名作を生んだ文学の跡を訪ねる。

街歩きのポイント

美術館でアートにふれる

軽井沢ゆかりの文学者を知る

高原の美しい庭を見学する

↑周辺に芸術施設が点在する塩沢湖。美しい湖畔の風景に、心が研ぎ澄まされる

湖畔を散策し、カフェに立ち寄りつつ
アート作品や文学者の芸術世界に遊ぶ

　広々とした敷地に豊かな自然を生かしたリ
ゾート施設が点在する。なかでも美術館や文
学館など、芸術文化関連の施設が多く、軽井
沢らしい自然風景に包まれて芸術鑑賞を楽し
める。その中心となるのが、塩沢湖周辺に広
がる軽井沢タリアセン。軽井沢ゆかりの作家
にふれられる軽井沢高原文庫や文人たちのレ
トロな別荘、ペイネ美術館などが湖畔にたた
ずむロマンティックな総合リゾート施設だ。ほ
かにもテーマ性の高い個性的な美術館や植物
園などを南軽井沢の各所で楽しめる。

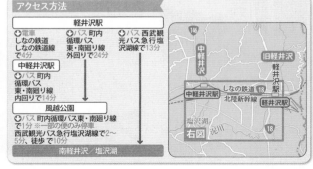

アクセス方法

軽井沢駅

↺電車
しなの鉄道
しなの鉄道線
で4分

↺バス 町内
循環バス
外回りで24分

↺バス 西武観
光バス急行塩
沢湖線で13分

中軽井沢駅

↺バス 町内
循環バス
東・南廻り線
内回りで14分

風越公園

↺バス 町内循環バス東・南廻り線
で1分 ※一部の便のみ停車
西武観光バス急行塩沢湖線で2〜
5分、徒歩で10分

南軽井沢／塩沢湖

湖畔のリゾートでアートや名建築にふれる
軽井沢タリアセン
かるいざわタリアセン

自然豊かな塩沢湖を中心にして複数の美術館など芸術施設で構成される、南軽井沢最大規模を誇るリゾート施設。
➡ P.64

モダンな美術館で迫力ある作品を鑑賞
軽井沢千住博美術館
かるいざわせんじゅひろしびじゅつかん

世界的に活躍する日本画家・千住博の作品を展示する。軽井沢の自然のなか、アートと一体になって空間をつくる建築にも注目したい。
➡ P.66

文化学院創立者・西村伊作の作品を展示
ル ヴァン美術館
ル ヴァンびじゅつかん

西村伊作の絵画や陶芸などを展示。軽井沢の緑に調和する英国コテージ風の建物や、美しい庭園も必見。
➡ P.66

絵のように美しい森に2つの美術館が建つ
ムーゼの森
ムーゼのもり

絵本や木のおもちゃなどメルヘンなテーマの美術館と、四季折々の花が咲き誇るナチュラル・ガーデンで構成される。
➡ P.67

南軽井沢

中軽井沢駅
しなの鉄道
中部小
中軽井沢駅
軽井沢中
★軽井沢現代美術館 P.53
旧軽井沢バス停
Ｈレジーナリゾート旧軽井沢 P.107
軽井沢東部小
南原
中学校前
離山 しなの鉄道
軽井沢高
軽井沢署
新軽井沢
新軽井沢東
駅入口
新軽井沢西
18
軽井沢駅
湯川
北陸新幹線
湯川ふるさと公園
軽井沢・プリンスショッピングプラザ SC P.28/P.60
晴山ゴルフ場
高崎駅
鳥居原地前
軽井沢プリンスウエスト Ｈ
ショッピングプラザ前
プリンスホテル
ウエスト前
鳥居原
鳥居原東
軽井沢千住博美術館
南ヶ丘美術館
塩沢交差点 塩沢
軽井沢ゴルフ倶楽部
軽井沢タリアセン
P.64 ペイネ美術館 ★
杉瓜入口
★深沢紅子 野の花美術館 P.65
塩沢湖
ル ヴァン美術館
塩沢湖
★睡鳩荘 P.64
★軽井沢高原文庫 P.65/P.77
ムーゼの森
★軽井沢絵本の森美術館 P.67
エルツおもちゃ博物館・軽井沢 P.67 ★
風越公園
18
軽井沢風越公園
沢川
★軽井沢町植物園 P.69

◆軽井沢タリアセン内にあるペイネ美術館

◆軽井沢レイクガーデンのバラは見事

63

別荘地で美とふれる旅
アートな午後

塩沢湖畔に広がる
軽井沢タリアセンをはじめ
南軽井沢に点在する
アートスポットで、芸術や
文学の息吹にふれ、
極上の時を過ごしたい。

軽井沢タリアセン
かるいざわたりあせん

MAP 付録P.10 B-3

軽井沢が誇る
建築・文学・アートを堪能

軽井沢タリアセンは、塩沢湖を中心に美術館や遊戯施設、レストラン、ショップが集まったリゾート施設。ペイネ美術館、深沢紅子 野の花美術館、軽井沢高原文庫があり、文学やアートの世界が堪能できる。

☎0267-46-6161 ⚑軽井沢町長倉217 ⏰9:00～17:00(冬季は要問い合わせ) ⏾冬季不定休、美術館は展示替えの臨時休あり ⚑入園900円、深沢紅子 野の花美術館600円、軽井沢高原文庫800円、ペイネ美術館1100円(タリアセン入園料込み)、ミュージアムセット券1600円(入園＋3館入館) ⚑JR軽井沢駅から車で10分／西武観光バス急行塩沢湖線で13分、塩沢湖下車すぐ／町内循環バス東・南廻り線外回りで25分、塩沢湖下車すぐ(風越公園下車は徒歩10分) ⚑180台(有料)

睡鳩荘
すいきゅうそう

歴史的価値の高い別荘建築

昭和6年(1931)にW.M.ヴォーリズの設計で建築。明治～昭和期の実業家・朝吹常吉や、その長女である仏文学者・登水子の別荘だったことから、旧朝吹山荘と呼ばれる。

↻睡鳩荘は1階の居間部分などが一般公開されている
↻国の有形文化財に登録されている

ペイネ美術館
ペイネびじゅつかん

夏の家が国の重要文化財に指定

『ペイネの恋人たち』シリーズで有名なフランスの画家レイモン・ペイネの原画やリトグラフ、愛用の画材などを展示している。建物は建築家アントニン・レーモンドの別荘だった「夏の家」を移築したもの。2023年9月、「夏の家」が国の重要文化財(建造物)に指定された。

↻前身の「夏の家」は昭
↻寄り添う山高帽の　和8年(1933)築
男の子と女の子の　『ペイネの恋人たち』は
『恋人たちの像』　世界中で親しまれている

深沢紅子 野の花美術館
ふかざわこうこ ののはなびじゅつかん

歴史的建物で野の花を愛でる

野の花を愛した深沢紅子（1903〜1993）の水彩を中心に、油絵、リトグラフ、挿絵を展示している。建物は旧軽井沢郵便局舎を移築したもので、国の登録有形文化財。

↑明治44年（1911）築の瀟洒な木造2階建て洋館

グルメスポットも充実

レストラン湖水 レストランこすい

オープンテラスで湖畔のさわやかな景色を眺めながらランチを楽しめる。

➡カレーやコロッケなど気軽な洋食がメイン

軽井沢高原文庫 ➡ P.77
かるいざわこうげんぶんこ

軽井沢ゆかりの文学にふれる

軽井沢にゆかりのある文学や歴史を紹介。敷地内には、堀辰雄が愛した山荘、有島武郎の別荘「浄月庵」（P.76）、野上彌生子書斎などを移築し公開。

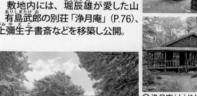

↑浄月庵（上）や堀辰雄山荘（下）など文人たちの過ごした空間にふれることができる
➡軽井沢の豊かな文学世界を体験してみたい

↑野の花を題材にした水彩を中心に、季節に沿った展示が見られる

イングリッシュローズ・ガーデン

英国の育種家デビッド・オースチンによる香り豊かなイングリッシュローズを中心に約200種類のバラが咲き誇る。バラは6月中旬〜9月下旬まで。

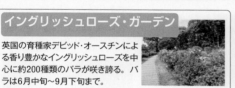

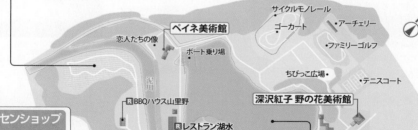
サイクルモノレール
ゴーカート
・アーチェリー
ファミリーゴルフ
ペイネ美術館
恋人たちの像
ボート乗り場
ちびっこ広場・
・テニスコート
深川
Ⓡ BBQハウス山里野
深沢紅子 野の花美術館
Ⓡ レストラン湖水
中の島
Ⓡ Cachette P.86
Ⓟ
睡鳩荘
Ⓟ
一房の葡萄Ⓒ
中央ゲート
P.76 浄月庵★
Ⓒ タリアセンコーヒーショップ
堀辰雄山荘（1412番山荘）
・野上弥生子書斎
・立原道造詩碑
軽井沢高原文庫

タリアセンショップ

園内の各美術館のグッズや、タリアセンコーヒーなどのオリジナル商品をおみやげにしたい。

塩沢湖
しおざわこ

ボートに乗って、湖上から美しい景色や野鳥の鳴き声に心癒やされたい。

⤴自然の傾斜が残された館内で、自然光による採光と木々の緑が空間を満たす

軽井沢千住博美術館

かるいざわせんじゅひろしびじゅつかん

MAP 付録P.10 B-2

画家と建築家がつくる
新しい芸術の世界

ヴェネツィア・ビエンナーレ絵画部門で東洋人初の名誉賞を受賞するなど、日本を代表する現代アーティストとして活躍する千住博の作品を収蔵。『ウォーターフォール』や『浅間山』といった新旧の代表作が展示されている。

⤴幻想的かつ荘厳な時が流れる「ザ・フォール・ルーム」

⤴千住博と建築家・西沢立衛のコラボで平成23(2011)年に誕生

☎0267-46-6565 所軽井沢町長倉815 開9:30～17:00（入館は～16:30）休火曜（祝日の場合は開館、GW・7～9月は無休）、12月下旬～2月 料1500円 交JR軽井沢駅から車で10分／町内循環バス東・南廻り線外回りで25分、塩沢交差点下車、徒歩8分 P60台

「軽井沢千住博美術館　展示風景」撮影:阿野太一　◎軽井沢千住博美術館

世界で活躍する日本画家・千住博

代表作『ウォーターフォール』は、「滝」を描写するのではなく絵の具を流すことで、その流れ自体を「滝」として表現した。世界の人々の心をつかんだこの手法は、千住博が拓いた日本画の新境地だ。

『ウォーターフォール 1996』
◎軽井沢千住博美術館

ル ヴァン美術館

ル ヴァンびじゅつかん

MAP 付録P.10 A-3

英国コテージ風の建物に
浅間山を望むカフェを併設

3つの展示室を備え、第1室は文化学院の創設者として知られる西村伊作と当院の教育に携わった芸術家たちの作品を常設展示し、第2・3室は毎年さまざまな企画展が開催される。館内には浅間山を望むカフェもあり、ケーキやランチが楽しめる。

☎0267-46-1911 所軽井沢町長倉957-10 開10:00～17:00 休水曜（8月1日～9月15日は無休）、11月上旬～6月上旬 料800円 交JR軽井沢駅から車で15分／町内循環バス東・南廻り線外回りで21分、杉瓜入口下車、徒歩2分 P40台

⤴カフェテラスから望む庭園。バラの季節には美しい花が咲く

⤴常設展が見られる第1室(上)。庭には風情ある井戸を配置(下)

↑1990年に開館した、絵本の専門美術館の先駆的存在

ムーゼの森
ムーゼのもり
MAP 付録P.10 B-3

**大人の知的好奇心を刺激する
自然のなかの芸術空間**

ムーゼの森は、軽井沢絵本の森美
術館／ピクチャレスク・ガーデンと、
エルツおもちゃ博物館・軽井沢の2つ
の施設からなるミュージアムパーク。
美しいものに囲まれ、本物の芸術文
化にふれることで、大人も感性が磨
かれる。

☎0267-48-3340 所軽井沢町長倉182(塩
沢) 営9:30〜17:00 ※3・4・11〜1月10:00
〜16:00 入館は各30分前まで 休火曜(祝日
の場合は変動、GW・7〜9月は無休、12・1月
は要問い合わせ)、1月中旬〜3月中旬 料軽
井沢絵本の森美術館950円、エルツおもちゃ
博物館750円、2館セット券1400円
交JR軽井沢駅から車で10分／西武観光バス
急行塩沢湖線で16分、絵本の森下車、徒歩1
分／町内循環バス外回りで3分、風越公園下
車、徒歩8分(塩沢湖経由の場合は30分、塩沢
湖下車、徒歩2分) P200台

軽井沢絵本の森美術館
かるいざわえほんのもりびじゅつかん

お気に入りの絵本を見つけよう

約9000㎡の広大な森に、3つの展示
館や図書館、イベントスペースが点在。
静かな森の中でお気に入りの絵本を見
ながら、のんびり過ごしたい。
MAP 付録P.10 B-3

↑欧米の絵本を中心に、近・現代作家の絵本原画、
初版をはじめとする絵本資料を展示

エルツおもちゃ博物館・軽井沢
エルツおもちゃはくぶつかん・かるいざわ

木のおもちゃや知育玩具を展示

一体一体表情豊かな
様子を見ていると、お
もちゃの国の住人にな
ったような気分。人形
たちを見つめながら、
夢に満ちた空想の世
界に浸れる。
MAP 付録P.10 B-3

↑ドイツの「エルツ地
方のおもちゃ博物館」
の姉妹館

↑木の人形やミニチュアなど、ドイツ・エルツ地
方の職人による伝統工芸的木工おもちゃを展示

注目ポイント

絵のように美しいピクチャレスク・ガーデン
軽井沢絵本の森美術館の敷地内に広がる
「ピクチャレスク・ガーデン」は「絵のよう
に美しい庭」を意味する名前。宿根草や原
種系の植物を生かしたこの「自然な」庭で
は、軽井沢の原風景とそこで移ろう四季の
美しさを愛でることができる。

→英国人ランドスケープ・
デザイナーのポール・スミ
ザーがデザイン。生態系に
配慮したナチュラル・ガー
デン造りで活躍する
→懐かしさと新しさが融合
した庭で、四季の移ろいを
感じながら自然に親しむ
©Garden Rooms

67

イングリッシュローズガーデン
香り豊かなイングリッシュローズを中心に、約350種3500株のバラが楽しめる

高原を色鮮やかに染める2大ガーデンを訪ねる

避暑客を祝福する花々を追って

若葉がすくすくと生長する芽吹きの春、
美しいバラが咲き誇る高原の初夏。
高原に華やぎを添える軽井沢の庭を歩く。

軽井沢レイクガーデン

かるいざわレイクガーデン

MAP 付録P.4 B-4

英国を思わせる美しい水辺の空間

豊かな水をたたえる湖を中心に、8つのガーデンエリアを展開する約1万坪のナチュラルガーデン。6〜7月に見頃を迎えるバラをはじめ、軽井沢の風土に根ざした植物を愛でながら、優雅なひとときが楽しめる。

☎0267-48-1608
所軽井沢町レイクニュータウン
営9:00〜17:00(水曜は〜16:00) 入園は各30分前まで ※季節によって変動あり 休11月上旬〜4月中旬 料1000〜1500円 ※季節によって変動あり 交JR軽井沢駅から車で10分／町内循環バス東・南廻り線外回りで10分、ニュータウン入口下車、徒歩3分 P250台

ラビリンスローズガーデン
古城跡をイメージした石畳に、バラをメインに多様な草花をデザインした美しい庭園

マナーハウス
庭園に溶け込む英国風の建物。落ち着いた雰囲気の直営みやげ店やレストラン、カフェが入る

めがね橋 めがねばし
湖の2カ所に架けられているめがね橋が、ガーデンの雰囲気を盛り上げてくれる

メアリーローズ

雑貨やお菓子、ガーデングッズなどを販売する直営店。おみやげ探しにおすすめ

⮕スコーンやケーキを味わいながら英国流ティータイムを

カフェ イレブンシス ティールームス

イングリッシュローズガーデンの近くで、バラを愛でながらランチやカフェ休憩を楽しめる

注目ポイント

バラが咲き誇るローズシーズン

園内のバラを最も楽しめるのが、6月中旬〜7月中旬のローズシーズン。期間中はハーブ演奏などのイベントも開催される。

軽井沢町植物園
かるいざわまちしょくぶつえん

MAP 付録P.10 B-4

軽井沢ならではの山野草が園内を四季折々に彩る

軽井沢高原一帯に自生する植物を中心に、約1600種類の樹木、草木が集められている。園内には観察通路が整備され、休憩所を備えた管理棟や軽井沢の植物を紹介する展示館も備えている。

☎0267-48-3337 　所軽井沢町発地1166 　時9:00〜17:00(入園は〜16:30) 　休12〜3月 　料100円 　交JR軽井沢駅から車で8分/町内循環バス東・南廻り線外回りで24分、風越公園下車すぐ 　P30台

写真提供:軽井沢町植物園

園入口 えんいりぐち

その季節に見られる花の写真が展示されているので、案内図と合わせて探してみたい

アサマキスゲとキキョウ

黄色い花弁のアサマキスゲと、青紫色のキキョウ。どちらも7月下旬〜8月上旬が見頃

ニッコウキスゲ

6月上旬に開花。黄橙色の花弁はラッパ状で、朝に咲き夕方には閉じる一日花

コブシ

桜に先駆けて4月下旬〜5月上旬に大ぶりな純白の花を咲かせる、軽井沢町の町木

サクラソウ

軽井沢町の町花。5月にピンクや白、薄紫のかわいらしい花を咲かせる姿が、園内各所で見られる

避暑客を祝福する花々を追って

歴史

日本の近代化とともに発展した避暑地の歴史に憩う

高原に花開いたリゾートの今昔

江戸時代には大名行列が通った現在の旧軽銀座。明治期には、ドレス姿の西洋人が歩くモダンな通りに変貌する。やがて、瀟洒な森の別荘地が広がり、ロマンティックなリゾートの聖地が誕生した。

紀元前〜16世紀

原野の広がる高原地帯
古代までの軽井沢

冷涼な軽井沢に暮らした縄文人や弥生人
古代には幹線道路が通る交通の要地だった

軽井沢高原一帯では、縄文時代から人々が暮らしていたと考えられている。軽井沢高原南端の茂沢付近では、6000〜7000年前の縄文前期とされる土器のほか、縄文中期から後期とみられる住居跡などが見つかっている。ほかにも高原一帯で、同時代の多くの遺跡が発掘されている。

古代から中世には、当時の幹線道路のひとつ、東山道が通っていたことから交通の要地とされた。東山道は長野と関東を結ぶ古道で、現在の碓氷バイパス（国道18号）沿いの入山峠を越えていた。日本武尊が東征の帰りに越えたと伝わる碓氷坂が、その入山峠と考えられている。

17世紀〜19世紀

3つの宿場があった江戸時代
宿場町としての繁栄

江戸時代に寒村から宿場町へと発展を遂げる
旧軽井沢銀座通りには旅籠や茶屋が並んだ

高冷地にある軽井沢は、雑穀しか育たない寒村にすぎなかったが、江戸時代に中山道が整備されると、街道筋の宿場町として栄えていった。現在の軽井沢町には、軽井沢、沓掛（中軽井沢）、追分の3つの宿場町が置かれ、浅間根腰の三宿と総称された。軽井沢宿は、難所の碓氷峠の登山口にあり、峠越えをする旅人で賑わった。現在の旧軽井沢銀座通りには、旅籠や茶屋が軒を連ねたという。三宿で最も賑わったのが、中山道の宿場で最高地点の標高約1000mにあった追分宿。中山道と北国街道の分岐にあり、大名行列や行商人、善光寺参りの人々が頻繁に往来した。

天明3年（1783）に起きた浅間山の大噴火では、溶岩や火山灰により、軽井沢の3つの宿場は大きな被害を受けた。明治17年（1884）に碓氷新道（旧国道18号）が開通すると、往来は徐々に減り始め、宿場町は衰退していった。

茂沢の南石堂遺跡

もざわのみなみいしどういせき
信濃追分 **MAP** 付録P.4 A-4

縄文中〜後期の住居跡や環状列石遺構があり、その中でも「箱形石棺墓」は大変貴重な遺構である。

↑信濃追分駅南部の茂沢地区にある
☎0267-45-8695（軽井沢町教育委員会） 所軽井沢町茂沢

長倉の牧

ながくらのまき
中軽井沢 **MAP** 付録P.9 D-4

平安時代、軽井沢には朝廷へ献上する馬の官牧のひとつ、長倉の牧があった。その名残とされる「長倉の牧（牧堤跡）」の遺構が町内に残る。

↑中軽井沢長倉地区に史跡がある
☎0267-45-8695（軽井沢町教育委員会） 所軽井沢町長倉横吹2141-109

↑軽井沢宿へ向かう旅人を描いた広重の浮世絵。焚火で一服する旅人たちの奥には、夜の闇に包まれつつある軽井沢の宿場町が見える。歌川広重『木曾街道六拾九次・軽井澤』〈国立国会図書館蔵〉

つるや旅館

⊃P.107
つるやりょかん
旧軽井沢 **MAP** 付録P.7 E-1

江戸時代初期、軽井沢宿で泊まり客や休憩客を相手にする旅籠として創業。食事どきには店先の縁台に料理が並べられ、腹ごしらえをする旅人たちで賑わったという。

↑建物には和風のたたずまいが今も残る

軽井沢●歴史

↑明治末期〜大正時代頃の旧軽井沢銀座。洋装姿の西洋人が往来し、通りには英語の看板が並んだ（写真提供：一彫堂ICCHODO）

↑ショーは明治6年(1873)に来日。避暑地・軽井沢を生んだ先駆者であり、「軽井沢の父」と呼ばれる

↑ディクソンは文科大学（現東京大学文学部）のイギリス人教授を務めた。教え子に夏目漱石がいる

19世紀 外国人たちの聖なる避暑地

異人たちの到来

軽井沢の最初の避暑客は外国人宣教師たち
西洋の文化が入り込み、教会が建設された

　軽井沢が再び賑わいを取り戻したのは、明治中期のことだった。明治19年（1886）、カナダ人宣教師アレキサンダー・クロフト・ショーが、友人のジェームス・メイン・ディクソンを伴って旅行中に軽井沢を訪れた。彼らは軽井沢の美しい自然と西欧に似た冷涼な気候にすっかり魅了され、「屋根のない病院」と称賛した。以来2人は、毎夏を軽井沢で過ごすことになる。ショーは旧軽井沢の民家を買い取って別荘とし、その後、洋式の別荘を高台の大塚山に建設した。友人のディクソンは旅籠の亀屋で家族とともに過ごしている。2人は、ほかの宣教師たちにも避暑地・軽井沢を紹介した。しだいに多くの外国人が訪れるようになり、外国人の別荘が次々と建設されていった。

　ショーは増加した外国人避暑客のために、祈りの場であるイギリス聖公会聖堂を建設する。宣教師とその家族が暮らす軽井沢には、清浄で善良なキリスト教的な西洋ムードが漂った。彼らは地元の日本人たちに、パンやジャム、チーズの作り方を教え、西洋の食文化を伝えた。街のメインストリート（旧軽井沢銀座通り）には、パン屋や乳製品店、靴屋など、外国人相手の店が賑やかに並んだ。キャベツやレタスなど、高冷地向きの西洋野菜の栽培方法も伝えられている。

ショーハウス記念館 →P.36
ショーハウスきねんかん
旧軽井沢 **MAP** 付録P.5 F-2
ショーが大塚山に建てた軽井沢第1号の別荘。ショー記念礼拝堂の敷地に復元されている。外観は和風だが内部は洋風。

↑外観は日本の民家風ながら、内部は洋風の設え

日本聖公会
軽井沢ショー記念礼拝堂 →P.36
にっぽんせいこうかい かるいざわショーきねんれいはいどう
旧軽井沢 **MAP** 付録P.5 F-2
明治28年（1895）にショーらが創設した軽井沢最古の教会、軽井沢基督教会が、昭和52年（1977）に現在の名称に。

↑建物は大正時代にほぼ現在の姿となった

外国人を魅了した軽井沢の気候

　標高1000m前後の軽井沢高原は、夏でも涼しい高冷地気候にある。8月の平均気温は東京より5.5℃低い20.5℃。夏に多い霧が、さらに体感温度を下げる。浅間山の眺望も良く、保養には最適の環境だ。実はショーより前に、イギリスの外交官アーネスト・サトウが軽井沢を旅している。明治14年（1881）に出版した自著『中部・北部日本旅行案内』で、軽井沢を避暑地向きの気候と紹介している。

↑アーネスト・サトウは幕末から約20年を日本で過ごし、通訳や英国公使などを歴任。日本各地を旅行した

19世紀〜20世紀 高級避暑地軽井沢の誕生

華やかなリゾートへ

日本人上流階級に愛された大正から昭和前期
別荘地が広がり、瀟洒なリゾートが開発される

　日本人の別荘第1号は、海軍大佐の八田裕二郎が明治26年（1893）に所有している。同年、碓氷峠を越えるアプト式鉄道が開通し、東京からのアクセスが良くなると、日本人にも軽井沢・軽井沢が注目され始める。当初の日本人避暑客は政財界人や知識人など上流階級の人々だった。万平ホテルや三笠ホテルなどの一流洋風ホテルや貸別荘が次々と営業を始めた。大正時代には大規模な別荘地開発が始まり、別荘地は旧軽井沢から西部や南部へと拡大する。別荘族たちはティーパーティに興じ、西洋風の優雅な避暑生活を謳歌した。テニスコートやゴルフ場などのスポーツ施設も整い、リゾート地・軽井沢の基盤が整うと、日本人の宿泊客が外国人客を上回るようになっていった。

　軽井沢が華やかなリゾート地へ変貌を遂げるなか、先駆者の外国人別荘族たちは、清浄な健康保養地の環境を守ろうと啓蒙活動を始め、軽井沢避暑団を結成する。避暑団理事長の宣教師ダニエル・ノーマンは、地元と外国人とのパイプ役を務めた。町づくりにも貢献し、親しみを込めて「軽井沢の村長さん」と呼ばれた。第二次世界大戦が始まると、軽井沢は外国人の疎開地となる。万平ホテルには、ソ連など複数の大使館が置かれた。

△大正初期に綱引きを楽しむ宣教師らと家族。彼らは「娯楽を人に求めず、自然に求めよ」を避暑生活のモットーとした

20世紀〜 通年楽しめる未来のリゾートへ

新しい時代の幕開け

幅広い層をひきつけるおしゃれな避暑地に
軽井沢の楽しみ方はますます広がっている

　終戦後、GHQ（連合国総司令部）がホテルや別荘を接収し、軽井沢は進駐軍の保養地となる。庶民のレジャーが盛んになった高度成長期には、憧れの避暑地・軽井沢へ多くの人々が訪れるようになった。皇太子時代の上皇陛下と美智子上皇后の出会いを生んだ「テニスコートのロマンス」で、軽井沢にテニスブームも生まれた。平成に入ると、大型ショッピングモールの軽井沢・プリンスショッピングプラザが駅の南にオープン。中軽井沢では星野リゾートが新たなラグジュアリー空間を誕生させた。北陸新幹線の開通で日帰り客も増え、通年過ごせる多目的リゾートに変貌を遂げている。

植林でつくられた軽井沢の自然

　明治頃までの軽井沢は、樹木のない荒涼とした草原が広がっていた。明治時代、実業家の雨宮敬次郎は、買い入れた広大な土地に約700万本のカラマツを植林した。その後も三笠ホテルを建てた山本直良、別荘地開発をした野沢源次郎ら実業家たちの手で次々と植林が行われ、現在のような森へと生長した。緑の木立に別荘が点在する美しい避暑地の姿は、計画的につくられたものなのだ。

△雨宮敬次郎は肺病の療養のため軽井沢を訪れたのを機に、軽井沢の植林事業に尽力した

万平ホテル
まんぺいホテル
旧軽井沢 MAP 付録P.5 F-2

軽井沢宿の旅籠亀屋がディクソンらの助言を得て、明治27年（1894）に内部を西洋風に改装。軽井沢初の西洋式ホテルをスタートさせた。

△明治35年（1902）、現在地に移転して本格的な洋風ホテルに生まれ変わった

碓氷第三橋梁
うすいだいさんきょうりょう
碓氷峠 MAP 本書P.3 D-3

横川駅〜軽井沢駅間にあったアプト式鉄道時代の鉄道橋。明治26年（1893）から昭和38年（1963）の廃線まで利用された。通称めがね橋。

△現在は橋上が遊歩道になっている

☎027-382-7622（安中市みりょく創出部文化財課）　所群馬県安中市松井田町坂本地内

△皇太子時代の上皇陛下と上皇后美智子さまが最初に出会ったのが、旧軽井沢銀座通りの裏にある軽井沢会テニスコートだった。昭和32年（1957）の夏のことで、翌年には婚約が発表された。御成婚後、毎夏を軽井沢で過ごされている（写真提供：土屋写真店）

星のや軽井沢 →P.104
ほしのやかるいざわ
中軽井沢 MAP 付録P.9 E-2

大正初期に温泉旅館を始めた星野リゾートが、創業地に2005年にオープンした高級リゾート。新たな宿のスタイルを提案する。

△水と緑豊かな自然と和の安らぎが調和した極上のリゾートが広がる

軽井沢 歴史年表

西暦	元号		事項
縄文時代			住居跡や環状墓地群(現茂沢の南石堂遺跡⇨P.70)などが分布
808	大同	3	『類聚三代格』に長倉の牧⇨P.70の記事あり
1602	慶長	7	追分宿が誕生
江戸時代初期			つるや旅館⇨P.107がこの頃創業
1783	天明	3	浅間山の大噴火。噴火により現鬼押出し園⇨P.59ができる
1883	明治	16	雨宮敬次郎、官有地・民有地を買収して軽井沢の開墾・植林事業に着手
1884		17	碓氷新道の坂本〜軽井沢間の工事竣工
1886		19	A.C.ショーとディクソン、軽井沢を訪れる。A.C.ショーが軽井沢を避暑地として紹介。中山道東部線(高崎〜横川間)開通
1888		21	A.C.ショー、大塚山に別荘第1号(現ショーハウス記念館⇨P.36)を建てる。直江津線(直江津〜軽井沢間)開通
1893		26	八田裕二郎が日本人最初の別荘を建てる。アプト式採用の碓氷線(横川〜軽井沢間、碓氷第三橋梁⇨P.72)開通(1895年、信越線と改称)
1894		27	つるや旅館前にテニスコートが造られる。佐藤万平、亀屋旅館を万平ホテルに改称
1895		28	軽井沢基督教会(現日本聖公会 軽井沢ショー記念礼拝堂⇨P.36)建立。
1897		30	軽井沢合同基督教会(1906年より現軽井沢ユニオンチャーチ⇨P.37)設立
1899		32	外国人の内地雑居が許可される
1902		35	万平ホテルが桜の沢(現在地)に移転
1905		38	日本基督教講義所(現日本基督教団軽井沢教会⇨P.37)が設立
1906		39	三笠ホテル(現旧三笠ホテル)営業開始
1908		41	軽井沢彫家具店が出店(現一彫堂ICCHODO⇨P.43、現大坂屋家具店⇨P.43)。軽井沢滞在外国人によって軽井沢運動会が発足。A.C.ショー記念碑建立
1910		43	軽井沢全域で大洪水が起きる。沓掛駅(1956年に中軽井沢駅に改称)が開業
1911		44	軽井沢郵便局舎新築(建物は現深沢紅子 野の花美術館⇨P.65)
1914	大正	3	星野温泉旅館(現星野温泉トンボの湯⇨P.51)開業
1915		4	W.M.ヴォーリズ、軽井沢にヴォーリズ合名会社別荘を建てる

西暦	元号		事項
1915	大正	4	野沢源次郎、野沢原一帯の土地分譲と貸別荘業を始める。ヴォーリズ、軽井沢に夏季事務所を設立、草津軽便鉄道(軽井沢〜小背間)開業
1916		5	別荘事業のあめりか屋、軽井沢に出張所開設。1923年頃までに多くの別荘が建つ。軽井沢避暑団結成、軽井沢憲法制定
1918		7	堤康次郎が千ヶ滝土地を購入、沓掛(現中軽井沢)地区開発に着手。軽井沢通俗夏季大学開講(1933年に休講、1949年に軽井沢夏期大学として再開)
1919		8	野沢源次郎が長尾原に軽井沢ゴルフ場建設を計画。近藤右衛門、碓氷峠見晴台付近を開発
1921		10	星野温泉で芸術自由教育講習会を開催
1922		11	避暑団の日本人有志により軽井沢集会堂建設
1923		12	東長倉村町制により軽井沢町発足。有島武郎が浄月庵⇨P.76で波多野秋子と情死
1931	昭和	6	浅間山大噴火。馬越原に軽井沢競馬場建設
1933		8	アントニン・レーモンドが「軽井沢・夏の家」(建物は現ペイネ美術館⇨P.64)を南ヶ丘に建築
1936		11	星野正三郎、塩壺温泉開業
1943		18	太平洋戦争に伴い、軽井沢が駐日外国人の強制疎開地に指定される
1949		24	軽井沢高原・志賀高原を中心に上信越高原国立公園に指定。軽井沢夏期大学再開
1950		25	浅間山大噴火
1952		27	万平ホテルと三笠ホテル、GHQ接収から解除
1960		35	沓掛区を中軽井沢に改称
1961		36	日本初の屋外人工雪スキー場・軽井沢プリンスホテルスキー場建設。塩沢湖完成
1962		37	草軽電気鉄道廃止。室生犀星文学碑建立
1980		55	旧三笠ホテルが町に贈与される
1985		60	ショー記念胸像除幕式。軽井沢高原文庫⇨P.65開館
1993	平成	5	町花サクラソウ、町木コブシ制定
1995		7	軽井沢・プリンスショッピングプラザ⇨P.60開業
1997		9	長野新幹線開業。在来線廃止、しなの鉄道開業
2003		15	町鳥アカハラ、町獣ニホンリス制定
2005		17	星のや軽井沢⇨P.104開業
2008		20	睡鳩荘⇨P.64塩沢湖畔に移築。軽井沢別荘団体連合会設立
2009		21	ハルニレテラス⇨P.49オープン

避暑地に集う政財界や文壇の重鎮
美しい村を愛した文化人

文人や要人の集う夏の軽井沢は華やかな社交場だった。文人たちは快適な環境のなかで思索にふけり、創作活動に没頭した。

軽井沢●歴史

華やかな社交のサロン、三笠ホテルの開業

　実業家の山本直良は明治39年(1906)、軽井沢に純西洋風建築の三笠ホテルを開業した。華麗な装飾や調度、一流のサービスは、軽井沢を訪れていた外国人や日本の華族、政財界人ら上流階級の人々の間で評判を呼んだ。夜な夜なパーティや音楽会が催され、「軽井沢の鹿鳴館」と呼ばれるほど優雅な夏の社交場となった。
　直良の妻・愛子が作家・有島武郎の妹だったため、有島もたびたびホテルを訪ねている。弟の里見弴や志賀直哉らも顔を見せるようになり、ホテルは白樺派のサロンとなった。明治から昭和にかけては、室生犀星や芥川龍之介、堀辰雄など、多くの芸術家に三笠ホテルは愛された。夏限定の営業だったこともあり採算がとれず、昭和45年(1970)にホテルの歴史に幕を閉じた。

↑有島武郎は志賀直哉らと文芸誌『白樺』を創刊。『カインの末裔』『或る女』などを著す(写真提供:軽井沢高原文庫)

高原で始まった、文化人による開かれた活動

　冷涼な夏の軽井沢は、勉学に励むのに最適な環境だ。しかも、多くの知識人や文化人が避暑に訪れる。彼らを講師に迎えたサマーセミナーが、大正時代より開催された。
　政治家・後藤新平は、農学博士で法学博士の新渡戸稲造を学長に迎え、大正7年(1918)に軽井沢通俗夏季大学を開学する。南原に講堂を建設し、政治学者の吉野作造や演出家・小山内薫ら一流講師陣による文化講演と英語の講義を実施。日本各地から多くの学生や社会人が聴講に訪れた。
　大正10年(1921)には、西欧に留学経験のある画家の山本鼎が、詩人・北原白秋や宗教家・内村鑑三らとともに、芸術自由教育講習会を始めた。思想や宗教にとらわれない自由な表現の場とされ、星野温泉の材木小屋を会場に島崎藤村や童話作家・巌谷小波、内村鑑三らが講師となった。
　2つのセミナーは、軽井沢が万人に開かれた自由教育の場、芸術文化の街というイメージを築いた。軽井沢通俗夏季大学は、軽井沢夏期大学の名で今も続けられている。

↓三笠ホテル開業当時の明治末頃に開かれた記念パーティの模様。豪華なシャンデリアの下がるダイニングに和洋の盛装の人々が集った。左端が近衛文麿、左から4番目の立派な口髭の紳士がホテル創業者・山本直良。里見弴と有島武郎(右から4・5番目)の姿も見える(写真提供:土屋写真店)

スターの看板を外してジョンが心を解放した軽井沢の日々

ジョン・レノンの足跡をたどる旅

世界的人気ロックバンド、ビートルズのジョン・レノンも、軽井沢を愛した著名人のひとりだった。
避暑地でのジョンは、ひとりの父親、夫に戻り、家族とともにリラックスした休息の日々を過ごした。

ジョンの思い出があふれる軽井沢

ジョン・レノンが初めて軽井沢を訪れたのは昭和52年(1977)。音楽活動を休止して、息子ショーンの子育てに専念中のときだった。軽井沢を気に入ったジョンは、妻のヨーコとショーンとともに、昭和54年(1979)までの毎夏を軽井沢で過ごす。一家の定宿は、カラマツ林に囲まれた洋館の万平ホテル。3人は毎日のようにホテルからサイクリングに出かけ、軽井沢の自然を満喫した。途中、フランスベーカリーでお気に入りのバゲットを買い、田沢通りの喫茶店・離山房のあずま屋で昼寝をするのがジョンの日課だった。Tシャツに短パン、麦わら帽子というラフな格好でくつろぐジョンを地元の人たちはそっと見守った。昭和55年(1980)、ジョンは渡米中に銃弾に倒れて帰らぬ人に。ゆかりの地には、素顔で避暑を楽しむジョンの写真が飾られている。

⬆フランスベーカリーに飾られている、バゲットを買いに訪れたジョンの写真

⬆離山房を訪れたジョン一家。元オーナー夫人と一緒に撮影

⬆離山房に飾られている、ジョンの描いた一家のイラスト。右下の小さなショーン君に注目

ジョン・レノンゆかりのスポット ◀ ジョンがお気に入りだったあの場所を巡礼する。

一家が休暇を楽しんだ軽井沢の定宿
万平ホテル ➡P.72
まんぺいホテル
旧軽井沢 **MAP** 付録P.5 F-2

ジョンはカフェのロイヤルミルクティーを毎朝飲んだという。ホテルの壁の隙間に落ちた子猫をジョンが救出するというエピソードも残る。滞在したアルプス館は今も人気だ。

⬆一家が泊まったアルプス館

ジョンお気に入りのくつろぎスポット
離山房 ➡P.90
りざんぼう
南軽井沢 **MAP** 付録P.10 C-2

ジョンはブレンドコーヒー、ショーンはブルーベリージュースを好んで飲んだ。ジョンが亡くなる前年に、店に置き忘れたライターは、7年後にふらりと訪ねたヨーコに手渡された。

⬆元オーナー撮影による何枚ものジョンの写真に、交流の深さが感じられる

ジョンの舌を満足させたフランスパン
フランスベーカリー
➡P.94
旧軽井沢 **MAP** 付録P.7 D-2

旧軽井沢銀座通りにあるベーカリーに、毎日のサイクリングの途中に立ち寄った。彼の好きだったフランスパンは店の人気商品。

⬆店内には、自転車で店に立ち寄った際のジョンの写真が飾られている

ジョンが一家で訪れたコーヒー店
ミカド珈琲
軽井沢旧道店 ➡P.41
ミカドこーひー かるいざわきゅうどうてん
旧軽井沢 **MAP** 付録P.6 C-3

ジョンが妻のヨーコと幼いショーンとともに、家族でコーヒー豆を買いにたびたび訪れた店。

⬆コーヒー豆の販売のほか、喫茶スペースも備えている

美しい村を愛した文化人

作品の舞台、執筆の場、文学者が集まった軽井沢

明治中頃より、多くの文人たちが夏の軽井沢を仕事の場とした。心地よい緑の小径を散策しながら思索にふけり、創作活動に打ち込んだ。作家の室生犀星は、大正9年（1920）に初めて軽井沢を訪れた。旧軽井沢のつるや旅館を定宿とし、のちに大塚山の麓に純和風の山荘を建てた。堀辰雄や志賀直哉、川端康成ら多くの文人が山荘に訪れている。堀辰雄は、室生の誘いで大正12年（1923）に来訪して以来、信濃追分や旧軽井沢で毎夏を過ごした。芥川龍之介と交流しながら、『風立ちぬ』や『聖家族』など、軽井沢が舞台の小説を数多く発表する。『美しい村』には、堀のお気に入りの散策路・ささやきの小径を婚約者だった矢野綾子と仲良く歩くシーンが登場する。堀に師事した詩人の立原道造は、信濃追分の油屋旅館を定宿とした。早逝の天才詩人が遺した詩の多くは、彼の愛した信濃追分を詠んだものだ。

⬆金沢出身の詩人・小説家の室生犀星は、小説『杏っ子』で読売文学賞を受賞した（写真提供：軽井沢高原文庫）

室生や堀とも交友のあった川端康成は、ハッピーバレーに建つ外国人別荘を購入し、毎夏を過ごした。軽井沢ユニオンチャーチから諏訪の森へ続く道が定番の散策コースだったという。堀辰雄は川端の山荘で『風立ちぬ』の最終稿を書き上げている。

有島武郎は、三笠ホテル近くの別荘「浄月庵」で毎夏を過ごし、『生まれ出づる悩み』などを執筆。心中事件を起こし、軽井沢で没した。ほかにも森鷗外や夏目漱石、谷崎潤一郎など多くの作家が滞在し、戦後は石坂洋次郎や柴田錬三郎、吉川英治、井上靖らが別荘を構えている。

⬆昭和初期に活躍した小説家の堀辰雄。青年時代から軽井沢を何度も訪れ、小説の舞台とした（写真提供：軽井沢高原文庫）

世間を驚かせた有島武郎の心中事件

人気作家だった有島武郎は、大正12年（1923）6月9日、『婦人公論』の女性記者で人妻の波多野秋子と、軽井沢の別荘「浄月庵」で縊死を遂げる。発見されたのは約1カ月後で、新聞各紙は人気作家の心中事件をセンセーショナルに報じた。跡地には有島の弟・生馬の筆による「有島武郎終焉地」の石碑がある。

浄月庵
じょうげつあん

南軽井沢 **MAP** 付録P.10 B-3

有島の父・武が明治末期に建てた別荘。大正5年（1916）から、武郎は毎夏をこの別荘で過ごしていた。

⬆別荘は三笠から軽井沢高原文庫に移築された

軽井沢ゆかりの文学者

夏の軽井沢を過ごした文人たちは、互いの定宿や別荘を行き来して過ごした。交流の様子は作品にも描かれている。

有島武郎 ありしまたけお　明治11年〜大正12年（1878〜1923）

白樺派の中心人物だった小説家の有島は、大正5年（1916）から軽井沢に通い、通俗夏季大学の講師も務めた。『小さき影』や『信濃日記』に、夏の軽井沢での体験を描いている。

片山廣子 かたやまひろこ　明治11年〜昭和32年（1878〜1957）

アイルランド文学翻訳家で歌人。廣子と娘の総子は、芥川龍之介や堀辰雄と軽井沢で交流を深めた。4人の人間模様が、堀辰雄の『聖家族』や『菜穂子』などのモチーフとなった。

正宗白鳥 まさむねはくちょう　明治12年〜昭和37年（1879〜1962）

自然主義を標榜する小説家で劇作家。昭和15年（1940）に雲場池の近くに別荘を構えた。軽井沢で疎開生活を送り、戦後に軽井沢を舞台にした小説『日本脱出』を発表した。

北原白秋 きたはらはくしゅう　明治18年〜昭和17年（1885〜1942）

詩人で歌人の白秋は、大正10年（1921）に芸術自由教育講習会の講師に招かれて星野温泉に来訪。落葉松の林を散策し、名作『落葉松』の詩を誕生させた。中軽井沢に詩碑がある。

野上彌生子 のがみやえこ　明治18年〜昭和60年（1885〜1985）

英文学者の夫と北軽井沢の別荘で夏を過ごし、戦後は春から秋まで暮らした。軽井沢を舞台に小説『迷路』を著した。別荘の離れにあった書斎を軽井沢高原文庫に移築。

室生犀星 むろうさいせい　明治22年〜昭和37年（1889〜1962）

詩人で小説家。当初、定宿としていた旧軽井沢のつるや旅館で、芥川龍之介と隣部屋となった思い出を随筆『碓氷山上之月』に記した。自伝的小説『杏っ子』も軽井沢が舞台。

芥川龍之介 あくたがわりゅうのすけ　明治25年〜昭和2年（1892〜1927）

小説家。大正13年（1924）と同14年（1925）の2回、室生犀星の誘いでつるや旅館に逗留し、堀辰雄や萩原朔太郎、憧れの女性・片山廣子と交流する。その後昭和2年（1927）に自殺を遂げる。

川端康成 かわばたやすなり　明治32年〜昭和47年（1899〜1972）

小説『雪国』の文芸懇話会賞受賞の賞金で昭和12年（1937）にハッピーバレーの山荘を購入。のちに隣の外国人の山荘を買い上げる。堀辰雄、室生犀星らと親交を深めた。

堀辰雄 ほりたつお　明治37年〜昭和28年（1904〜1953）

『美しい村』『菜穂子』など軽井沢を舞台にした多くの作品を残したゆかりの深い作家。結核の療養を続けながら、最期は妻と暮らした信濃追分の自宅で49年の生涯を閉じた。

立原道造 たちはらみちぞう　大正3年〜昭和14年（1914〜1939）

四季派の若き詩人・立原道造は昭和9年（1934）、初めて軽井沢に訪れ、信濃追分での体験を綴った詩『村ぐらし』で文壇デビューする。その5年後、24歳の若さで生涯を閉じる。

朝吹登水子 あさぶきとみこ　大正6年〜平成17年（1917〜2005）

フランソワーズ・サガンの翻訳で知られるフランス文学者。父は実業家の朝吹常吉。著書『私の軽井沢物語』に、大正から昭和期に経験した軽井沢での優雅な別荘生活を記した。

ミュージアムで知る文学者の軌跡

多くの文人たちが愛し、数々の作品に描かれた避暑地・軽井沢。彼らの足跡を伝えるミュージアムには、
文人たちの軽井沢での暮らしぶりと、それぞれの物語世界が大切に残されている。

軽井沢高原文庫 ⇒P.65
かるいざわこうげんぶんこ

ゆかりの文人をまとめて紹介

軽井沢にゆかりのある作家や詩人の
自筆原稿や書簡、蔵書、写真などを
展示。庭内には堀辰雄の山荘、有
島武郎の別荘、野上弥生子の書斎
兼茶室が移築され、内部を公開して
いる。近くの塩沢湖畔には、フラン
ス文学者・朝吹登水子が過ごした優
雅な洋館・睡鳩荘がたたずむ。

南軽井沢 **MAP** 付録P.10 B-3

↑文学ゆかりの地を歩く「文学散歩」や朗読会などのイベントもある

↑堀辰雄がアメリカ人から購入
した旧軽井沢の1412番山荘

↑北軽井沢の野上弥生子の別荘
の離れにあった書斎兼茶室

室生犀星記念館
むろうさいせいきねんかん

往時の面影を残す和風建築

室生犀星が昭和6年(1931)に建
て、亡くなる前年まで夏を過ごした
旧居。建物は改修され、記念館とし
て公開している。犀星が自ら築いた
という苔むす庭も風情がある。

旧軽井沢 **MAP** 付録P.7 E-2

☎0267-45-8695(軽井沢町教育委員会)
⊕軽井沢町軽井沢979-3 ⏰9:00～17:00
📅11月上旬～4月下旬 💴無料 🚉JR軽井
沢駅から町内循環バス東・南回り線内回り
で4分、旧軽井沢下車、徒歩10分 🅿なし

↑犀星が建てた平屋造り純和
風の建物

↑記念館へ続く細い小径は
「犀星の径」と呼ばれている

堀辰雄文学記念館 ⇒P.109
ほりたつおぶんがくきねんかん

晩年を過ごした地に建つ

堀辰雄の終焉地となった追分に建つ
記念館。原稿や書簡、遺品などを
展示し、堀辰雄の生涯を紹介してい
る。堀が亡くなるまで暮らした旧宅
や蔵書を収めた書庫もある。

信濃追分 **MAP** 付録P.12 B-1

☎0267-45-2050 ⊕軽井沢町追分662
⏰9:00～17:00(入館は～16:30) 📅水曜
(祝日の場合は開館) 💴400円(追分郷
土館と共通) 🚃しなの鉄道・信濃追分駅
から徒歩25分 🅿15台

↑昭和19年(1944)から、結核の
療養を兼ねて追分に定住した

↑堀辰雄の旧宅には、当時の暮
らしぶりが再現されている

文学者ゆかりの宿 (明治・大正期には旅館で創作に打ち込む文人が多かった。)

名だたる文豪たちが逗留した文士の宿

つるや旅館 ⇒P.107
つるやりょかん

旧軽井沢 **MAP** 付録P.7 E-1

軽井沢宿の旅籠として誕
生した宿は、明治中期以
降、多くの文人が定宿とし
た。大正期以降は、島崎藤
村や室生犀星、堀辰雄、芥
川龍之介など、多くの文豪の仕事場となった。昭和46年
(1971)に火災で焼失。翌年、昔の面影を残す純和風の宿とし
て再建され、今も当時の場所で営まれている。

↑再建後は柴田錬三郎や遠藤周作が滞在

静寂の場を求めた文士・学者が定宿とした

信濃追分文化磁場
油や ⇒P.108
しなのおいわけぶんかじば あぶらや

信濃追分 **MAP** 付録P.12 B-1

油屋旅館の昭和初期の建
物を活用した多目的文化
施設。昭和13年(1938)築
の建物を生かしながら、軽
井沢追分地区の町おこしを行うプロジェクトが、2013年に開設・
運営している。旅館時代には、追分の静かな環境を求めて、堀辰
雄や立原道造、加藤周一などが定宿とした。

↑春から秋に宿泊の予約も受けている

美しい村を愛した文化人

軽井沢と信濃追分に今も残る、作家たちの痕跡
文学者ゆかりの地をたどる

作家の業績を讃える文学碑や、執筆や社交の場となった宿、
夏を過ごした別荘など、街の随所に残る文学の舞台を訪ねてみたい。

↑創業時の星野温泉。当時は草津温泉の仕上げ湯といわれた

↑信濃追分の分去れの碑の前に並ぶ軽井沢を愛した作家たち。左から川端康成、堀辰雄、一人おいて室生犀星、河上徹太郎(写真提供:軽井沢高原文庫)

与謝野寛・晶子夫妻歌碑
よさのひろし・あきこふさいかひ
星野温泉明星館に滞在し、多くの歌を残した歌人、与謝野寛・晶子。昭和46年(1971)当時の星野温泉当主、星野嘉助が明星の池のほとりに歌碑を建立した。

星野温泉 トンボの湯 → P.51
ほしのおんせん トンボのゆ
大正4年(1915)、星野温泉として開湯。北原白秋、島崎藤村などが逗留し、数々の名作を執筆。「芸術自由教育講習会」を開催した。

北原白秋の歌碑
きたはらはくしゅうのかひ
星野温泉で開かれた「自由教育夏季講習会」講師として参加した北原白秋。落葉松の林を散策中、『落葉松』が生まれたといわれている。自然石の大石に『落葉松』の詩が彫られている。

★軽井沢野鳥の
P.24

千ヶ滝南

信濃追分文化磁場 油や → P.108
しなのおいわけぶんかじば あぶらや
江戸時代、追分宿の脇本陣を務め、移転ののちに作家や知識人に愛された宿。堀辰雄は、自宅を建てる前まで、ここに滞在し執筆を行っていた。

堀辰雄文学記念館 → P.77/P.109
ほりたつおぶんがくきねんかん
軽井沢をこよなく愛した作家、堀辰雄の文学館。原稿や書簡、初版本などの品々の展示のほか、作家の生涯を知ることができる展示室、晩年を過ごした住居、愛蔵書を納めた書庫がある。

芭蕉句碑
ばしょうく
『更級紀行』にある「ふきとばす石も浅間の野分かな」という句が刻まれている。

中軽井沢駅

睡鳩荘 → P.64
すいきゅうそう
ヴォーリズの設計による朝吹常吉の別荘。のちに、常吉の長女である朝吹登水子が夏場を過ごすための山荘として使用していた。

軽井沢高原文庫 → P.65
かるいざわこうげんぶんこ
室生犀星、堀辰雄、立原道造など、軽井沢にゆかりの深い作家の資料を展示。睡鳩荘、浄月庵、堀辰雄山荘など、移築された建物にも注目したい。

立原道造詩碑
たちはらみちぞうしひ
公民館の玄関前の壁に、立原道造の『村はづれの歌』が刻まれている。

一茶句碑
いっさく
諏訪神社の境内に「有明や浅間の霧が膳をはふ」と刻まれた句碑がある。

北国街道　中山道　しなの鉄道　信濃追分駅

塩沢湖

→上流階級の人々が集まった旧三笠ホテル
(2024年3月まで保存修理工事のため休館)

→山荘(1412番山荘)でくつろぐ堀辰雄・多恵夫妻。『美しい村』に登場する別荘としても知られている。現在は移築された軽井沢高原文庫で見学することができる（写真提供：軽井沢高原文庫)

室生犀星文学碑
むろうさいせいぶんがくひ
昭和34年(1959)に『かげろうの日記遺文』が野間文芸賞を受賞したことを記念して、自ら設計、建立した。

旧三笠ホテル
きゅうみかさホテル
有島武郎ら白樺派の作家や政財界の要人が社交に訪れた名門ホテル。

芭蕉句碑
ばしょうくひ
『野ざらし紀行』の「馬をさへ 眺むる雪の あした哉」という句が刻まれている。

▲一ノ字山

P.45
熊野皇大神社
旧碓氷峠●

有島武郎終焉地碑
ありしまたけおしゅうえんちひ
大正12年(1923)、有島武郎が情死した三笠の別荘・浄月庵跡に建てられた碑。浄月庵は軽井沢高原文庫敷地内に移築されている。

愛宕山

P.27/P.45 見晴台★

万葉歌碑
まんようひ
昭和42年(1967)、軽井沢町により建立。碓氷峠の歌が2首刻まれている。

つるや旅館 → P.107
つるやりょかん
中山道の旅籠の面影を残し、旧軽井沢で唯一江戸時代と同じ場所で営業。大正時代に多くの作家が滞在した。

★三笠通り P.34

旧軽井沢銀座通り★
P.38

長野県

軽井沢町

離山

碓氷峠トンネル

タゴール記念像
タゴールきねんぞう
大正5年(1916)、インドの詩人タゴールが軽井沢に滞在し日本女子大の修養会で講義を行ったことを記念し、生誕120年にあたる昭和55年(1980)に建立。

室生犀星記念館 → P.77
むろうさいせいきねんかん
昭和6年(1931)築。亡くなる前年の昭和36年(1961)まで毎夏を過ごした。

●六本辻

本軽
通井
井沢

東雲

碓氷峠

北陸新幹線

⑱

軽井沢駅

正宗白鳥文学碑
まさむねはくちょうぶんがくひ
六本辻付近に別荘を構え、軽井沢を愛した正宗白鳥の筆で、愛唱したギリシャの詩が十字形のスウェーデン産黒御影石に刻まれている。

群馬県

安中市

→追分に定住した翌年の昭和20年(1945)、分去れの碑の前に立つ堀辰雄。油屋旅館隣に家を借り、亡くなる2年前の同26年(1951)に新居を構えた（写真提供：堀辰雄文学記念館)

→文士の宿として知られるつるや旅館に残された北原白秋(左)と芥川龍之介(右)が描いた似顔絵。館内には文豪たちの写真なども展示されている

特選! フレンチ&イタリアン

↑春野菜のグラチネアマレット風味のサバイヨン

上質が宿る美食のテーブルにて

西洋からもたらされた食文化は、鋭い舌を持つ別荘族によって育まれ、磨かれてきた。
本物を知るグルメが集まる軽井沢の確かな名店へご招待。

軽井沢●食べる

時を経ても色褪せない
記憶に残るタイムレスな料理

`フランス料理`

ブレストンコート
ユカワタン

中軽井沢 `MAP` 付録P.9 E-3

軽井沢ホテルブレストンコートのメインダイニング。古典と現代が調和した、美しく、軽やかなフランス料理。季節の食材を生かした料理に、選りすぐりのペアリングワインを合わせて。

☎050-5282-2267
所軽井沢町星野 軽井沢ホテルブレストンコート敷地内 営17:30〜(完全予約制) 休無休
交JR軽井沢駅から車で15分 P160台

予約	要
予算	D3万250円〜

おすすめメニュー

ディナーコース 3万250円

↑ゆとりある店内はシェフの目が行き届く全9卓24席

↑四季折々に変化する自然が目の前に広がる

↑軽井沢らしさを感じさせつつ、その季節の本当においしい食材を生かしたフランス料理。信州で古くから食されている鯉は一年を通して提供(食材は仕入れ状況により変わる)

味わい深い信州の新鮮野菜と
産地の旬の素材をコースで堪能

フランス料理

エルミタージュ ドゥ タムラ

南軽井沢 **MAP** 付録P.10 C-2

軽井沢を代表する名店で田村良雄シェ
フから弟子の大塚哲也シェフに引き継
がれた。地元はもちろん、旬の素材を
豊かな経験と発想で料理し、どの季節
も印象的な一皿に出会える。

☎0267-44-1611
⚐軽井沢町長倉820-98
🕐11:30～13:00 17:30～
19:00(LO) ㊡不定休(月・
火曜中心)、1月下旬～2月
🚃JR軽井沢駅から車で10
分 Ｐ7台

予約	要
予算	Ⓛ1万8000円～
	Ⓓ2万円～

おすすめメニュー
ランチのおまかせコース 1万9965円
ディナーのおまかせコース
2万2990円

身の締まった神経締めのアジのマリネを柑橘のジュレとともに

🔼緑の木々に包まれた隠れ家的な空間

🔼店内は北欧調のおしゃれな空間

🔼木洩れ日が心地よいガラス張りの
テラス席

🔼天竜川から届く稚鮎をフ
リットに仕立てた一皿

🔼木のぬくもりあふれる、くつろぎの空間
🔼コース「ムニュ ナチュレル」で選べる「信州牛ほほ肉のロースト 赤パプリカのグリビッシュ
ソース」

🔼信州サーモンを使った美しい前菜メニュー

テーマは「自然体で味わうフレンチ」
一軒家レストランでくつろぎの時間を

フランス料理

シェ草間

しぇくさま

予約	要
予算	Ⓛ7000円～
	Ⓓ1万円～

軽井沢駅周辺 **MAP** 付録P.5 D-4

フランスの名だたる有名店で修業を重ねた草
間文高シェフのレストラン。地元の新鮮野菜、
信州牛、信州サーモンと地元食材にこだわっ
たコース料理を提供。長野県産ワインも充実。

☎0267-46-9123
⚐軽井沢町軽井沢1265-15
🕐11:30～14:30(LO13:00) 17:30～21:30(LO19:30)
㊡水・木曜 🚃JR軽井沢駅から徒歩15分／車で5分
Ｐ11台

おすすめメニュー
ランチコース 6270～1万4520円
ディナーコース 8800～1万9470円
※すべてサービス料別

🔼樹齢約100年の山桜に抱
かれた一軒家レストラン

🔼県外から常連客が多く訪
れる軽井沢の名店

上質が宿る美食のテーブルにて

81

伝統の技と和の調味料が融合
シェフのアイデア光る極上フレンチ

フランス料理

無彩庵 池田
むさいあん いけだ

南軽井沢 **MAP** 付録P.10 C-2

予約	望ましい
予算	Ⓛ 8500円〜
	Ⓓ 1万1000円〜

地元生産者とのつながりを大切に、シェフ自ら食材を吟味。軽井沢近郊の有機野菜を中心に和の調味料を組み合わせ、伝統的なフレンチの技で仕上げる遊び心あふれる料理が評判。

☎0267-44-3930
㊟軽井沢町長倉1891-50 ⊕11:30〜15:00(LO13:00)
17:30〜22:00(LO20:00) ㊡火曜(祝日の場合は営業)、
2月 ⊗JR軽井沢駅から車で10分 ℗5台

おすすめメニュー

ランチ7500円コース 7500円
ランチ&ディナーコース 1万4500円
ペアリング 4500円〜
※すべてサービス料別

⬆軽井沢の自然を眺めながらリラックスした時間を過ごせる

⬆エントランスへ続くアプローチ。木々や花、山菜が季節ごとに彩りを添えて迎えてくれる

⬆カウンター正面に木立の景色を映すステンレスの壁がある設計

⬆前菜、メイン、デザートをそれぞれ3〜5種類のなかから選べる7150円のランチコース(サービス料別)

オーベルジュ・ド・プリマヴェーラのロティスリーで肉と野菜を堪能

フランス料理

レストラン ピレネー

軽井沢周辺 **MAP** 付録P.8 A-2

大きな暖炉でじっくり炙り焼く〝薪焼き肉料理〟は香ばしさとジューシーな肉の旨みが楽しめる。前菜はフレンチビストロ的で、野菜は旬の地元産を使用し、軽井沢らしさを提供している。

☎0267-41-3339
㊟軽井沢町軽井沢1181-8
⊕12:00〜14:30
17:00〜21:30
㊡月・火曜
⊗JR軽井沢駅から
徒歩15分 ℗14台

予約	望ましい
予算	Ⓛ 3000円〜
	Ⓓ 6000円〜

⬆四季の風景を楽しめるテラス席はペットもOK

⬆隣接するセラーには7000本のワインが時を待つ。セラーからのチョイスも可

⬆⬆暖炉で焼き上げる若鶏のほか、長野飯田産千代幻豚や信州牛などもある

おすすめメニュー

暖炉焼きランチセット
3150円〜
暖炉焼きディナーコース
5300円〜
※すべてサービス料別

軽井沢●食べる

82

季節の移ろいを感じる風景のなかで
一皿一皿が五感を刺激する

フランス料理

Auberge de Primavera

オーベルジュ ド プリマヴェーラ

軽井沢駅周辺 MAP 付録P.8 B-3

自家農園の朝採りの野菜や、地元産の肉など季節の素材を生かした料理がいただける。宿泊はもちろん、ランチをゆっくり楽しんでから半日滞在するデイユースという利用法も。

☎0267-42-0095
所軽井沢町軽井沢1278-11
⏰12:00～13:45 17:30～21:00
休不定休 交JR軽井沢駅から徒歩10分 P15台

| 予約 | 望ましい |
| 予算 | Ⓛ 1万円～ Ⓓ 1万5000円～ |

おすすめメニュー

ランチ 8800円
ディナー 9800円／スペシャル 1万6500円
※すべて税・サービス料別

↑メイン料理の一例「仔牛のピカタ」。ソースの照りからも仕事のていねいさが見て取れる

↑春の前菜の一例「北信州みゆきグリーンアスパラガスのブルーテ」。旬の味わいが伝わる

↑デザートの一例「木いちごのミルフィーユ」。お皿に絵を描いたような盛り付けも美しい

↑1996年オープン。軽井沢フレンチの草分け

↑全9室がジュニアスイート

↑池のある中庭に臨むレストラン

絶品イタリアンが評判の
森の中の一軒家レストラン

イタリア料理

レストラン モデスト

中軽井沢 MAP 付録P.9 D-4

2008年創業。上田市出身の堀内耕太オーナーは東京の有名店で修業し独立。軽井沢の高原野菜など季節の素材を生かし、体にやさしく見た目も美しい料理がいただける。

☎0267-31-5425
所軽井沢町長倉3430-5
⏰12:00～13:30 17:30～20:30 休水曜(夏季・冬季は不定休) 交しなの鉄道・中軽井沢駅から徒歩12分 P6台

| 予約 | 望ましい |
| 予算 | Ⓛ 5000円～ Ⓓ 1万円～ |

おすすめメニュー

ランチコース 4700円～
ディナーAコース 7700円
※すべて税別、ディナータイムはサービス料別

↑ホタテ貝とアスパラガスのソテーをバルサミコ酢のソースで。添えてあるのはパルメザンチーズのスライス

↑2013年に現在地に移転。テラス席も用意されている

↑シンプルモダンなインテリアが配された美術館のような店内

↑チョコレートで包んだハチミツジェラートはナッツとラムレーズン風味

↑シェフの父の描いた絵が飾られており、空間に彩りを添えている

上質が宿る美食のテーブルにて

パスタのソースも新鮮サラダも
一皿ごとに野菜のおいしさが際立つ

イタリア料理

Ristorante Pietrino
リストランテ ピエトリーノ

軽井沢駅周辺 MAP 付録P.8 B-2

遠藤シェフが買い付ける地場産の野菜
を使った料理は季節ごとに味も色彩も
豊か。自家製手打ちパスタなど手間ひ
まかけた料理が評判。

☎0267-46-8499
🏠軽井沢町軽井沢1151-5 🍴ランチ11:30〜
14:00 ディナー17:00〜21:00
🈡月・火曜 🚉JR軽井沢駅から徒歩7分
🅿20台

↑開放的な吹き抜け
が気持ちのよいテー
ブル席。美術鑑賞の前
後に立ち寄りたい

↑「軽井沢ニューアートミュージアム」に併設

↑写真の手打ちスタンプパスタはディナーのみの提供

予約 望ましい
予算
Ⓛ1600円〜
Ⓓ3000円〜

おすすめメニュー
信州彩り野菜
ジュノベーゼソース
オレキエッテ 1595円

↑カフェの
みでの利用
もOK

生産者と顔が見える関係を築き
地産地消を貫く料理を提供

イタリア料理

森の中のレストラン
こどう
もりのなかのレストラン こどう

南軽井沢 MAP 付録P.10 C-2

信州峯村牛や地鶏真田丸、佐久保の清流
魚など、長野県が誇る極上の食材を盛り
込んだ料理が楽しめる。ランチはパスタ
やピザなどカジュアルに、夜はゆったり
コース料理で信州の味覚を堪能したい。

☎0267-46-5510
🏠軽井沢町塩沢702
🍴11:30〜15:30（LO14:30）18:00〜22:30
（LO20:00） 🈡火曜（祝日の場合は翌日）
🚉JR軽井沢駅から車で15分 🅿30台

予約 望ましい
予算
Ⓛ2000円〜
Ⓓ9000円〜

↑木のぬくもりあふれ
る落ち着いた空間で
ゆったり食事ができる

↑コースのメインには、
信州峯村牛を使用

おすすめメニュー
ランチセット 2420円
こどうディナー 7700円〜
※ディナータイムは
サービス料別

↑地元の新鮮な野菜をコースの前菜に

朝採り野菜とチーズがたっぷり
素材の旨みを引き出したイタリアン

イタリア料理

アダージオ

予約 望ましい
予算 Ⓛ2400円〜
Ⓓ4000円〜

中軽井沢 MAP 付録P.10 B-1

湯川ふるさと公園のそばにある地元でも人気の店。コースの
パスタ料理は約10種類から選べる。農家直送の有機野菜を
使った料理は素材の味を生かしたやさしい味わい。

☎0267-41-0228
🏠軽井沢町長倉2792-2 🍴11:30〜14:00(LO) 17:30〜20:30(LO) 🈡
木曜（祝日の場合は営業）、2月に冬季休業あり 🚉しなの鉄道・中軽井沢
駅から徒歩10分 🅿7台

↑渡りガニのト
マトクリームス
パゲティーニ
（左）、地物野菜
のバーニャカウ
ダ（右）

おすすめメニュー
ランチ Aコース 2400円
バーニャカウダ 1700円
マルゲリータ 1800円
※ディナータイムは
サービス料10%別

↑ランチCコース
（5300円）のメイン、
信州産牛フィレ肉の
タリアータ仕立て。
魚料理も選べる

洗練ホテルと自然に溶け込むカフェ、その日の気分で選びたい

リゾートの朝のおもてなし

やわらかな光が満ちる軽井沢の爽やかな朝。
一日の始まりに訪ねたい、朝食の有名店はこちら。

優雅な避暑地にふさわしい
コース仕立ての朝食

軽井沢ホテルブレストンコート
レストラン ノーワンズレシピ

かるいざわホテルブレストンコート レストラン ノーワンズレシピ

中軽井沢 **MAP** 付録P.9 E-3

軽井沢ホテルブレストンコートの朝食
専用レストラン。ブルターニュ地方に
ならい、そば粉のクレープと好相性
のリンゴの発泡酒シードルも提供。

☎0267-46-6200
（軽井沢ホテルブレストンコート）
所軽井沢町星野 軽井沢ホテルブレスト
ンコート内 営7:00～9:30(宿泊者限定)
休冬季休業あり 交JR軽井沢駅から無料
シャトルバスで20分 P160台

↩窓辺のテーブル席にはさわやかな
森の朝日が差し込む

↑フードボードに並ぶガラス瓶に
入った色とりどりのシェイクサラダ
↩クレープの秋のトッピングは
カボチャとキノコ

朝の散歩に立ち寄りたい
アットホームなカフェ

押立茶房

おしだてさぼう

南軽井沢 **MAP** 付録P.4 C-4

緑豊かな別荘地内にある老舗カフェ。
1日30食限定のブレックファストは
卵を2つ使ったハムエッグ、手作りド
レッシングのサラダなど量、味とも
に大満足の味わい。

☎0267-48-1160
所軽井沢町発地1 営8:00(8月7:00)～
15:00 休水曜(祝日の場合は営業、8月は
無休) 交JR軽井沢駅から車で10分
P10台

↺ダルマを描いた緑色の暖簾が目印

> **ブレックファスト**
> **900円**
> ハムエッグ、厚切りト
> ースト、手作りドレッ
> シングのサラダ、コー
> ヒーがセット。11:00
> まで1日30食限定

↑山小屋風の木のぬくもりを感じる空間

↑店内奥に押立山を望むテラス席を併設

美食のテーブル／朝のおもてなし

85

カジュアルな食事を楽しみたい日は、伊仏の小粋な軽食を

高原に届いた南欧の風
ガレット&ピッツァ

鮮やかな食材が彩りを
添えるガレットとピッツァ。
居心地のよい店内で、
周囲の緑を感じながら
こだわりの逸品を堪能。

森の静寂に身をゆだねる
優雅なティータイム

`ガレット`

ホテル鹿島ノ森
メイプルラウンジ

ホテルかじまのもり メイプルラウンジ
旧軽井沢 `MAP` 付録P.5 D-2

ホテル鹿島ノ森(P.106)にあるラウ
ンジ。白いパラソルが印象的なガー
デンテラスでは、木々の葉の香りや
小鳥のさえずりに包まれ、ときには
リスが姿を見せることも。

そば粉のクレープ 950円
ハム、目玉焼、チーズをのせた
ガレット。本場フランス・ブル
ターニュ地方の伝統スタイル

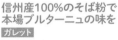
↻四季の移ろいが楽しめる
ホテル自慢のガーデンテラ
スは夏でも涼やか

☎0267-42-3535(ホテル鹿島ノ森)
🏠軽井沢町軽井沢1373-6 ⏰ティータイ
ム9:30〜16:30 バータイム17:30〜21:30
(季節により異なる) 🈺冬季休館あり
🚌JR軽井沢駅から車で8分 🅿50台

| 予約 | 不可 |
| 予算 | Ⓛ1000円〜 |

自家製キャラメルソース
とバニラアイスのデザー
トガレット 720円〜
焦がしバターが香るガレット
生地に、自家製キャラメ
ルソースとアーモンド、バ
ニラアイスをトッピング

↻フランボワーズやイチゴをイ
メージしたという赤い椅子が目
を引くモダンな店内

↻ガレットは各種1260
円〜。高原野菜がたっぷ
り添えられたガレットは
見た目にもおいしい

信州産100%のそば粉で
本場ブルターニュの味を

`ガレット`

Cachette
カシェット

南軽井沢 `MAP` 付録P.10 B-3

2009年にオープンしたガレット専門
店。フランス北部ブルターニュ地方
同様のガレットを、信州産そば粉で
作る。じっくり寝かせた生地はとて
も香ばしい。

☎0267-31-0622
🏠軽井沢町長倉345-1 ⏰11:00(10〜3
月11:30)〜17:00(LO16:00) 🈺月・火曜
🚌JR軽井沢駅から町内循環バス東・南廻
り線外回りで25分、塩沢下車、徒歩4分
🅿5台

↻塩沢湖にほど近い立地でまさに一軒家
レストランといった店構え

| 予約 | 不可 |
| 予算 | Ⓛ1000円〜 |

さまざまなチーズを堪能できる
自家製チーズ工場の直営店

ピッツァ

アトリエ・ド・フロマージュ 軽井沢ピッツェリア

アトリエ・ド・フロマージュ かるいざわピッツェリア

軽井沢駅周辺 MAP 付録P.8 B-3

浅間山麓に自家製チーズ工場を持ち、チーズのおいしさを堪能できる。数々の賞を受賞したブルーチーズや定番のカマンベールなどをピッツァやチーズフォンデュで楽しみたい。

☎0267-42-0601
所 軽井沢町軽井沢東22-1 営 11:30～15:00(LO) 17:00～20:00(LO)※季節により異なる 休 水・木曜(変動あり)
交 JR軽井沢駅から徒歩5分 P なし

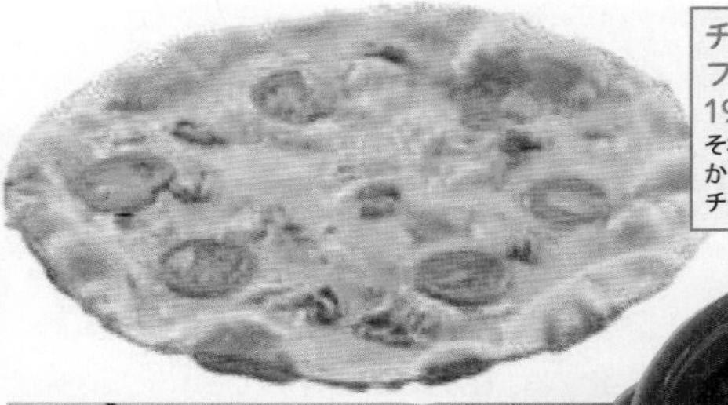

チーズ工房のクアトロフォルマッジ(M)
1920円
それぞれのチーズの個性をしっかり主張しながらも調和するチーズ専門店ならではの一品

↑看板メニューの硬質チーズの焼きチーズカレー1420円も人気

↑ヨーロッパの山小屋風の造りで遠くからでも目立つ外観

↑自家製硬質チーズのフォンデュ 1人前1850円～

予約 望ましい(繁忙期は不可)
予算 Ⓛ2500円～ Ⓓ3000円～

行列が絶えない人気店で味わう
名物のアツアツ鉄板ピッツァ

ピッツァ

Trattoria Primo

トラットリア プリモ

軽井沢駅周辺 MAP 付録P.8 A-2

ボリューム満点のイタリアンをリーズナブルに楽しめる。人気のピッツァは直径30㎝あり、焼き上げた鉄板のままアツアツを提供。表面はサクッ、中はモチッとした生地が特徴的。

☎0267-42-1129
所 軽井沢町軽井沢330-8 営 11:30～14:45 17:00～20:30最終入店(季節により変動あり) 休 不定休 交 JR軽井沢駅から徒歩15分 P 17台

予約 不可
予算 Ⓛ1500円～ Ⓓ2000円～

フルット2530円
小エビ、ホタテ、フレッシュトマトにモッツァレラチーズが絡む人気のピッツァ。バジルソースがアクセントに

→モッツァレラチーズとチェリートマトがたっぷりのったエスペルト2090円

↓広々とした店内に木洩れ日が差し込む。繁忙期は人数制限がある場合も

↓緑に囲まれた静かな離山通りに溶け込む山小屋風の外観

優雅なる名門ホテルの特等席
カフェテラスの幸福な時間

避暑地・軽井沢のカフェ文化を象徴する、豊かな緑に囲まれたホテル内のカフェテラス。
山の緑を眺めながら、洗練された空間でゆったり優雅なティータイムを過ごしたい。

⬇山の緑を眺めながら落ち着いた雰囲気の中で過ごせる

軽井沢ホテルブレストンコート
ザ・ラウンジ

かるいざわホテルブレストンコート ザ・ラウンジ

中軽井沢 **MAP** 付録P.9 E-3

緑豊かな軽井沢を楽しめる特等席で
優雅なティータイムを

テラス席から中庭を望む開放感たっぷりのラウンジ。高原の風を肌に感じながら過ごすティータイムは格別。時間を忘れて心ゆくまでくつろげる。利用は宿泊者限定。

☎0267-46-6200
（軽井沢ホテルブレストンコート）
🏠軽井沢町星野 軽井沢ホテルブレストンコート内
🕐月〜金曜10:00〜16:00(LO)、土・日曜、祝日
9:00〜16:30(LO)(宿泊者限定) 🈺冬季休業あり
🚃JR軽井沢駅から無料シャトルバスで20分 🅿160台

⬆自然と一体となったオープンテラスでくつろげるのは、高原のリゾートホテルならでは

↑ガーデンテラスを毎年4月下旬から開放。巣箱が設けられ、シジュウカラのさえずりが響き渡る

アフタヌーンティー 2750円（2名より利用可）
好きなケーキをチョイス可能。自然を感じ
ながらガーデンで楽しむのがおすすめ

オリジナルケーキ各種 660円〜
地元産のイチゴをふんだんに盛った
タルトフレーズなど、季節のケーキ
が並ぶ。テイクアウトもOK

旧軽井沢ホテル 音羽ノ森
レストラン「桂姫」ラウンジ

きゅうかるいざわホテル おとわのもり レストラン「けいき」ラウンジ

旧軽井沢 **MAP** 付録P.8 C-2

閑静な別荘地にたたずむホテルの
彩り鮮やかなフレッシュケーキ

重要文化財指定の旧三笠ホテルをモチーフに
したホテル内で喫茶を楽しめる。卵やフルーツ
など、地元素材を使ったホテルメイドのオリジナ
ルケーキやハーブティーが人気。

☎0267-42-7711（旧軽井沢ホテル 音羽ノ森）
所軽井沢町軽井沢1323-980 営10:00〜19:30
休無休 交JR軽井沢駅から徒歩12分
P38台

↑クラシカルな本館ロビーラウンジも居心地がよい

カフェテラスの幸福な時間

89

緑豊かな高原の隠れ家へ

やさしい光がご挨拶
木洩れ日のカフェ

カラマツ、ハルニレ、ミズナラ…
軽井沢の木々に寄り添う癒やしのカフェで
多様な緑の饗宴を眺めるひととき。

ジョン・レノンが愛した空間で
当時の懐かしい雰囲気に浸る

離山房
りざんぼう
南軽井沢 **MAP** 付録P.10 C-2

ジョン・レノンとオノ・ヨーコ夫妻をはじ
め、著名な文豪も足繁く通ったという
当時の面影がそのまま残る。一家がく
つろいでいたあずま屋も必見。店名は
作家の水上勉氏が命名。

☎0267-46-0184
⊕軽井沢町長倉820-96
🕐10:00～17:00(LO16:00)
🈺水曜(臨時休あり)、12～3月　🚃JR軽井
沢駅から車で10分　🅿8台

1.季節の花が咲く庭を眺めてのんびりできる
テラス席　2.離山房ブレンド、ロイヤルス
ウィートバニラ ※価格は変動するため公式HP
にて要確認　3.昭和52年(1977)創業。名店
が並ぶ塩沢通り沿いに建つ　4.店内にはジョ
ンの貴重な写真を展示

ホームメイドの焼き菓子と
多彩なドリンクメニュー

coffee house shaker
コーヒー ハウス シェーカー

中軽井沢 **MAP** 付録P.9 D-4

香り高いブレンドコーヒーや贅沢に淹れ
るミルクティー、ノンカフェインのドリン
クなど、オーナーの優しさがメニューに
も表れる。オリジナルレシピのスコーン
もおすすめ。

☎0267-45-8573
所軽井沢町長倉3460-16 営10:00〜18:00
（季節により異なる）
休火・水曜 交しなの鉄道・中軽井沢駅から
徒歩5分 P4台

1.新緑と調和する米国風の建物
2.ウッドデッキのテーブル席。カフェタイム
はもちろん平日はランチもいただける
3.店内の空間になじむ椅子やテーブルはオー
ナーがキットから作ったもの
4.7段重ねのパンケーキ1000円、コーヒーは
シェーカーオリジナルの深煎りブレンド

木洩れ日あふれる並木道で
ロシア伝来のスイーツを味わう

カフェテラス ミハエル

軽井沢駅周辺 **MAP** 付録P.8A-2

ロシア人の父から受け継ぐオーナーの
手作りジャムが人気。おすすめは10時
間ほど煮込んで作るスグリのジャムを
紅茶と楽しむロシアンティー。さわやか
な酸味が口の中に広がる。

☎0267-42-6750
所軽井沢町軽井沢1323-269
営10:00~18:00
休4月~7月中旬・10・11月の平日、12~3月
交JR軽井沢駅から徒歩13分 P3台

1.軽井沢のオープンテラス発祥といわれる歴史あるカフェ
2.自家製クリームチーズトルテとロシアンティーは好相性
3.並木道に面した木洩れ日あふれるテラス

静かな森の中で振り子時計と
せせらぎに耳を傾けたい

ふりこ茶房

ふりこさぼう
南軽井沢 **MAP** 付録P.4B-4

昭和58年（1983）創業。木立の中に建
つ古民家のような趣のある建物内には
店名を連想させる振り子時計が時を刻
んでいる。珈琲1杯550円で軽井沢ら
しさを満喫できるお店。

☎0267-48-0550
所軽井沢町発地848-2 営11:00~17:00
(LO16:30) 休木曜、冬期1月中旬~3月中旬
交JR軽井沢駅から町内循環バス東・南廻り線
外回りで12分、馬取下車、徒歩5分 P10台

1.店で使う素敵な陶器は販売もしている
2.池のほとりに建ち四季折々の自然を楽し
める抜群のロケーション
3.オーナー手作りのスイーツを深煎りのコー
ヒーとともに味わえる
4.雰囲気のよい店内は全席禁煙。ペットの同
伴も不可。清涼で静かな空間

1

店名も作品名からという
作家・内田康夫夫妻ゆかりの店

Tea Salon
軽井沢の芽衣
ティー サロン かるいざわのめい

南軽井沢 MAP 付録P.4 B-4

人里離れた森の木立に抱かれるように
たたずむ、軽井沢らしい空間を堪能で
きるカフェ。店名は早坂真紀さんの同
名小説から。木洩れ日が美しいテラス
席はペット同伴も可能。

☎0267-48-3838
所軽井沢町発地1293-10 営11:
00～15:30(LO) 休火・水曜(祝
日の場合は営業、4～6・10月は
土・日、祝日のみの営業。11月～
4月下旬は休業 交JR軽井沢駅
から車で10分 P20台

1.テラス席からは緑豊かな軽井
沢らしい景色が望める
2.庭もとても広く、読書や散歩を
するお客さんも多いそう
3.ホットサンド 各種1080円とス
コーン紅茶セット1580円
4.店内のピアノは内田康夫の愛
用品。自由に弾くことができる

木洩れ日のカフェ

2

3

4

いち早くパン食の文化が根付いた街の名店へ

街で評判のパン屋さん

避暑に訪れた外国人により伝えられたパン食文化。開業当時の製法や名物メニューを守る人気店を訪ねてみたい。

ブランジェ浅野屋 軽井沢旧道本店

ブランジェあさのや かるいざわきゅうどうほんてん
旧軽井沢 **MAP** 付録P.7 D-2

軽井沢と東京を拠点にする欧風ハードパンの老舗

東京で創業し軽井沢に根付いた欧風ハードパンを代表するお店。大きな石窯で焼かれるパンは道行く人に大人気で品切れも出るほど。メンチカツなどの惣菜パンも評判。

☎0267-42-2149
所軽井沢町軽井沢738 営8:00〜18:00 1〜3月9:00〜17:00 夏季7:00〜20:00 休無休 交JR軽井沢駅から町内循環バス東・南廻り線内回りで4分、旧軽井沢下車、徒歩5分 Pなし

◉「ASANOYA」でおなじみの名店。イートインも利用できる

ショコラブレッド 626円
ココア生地にチョコチップがたっぷりのふんわり食感が人気

フルーツライ 1620円
ドライフルーツをぎっしり入れたライ麦30%配合の人気商品

軽井沢ブルーベリー 561円(200g)〜
ブルーベリー生地にドライブルーベリーが入ったやわらかいパン。1台(1800g)5054円をカットして販売

◉80種類ほどのパンが店内所狭しと並ぶ。イートインも併設する

フランスベーカリー

旧軽井沢 **MAP** 付録P.7 D-2

地元住民から長年愛される昔ながらのやさしい味わい

昭和26年(1951)に万平ホテルのベーカリーチーフが創業。伝統の製法を守る3代目が味わい深いパンを作り続ける。ジョン・レノンが通った店としても知られている。

☎0267-42-2155
所軽井沢町軽井沢618 営8:00〜17:00 夏季7:00〜18:00 休木曜(夏季無休) 交JR軽井沢駅から町内循環バス東・南廻り線内回りで4分、旧軽井沢下車、徒歩5分 Pなし

パンロール 464円
創業以来の定番。牛乳と卵をたっぷり使ったやさしい味が人気

チーズブレッド 594円
溶けるチーズをたっぷり使った重量感のある食卓パン。トーストすればより美味に

フランスパン 378円
店一番の看板パン。パリパリの外皮と、もっちりした生地が特徴的

塩クロワッサン 184円
バター少なめでパリッと硬めの生地に塩がアクセントとなっている

軽井沢●食べる

軽井沢キッチン
ロータリー店

かるいざわキッチン ロータリーてん
旧軽井沢 **MAP** 付録P.6 B-4

軽井沢に来たらぜひ試したい
三笠ホテルカレーパン

旧軽ロータリーにある、軽井沢ご当
地グルメの三笠ホテルカレーパンで、
とても有名な店。アツアツでカリカリ
の食感と、まろやかな風味のカレー
を堪能したい。

📍軽井沢町軽井沢12-10
🕐10:00～17:00　🈳不定休
（夏季は無休）　🚃JR軽井沢
駅から町内循環バス東・南廻
り線内回りで4分、旧軽井沢
下車すぐ　Ⓟなし

⬆幻の味を求め行列ができることも。信州牛のカレー
パンは数量限定品。早めに買いにいきたい

三笠珈琲 380円
酸味とコクのバランスが良
い自家焙煎の珈琲豆を使用。
豊かな香りが楽しめる

三笠ホテルカレーパン
（信州福味鶏）
380円
名門ホテルの幻のレシピを再
現したカレーをパンで包み、
店内でカリッと揚げている

⬆ロータリーの大きな時計が目印

ベーカリー&レストラン
沢村 旧軽井沢

ベーカリー&レストラン さわむら きゅうかるいざわ
旧軽井沢 **MAP** 付録P.6 B-4

おいしい焼きたてパンと
欧州料理のレストランが人気

4種の自家製酵母と個性に合わせて
選ばれた小麦の風味豊かなパンが50
種類以上並ぶ。2階イートイン席は絵
本が並び子ども連れも楽しめる。レス
トランは吹き抜けの落ち着いた空間
で、欧風料理とワインが充実。おみ
やげにジャムや焼き菓子もおすすめ。

☎0267-41-3777
📍軽井沢町軽井沢12-18　🕐ベーカリー
7:00～21:00、レストラン7:00～21:00
(LO)※季節によって変動あり　🈳無休
🚃JR軽井沢駅から町内循環バス東・南廻
り線内回りで4分、旧軽井沢下車、徒歩1
分　Ⓟ15台

パルミエ 紅茶 626円
おみやげに大人気。紅茶が
香るサクサクのパイ生地

パン・オ・ヴァン信州 3888円
（1/2本1944円、1/4本972円）
信州産赤ワインとナッツ、
ドライフルーツが入っ
た豊かな風味

SAWAMURA
リッチブレッド 777円
北海道産キタノカオリ、発酵バターな
どを使用し、材料・製法にこだわった
旧軽井沢店とハルニレ店限定の食パン

⬆木洩れ日が心地よい、イートインのテラス席

ディナーにも注目
信州の食材を使った欧風料理とワイン
をゆったりと楽しめる。

新鮮野菜をおまかせ膳で堪能する
味と空間にセンスが光る一軒

軽井沢 日本料理 大嶋
かるいざわ にほんりょうり おおしま

南軽井沢 **MAP** 付録P.10 C-3

茶懐石を学んだ店主が営む日本料理
店。旬の素材をていねいな仕事で上
品な味に仕上げた料理を提供する。
本格懐石料理を気軽に味わえると地
元の人や別荘族からも評判。

☎080-4345-2009
所軽井沢町長倉646-1 営12:00〜14:00
18:00〜20:00(完全予約制) 休不定休
交JR軽井沢駅/しなの鉄道・中軽井沢駅か
ら車で10分 P10台

→国道18号沿
いにある緑に囲
まれた建物。大
きな窓が目印

予約	要
予算	
Ⓛ 2850円〜	
Ⓓ 5550円〜	

↑昼のおまかせ膳2850円。秋には松茸、冬にはフグ、カニなど旬の食材が味わえる

→天井が高く、
ゆったりとした
造りの店内(左)
大きな窓のある
落ち着いた雰囲
気の個室(中)
自家農園で採れ
た新鮮な野菜を
使用(右)

↑彩り野菜と豚の黒酢
炒め(ご飯セット付ラ
ンチ2090円)。パプリ
カと彩り鮮やかな野
菜と信州豚を玄米黒酢
で仕上げた一品

←酢重の信州五彩盛
り(ご飯セット付ラ
ンチ2970円)。主菜
と小鉢の豪華な組み
合わせ(内容は季節
で変わる場合あり)

←大きな暖簾が目
印。軽井沢では数
少ない和食店とし
て連日賑わう(左)
和モダンな内装に
ジャズが流れる心
地よい店内。2階席
もある(右)

予約	夜のみ可
予算	
Ⓛ 2000円〜	
Ⓓ 3000円〜	

澄んだ空気と水が育む繊細な日本の味と出会う

和の粋を食す

軽井沢というとフレンチをはじめ、西洋料理のイメージが強いが、
日本料理も負けていない。地元の食材にこだわる店で
料理人の技が光る、やさしい味わいの品々を楽しみたい。

信州の味噌や調味料を使った料理と
銅釜で炊くご飯がおいしい

レストラン酢重正之
レストランすじゅうまさゆき

旧軽井沢 **MAP** 付録P.6 B-4

味噌・醤油をはじめ、信州で親しま
れてきた和の調味料などを販売する
酢重正之商店の味が楽しめる。契約
農家から仕入れる野菜など、新鮮な
信州食材を用いた料理と銅釜で炊く
おいしいご飯が人気。

☎0267-41-2007
所軽井沢町軽井沢6-1 営11:00〜21:00(LO)
変動あり 休無休 交JR軽井沢駅から町内
循環バス東・南廻り線内回りで4分、旧軽井沢
下車すぐ Pあり(17:00〜)
→夜の部は一品料理が充実。豊富な地酒や
ワインとともにゆったりと過ごせる

↓2000年創業の川上庵本店

豊富な一品料理と旨い酒、
風味豊かなそばを楽しむ

川上庵本店
軽井沢 川上庵
かわかみあんほんてん かるいざわ かわかみあん

旧軽井沢 **MAP** 付録P.6 B-4

店内にはジャズが流れるモダンな空
間のそば屋。毎朝自家製粉する粗挽
きのそば粉を使った風味豊かな打ち
立てのそばが楽しめる。開放的なテ
ラス席も人気。

予約	夜のみ可
予算	Ⓛ1500円〜 Ⓓ3000円〜

→喉ごしと風味が自
慢の二八そば。旬の
野菜を使った一品料
理や信州をはじめと
した地酒も豊富

☎0267-42-0009
所軽井沢町軽井沢6-10
営11:00〜21:00(LO)※変動あり
休無休 交JR軽井沢駅から町内循環バス
東・南廻り線内回りで4分、旧軽井沢下車す
ぐ Pあり(17:00〜)

↓陶芸家の器や絵が並んだ、広々とした居心地のよい店内

極上そばの香りと喉ごしを楽しむ

名店のこだわりを
手繰る

シンプルな工程だからこそ、
職人の腕が引き立つそばは、
街で評判の名店で食したい。

予約	可
予算	ⓁⒹ1000円〜

明治3年(1870)創業以来
長く愛され続ける老舗

かぎもとや中軽井沢本店
かぎもとやなかかるいざわほんてん

中軽井沢 **MAP** 付録P.9 E-4

厳選されたそば粉で打つそばは、湯
こねで打ち上げ、香り高く喉ごしよ
く仕上げられている。そばつゆは日
高昆布やカツオ節の旨みをギリギリ
まで引き出したもの。

☎0267-45-5208
所軽井沢町長倉3041-1 営9:30〜15:00 17:00
〜19:00(土・日曜、夏季は〜20:00) 休木曜(祝
日の場合は別日に変更、夏季無休) 交しなの鉄
道・中軽井沢駅からすぐ P20台

↑店内奥には巨大なだるまが鎮座

↑ツルツルした喉ごしの食感が人気のそば。野菜たっぷりのけんちん汁も見逃せない

97

口に運ぶと心が華やぐ味
別荘族御用達みやげ

軽井沢 ●買う

ブルーベリージャム
648円（140g）
まろやかな甘みが特徴。紅茶に入れて豊かな香りを楽しむのもおすすめ

コケモモジャム
648円（140g）
自然の恵みを感じさせる、ほどよい酸味が心地よいジャム

長い歴史が生み出す至福の味

レッドラズベリージャム
648円（140g）
酸味と甘みのバランスが絶妙。ラズベリーの歯ごたえも良い

イチゴジャム
648円（140g）
イチゴのやさしい甘さが口いっぱいに広がる上品な味わいのジャム

あんずジャム
648円（140g）
甘酸っぱいアンズは、トーストはもちろん、アイスにかけて食べても◎

中山のジャム
なかやまのジャム　　旧軽井沢 **MAP** 付録P.7 D-2

外国人宣教師らにジャムの製法を学んだ中山丈平氏が明治38年（1905）に創業した店。果実のおいしさを最大限に生かして作られたジャムは格別の味わい。
☎0267-42-7825　🏠軽井沢町軽井沢750-1
🕐9:00～18:00（季節により変動）　休無休
🚃JR軽井沢駅から町内循環バス東・南廻り線内回りで4分、旧軽井沢下車、徒歩5分　Pなし

自然素材のみで作り上げるジャム

さくらんぼジャム
1404円（285g）
ジャムに最適な国産ナポレオン種を使用。冷やしてデザートにしても◎

いちごジャム
972円（285g）
イチゴの形をできるだけ残した、果実感が楽しめるお店の一番人気

くりジャム
1080円（285g）
国産栗、砂糖、寒天だけで作り、マロンペーストのような味わい

黄金桃ジャム
864円（270g）
生食でも人気の黄金桃の甘さを生かした品。さっぱりした味わいなのでそのままデザートにも

ジャムこばやし
ジャムこばやし　　旧軽井沢 **MAP** 付録P.7 D-1

昭和24年（1949）創業。亡命ロシア人から学んだ製法で作るジャムは常時40種類ほど。元青果店ならではのコンポートやジュースなども販売する。
☎0267-42-2622　🏠軽井沢町軽井沢710
🕐10:00～18:00（水・木曜（祝日の場合は営業、8月は無休）　🚃JR軽井沢駅から町内循環バス東・南廻り線内回りで4分、旧軽井沢下車、徒歩7分　Pなし

清涼な気候に育まれた軽井沢は、生乳やフルーツ、精肉など上質な食材の宝庫。
西洋の避暑客が育てた名物から、地元で長年愛される名産品まで、食通も納得の美味をセレクト。

ブルーチーズ
1620円(100g)
青カビ特有の刺激的な風味とまろやかさを併せ持つ。赤ワインと合う

カマンベール
1026円(100g)
濃厚なコクとまろやかさが特徴の白カビタイプ。リンゴや野菜と相性◎

特定農家の生乳を使用

マールウォッシュ
1404円(100g)
マール(ブドウの搾りかす)で表皮を洗い、1カ月〜1カ月半ほど熟成したもの

生チーズ
680円(120g)
アトリエ・ド・フロマージュの製品第1号。濃厚なヨーグルトのような酸味が特徴のフレッシュチーズ

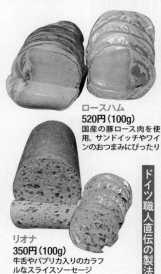

ロースハム
520円(100g)
国産の豚ロース肉を使用。サンドイッチやワインのおつまみにぴったり

ドイツ職人直伝の製法を守る

リオナ
350円(100g)
牛舌やパプリカ入りのカラフルなスライスソーセージ

ウインナーソーセージ
330円(100g)
桜の木の薪で燻製された定番商品。ボイル・グリルのいずれもおすすめ

国産バラベーコン
480円(100g)
伝統製法による大ぶりなベーコン。豚バラ肉の旨みを凝縮

本場ドイツの伝統製法で作る逸品

ガーリックソーセージ
422円(100g)
細物タイプのソーセージ。ガーリックの風味がアクセントになっている

ローシンケン
(生ハム)
1404円(100g)
濃厚な味わいで人気。塩分が少ないので薄くスライスしてそのまま味わうことができる

ピッツァケーゼ
1836円(1本)
チーズ、パプリカ、オレガノ、バジルなどを練り込み、型に入れて焼き上げたソーセージ

別荘族御用達みやげ

アトリエ・ド・フロマージュ 軽井沢店
アトリエ・ド・フロマージュかるいざわてん
軽井沢駅周辺 **MAP** 付録P.8 B-3
オーナー夫妻がフランス留学で学んだ技術をもとに、独自の製法で個性的なチーズ作りを展開している名店。生チーズをはじめ20種類のチーズが並ぶ。
☎0267-42-7394 ㊟軽井沢町軽井沢東18-9
🕐10:00〜18:00 ㊡水曜
🚃JR軽井沢駅から徒歩7分 🅿2台

軽井沢デリカテッセン
かるいざわデリカテッセン
旧軽井沢 **MAP** 付録P.7 D-1
独自の直火燻製で作られるハムやソーセージは100g単位から購入できるので、いろいろな種類が楽しめる。
☎0267-42-6427 ㊟軽井沢町軽井沢657-6
🕐9:00〜17:30 冬季9:30〜17:00 ㊡木曜(夏季は無休)、冬季の水曜 🚃JR軽井沢駅から町内循環バス東・南廻り線内廻りで4分、旧軽井沢下車、徒歩10分 🅿なし

腸詰屋 軽井沢1号店
ちょうづめや かるいざわいちごうてん
軽井沢駅周辺 **MAP** 付録P.8 C-3
日本国内で育成した上質な豚・牛肉を原料に、肉の熟成によって作り出すソーセージやハムを50種類ほど製造販売。長期熟成した生ハムはファンも多い。
☎0267-42-3791 ㊟軽井沢町軽井沢19-5
🕐10:00〜18:00 ㊡水曜(祝日の場合は営業、夏季は無休)、12月下旬〜3月中旬 🚃JR軽井沢駅から徒歩6分 🅿5台

日本を代表するロースター

丸山珈琲の
ブレンド・クラシック1991
900円（100g）
創業当時のブレンドを復刻。深煎りのしっかりとしたボディと長い余韻が特徴

ドリップバッグ
（丸山珈琲のブレンド・1991）
1223円（5個入り）
焙煎直後の新鮮な香りやおいしさを保ち、ドリッパーがなくても手軽に味わえる

丸山珈琲オリジナル
コーヒーバームクーヘン
1345円（5個入り）
丸山珈琲のブレンドコーヒーの粉を生地に練り込み焼き上げたバームクーヘン。上品な甘さの後にコーヒーの豊かな香りが広がる

丸山珈琲 軽井沢本店
まるやまこーひー かるいざわほんてん
軽井沢駅周辺 **MAP** 付録P.11 D-1
1991年に創業し、現在は国内に8店舗を展開。オーナー自ら買い付けた世界各地の高品質コーヒーを独自の焙煎技術によって提供している。
☎0267-42-7655 所軽井沢町軽井沢1154-10 営10:00〜18:00 休火曜（祝日の場合は営業、8月は無休） 交JR軽井沢駅から車で5分 P11台

麹が多い
こがね味噌
1188円（50g）

合わせるための
麹味噌
1188円（50g）

信州の冷涼な気候の中でていねいに手作りされる味噌は、麹たっぷりの甘口から塩味のきいた辛口まで8種類から選べる。お取り寄せも可能。

レストランの味を家庭でも

ふき味噌
756円（60g）

くるみ味噌
702円（60g）

信州各地で見つけた食材を酢重の料理人が極旨の調味料に仕上げたなめ味噌。ギフトに最適な小瓶が大人気。

味噌ピーラスク
594円
酢重の味噌を使った特製だれとピーナッツバターのラスク

巧匠 天然醸造醤油
540円（100mℓ）
864円（250mℓ）
信州産大豆を1年以上木樽で低温熟成したもの。コクがありながらもさっぱり

酢重正之商店
すじゅうまさゆきしょうてん
旧軽井沢 **MAP** 付録P.6 B-4
文政10年（1827）創業の味噌蔵を前身に持ち、信州の味噌や醤油をはじめ食卓を豊かに彩る調味料を販売。おみやげに最適なものも豊富に揃う。
☎0267-41-2929 所軽井沢町軽井沢1-6 営10:00〜18:00（季節により変動） 休無休 交JR軽井沢駅から町内循環バス東・南廻り線内回りで4分、旧軽井沢下車すぐ Pなし

ティーインストラクター
厳選リーフティー（缶入り）
1468円〜（80g）
鮮度を保つ缶は、お店オリジナルの上品なパッケージも魅力。贈答用の詰め合わせもある

デカフェ
アールグレイ
ティーバッグ
648円
妊婦さんや授乳期のママにもおすすめの、カフェインを取り除いた紅茶

季節のフレーバーティーにも注目

オリジナル
ティーバッグ
399円（5個入り）
手軽なティーバッグはおみやげやプレゼントにおすすめ

選べるティーバッグ
2種類ギフトセット
1646円
気軽に紅茶が楽しめるティーバッグギフト。贈り物にぴったり

軽井沢紅茶館 サンビーム
かるいざわこうちゃかん サンビーム
旧軽井沢 **MAP** 付録P.6 C-3
産地や味を厳選した紅茶専門店。リーフティー、フレーバーティー、ティーバッグなど多岐にわたり販売している。紅茶クッキーなどの焼き菓子も人気。
☎0267-42-2263 所軽井沢町軽井沢586 営10:30〜17:00 休木曜 交JR軽井沢駅から町内循環バス東・南廻り線内回りで4分、旧軽井沢下車、徒歩3分 Pなし

信州りんごジュース
信州りんご 367円 (750mℓ)
ふじ・混濁ふじ 各431円
(750mℓ)
信州産のリンゴ果汁100%の
ジュース。さわやかな甘さが
口に広がる ※パッケージ変
更あり

まるごとゼリー
りんごゼリー
459円 (500g)、**549円** (600g)
ブルーベリーゼリー
339円
みずみずしい果実がまるご
とゼリーに包まれ、果物本
来の甘さが感じられる

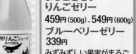

プレミアムジャムシリーズ
(信州産ふじりんごバター、
信州あんず)
各431円 (155g)
果実をふんだんに使用し、果物
をそのまま食べているかのような
贅沢な味わいにリピーター続出

信州ワイン(赤・白)
各1099円 (720mℓ)
信州産のブドウを100%使
用したオリジナルワイン。
すっきりとした辛口で、
料理との相性も良い

通を唸らせる豊富な品揃え! オリジナルブランドに注目!

ツルヤ 軽井沢店

ご当地スーパーへご招待

別荘族が滞在中に何度も足を運ぶといわれる
ツルヤ 軽井沢店。新鮮な野菜や果物のほか
地ビール、ジャムなどおみやげにしたいアイテムも
豊富に揃う。人気の巨大スーパーを活用したい。

丸山珈琲
ツルヤオリジナルブレンド
各518円 (110g)
丸山珈琲のツルヤオリジナルブレ
ンド。中深煎りや深煎り、モカや
「信州まつもと」ブレンドなど、数
種類のなかから好みで選べる

こだわり抜いた商品が揃う
地域に根ざしたスーパー

ツルヤ 軽井沢店
つるや かるいざわてん
南軽井沢 **MAP** 付録P.10 B-2

長野県を中心に37店舗(群馬県内4
店舗)を構える。信州の特産品やオ
リジナルブランド商品が豊富で、お
みやげ探しにも◎。高品質な食材は、
地元の人や別荘滞在者にも好評。
☎0267-46-1811 ㊀軽井沢町長倉2707
⊙9:30(7～9月9:00)～20:00 ㊡不定休
(7～9月は無休) ⊗しなの鉄道・中軽井
沢駅から徒歩20分/車で3分 ㏿486台

信州高原地ビール
各274円 (350mℓ)
浅間山系の水、厳選した麦芽と
ホップを使用した信州ならでは
のエールビール。オーガニック、
ブロンド、クリアの3種類

信州蔵づめ味噌
(甘口・中甘)
各323円 (750g)
味噌造りが盛んな小諸の
蔵で仕込まれた味噌。コ
クがあり、懐かしい味わい

ツルヤオリジナル
信州小諸 石臼挽き
ぐるみ信州八割そば
各323円 (80g×3束)
香り高い国産蕎麦を100%
使用。石臼挽きの国産蕎麦
粉8割の豊かな風味のそば

軽井沢スイーツの甘い誘惑

自慢の一品に魅せられて

軽井沢ならではの新鮮な生乳や
チーズを使った洋菓子、
地元で長く親しまれてきた昔懐かしい銘菓。
甘い香りに包まれた店内で、
どれを持ち帰るか悩むのも楽しい。

Karuizawa Sweets

軽井沢 ● 買う

トリュフ
1個378円
厳選した素材で作るトリュフは常時20種類を揃える。10個セット3780円はおみやげに最適

マンディアン 1個486円
チョコレートにドライフルーツとナッツをちりばめた個性豊かな逸品。ミルクとビターの2種

オレンジトランシュ
2枚入り1000円前後
オレンジの蜜漬けにクーベルチュールを合わせた甘みと酸味と苦みのバランスが絶妙

↷ カフェスペースでコーヒーとともに味わうことができる

Schokoladen burg
軽井沢チョコレート館

ショコラデン ブルグ かるいざわチョコレートかん
旧軽井沢 MAP 付録P.8 B-1

最高級のカカオ豆を使用した
ロどけ絶品の手作りチョコ

スイスの老舗メーカー・フェルクリン社で学んだ技術と厳選素材で職人が一粒一粒ていねいに作るチョコレート専門店。生チョコやトリュフなど、美しくハイセンスな商品が並ぶ。

☎0267-42-1560
🏠軽井沢町軽井沢4-2 🕙10:00～
17:00 🏠水曜（夏季は無休）、冬季
不定休 🚌JR軽井沢駅から町内循
環バス東・南廻り線内回りで4分、
旧軽井沢下車、徒歩3分 🅿なし

Paomu Karuizawa Sweet's Shop

パオム カルイザワ スウィーツ ショップ
旧軽井沢 MAP 付録P.6 C-3

フレッシュな素材で作り出す
ロどけなめらかなミルクスイーツ

旧軽井沢銀座の通りに面したカフェレストランのスイーツ部門。地元産の卵や生クリームを使った濃厚ミルクの味わいが特徴のオリジナルスイーツが人気。軽井沢プリンや極味ロールケーキなどもおみやげにおすすめ。

☎0267-42-8061
🏠軽井沢町軽井沢806-1 🕙10:
00～17:00（季節により変動あり）
🏠木曜（不定休・冬季休業あり）
🚌JR軽井沢駅から町内循環バス
東・南廻り線内回りで4分、旧軽
井沢下車すぐ 🅿なし

軽井沢プリン508円
ヨード卵・光の卵黄、北軽井沢高原牛乳、特選生クリームを贅沢に使い、デリケートなオープン温度の調整により仕上げた人気のプリン

**ミルキー
生チーズケーキ
508円**
軽井沢高原牛乳の生チーズと2種類のクリームチーズの生地に無添加ブルーベリーソースが味を引き立てる

↷ 2階のレストランでもスイーツがいただける

102

自家製カマンベールの
アップルパイ 2592円
信州産の紅玉リンゴと相性
抜群の自家製のカマンベー
ルチーズのとろけるフィリ
ングがたっぷり

↑ピンクを基調としたかわいらしい店内

フォンテンヌブロー
507円
自家製生チーズを使ったレ
アチーズケーキ。ガーゼに
包まれたやわらかな生地は
舌ざわりなめらか

マスカルポーネシュー 388円
厚めのシュー生地に軽やかな口当
たりのマスカルポーネクリームを
サンドしたリッチなシュー

アトリエ・ド・フロマージュ 旧軽井沢店

アトリエ・ド・フロマージュ きゅうかるいざわてん
旧軽井沢 MAP 付録P.8 B-1

自家製チーズを使った商品が満載
地元フルーツとのコラボも

チーズの国際大会で最高賞を受賞するなど、上質
なチーズ作りを続けるアトリエ・ド・フロマージュの直
営ショップ。人気のスイーツやピザなどこだわりの
賞品が豊富に揃う。

☎0267-41-4033
所軽井沢町軽井沢2-1 営10:00～18:00
（季節により異なる）休木曜 交JR軽井
沢駅から町内循環バス東・南廻り線内回り
で4分、旧軽井沢下車、徒歩2分 Pなし

白樺堂 駅前通り店

しらかばどう えきまえどおりてん
軽井沢駅周辺 MAP 付録P.8 B-4

昭和23年（1948）創業
老舗ジャム＆菓子工房

軽井沢内に5店舗を構える人気店。1960年代に
餡の製造を模して作り始めたという特製ジャムの
ほか、50年以上愛されるくるみ最中や近年発売
されたプリン生どら焼きなど、新旧幅広いお菓子
が支持を集めている。

☎0267-42-2305
所軽井沢町軽井沢東
16-7
営9:00～18:00
休不定休
交JR軽井沢駅から徒歩
5分 P2台

くるみ最中
1個 238円
じっくり煮込んだ餡に
くるみを混ぜ込み、香
ばしい皮で包んだ昔懐
かしい味わい

生どら焼き 270円～
強めに焼成した香ばしい皮に生
クリーム入りの小豆餡などを挟
んだ生どら焼き。小倉やプリン、
ブルーベリーが人気

軽井沢タルト（8個入り）
1717円
モンドセレクション金賞受賞。
バターとアーモンドパウダー
をふんだんに使った看板商品。
クルミ、アーモンドが4個ずつ

軽井沢チーズ
スティックケーキ
1393円（6本入り）
厳選したカリフォルニア産アーモ
ンドを使用し、生地にオランダ産の
エダムチーズを練り込んだケーキ

プリンジャム＆コンポート
軽井沢産はちみつ入り
788円～
荻原養蜂園の軽井沢産はち
みつを使用。プリンとほぼ
同じ原料を使った濃厚な甘
さのプリン味のジャム

旧道クーヘン 2052円（10個入り）
写真はバニラ＆ショコラが各5個入る。
しっとりと焼き上げたパウンド型の焼
き菓子。軽井沢豆乳を使用している

かるいさわサブレ
1296円（12枚入り）
写真はミルクとメープ
ルが各6枚入る。古来
からの当地の呼び名を
冠した、素朴な味わい
のサブレ

軽井沢のアトリエ

かるいざわのアトリエ
旧軽井沢 MAP 付録P.6 C-3

軽井沢への思いが込められた
手みやげにしたくなるお菓子

信州産の地卵や軽井沢発地の人気豆
腐店「白ほたる豆腐店」の軽井沢大豆で
作られた焼き菓子が人気。また軽井沢の
人気スイーツであるプリンジャムも展開し
ている。

☎0267-41-6927
所軽井沢町軽井沢778 営10:00～18:00（季
節により異なる）休冬季不定休 交JR軽井
沢駅から町内循
環バス東・南廻り
線内回りで4分、
旧軽井沢下車、徒
歩3分 Pなし

名門避暑地に欠かせない、上質な時を約束する宿
リゾートの極上ホテル

避暑地としての長い歴史のなかで培われてきた軽井沢ならではの格式ある、
憧れの宿。忙しい日常から離れて、至福のひとときを過ごしたい。

せせらぎや山の緑が
季節ごとに、また朝・
昼・夕にも違った景色
を楽しませてくれる。

モダンながら懐かしさも漂う
山あいの集落で過ごす

星のや軽井沢
ほしのやかるいざわ

中軽井沢 **MAP** 付録P.9 E-2

山あいの集落をイメージした77室の
客室が立ち並ぶ滞在型リゾート。地形
を生かし自然との共生を考えて設計
された水波、庭路地、山路地と3つの
客室タイプを用意。温泉や食事、スパ
トリートメントなども揃い、充実した
時間を過ごすことができる。

☎050-3134-8091（星のや総合予約）
所軽井沢町星野 交JR軽井沢駅から車で15
分 P78台 in15:00 out12:00
客77室 予算1泊1室11万2000円〜（食事別、
通常予約は2泊から）

1.水辺に浮かぶように建つ水波の部屋。夜に
は水面に水行灯がともって幻想的
2.せせらぎが心地よい水波の部屋のテラス。
朝夕には霧がたちこめる景色も
3.「日本料理 嘉助」では季節ごとに変わる「山
の懐石」や「山の朝食」が楽しめる
4.湯量もたっぷりで、くつろげる客室風呂
5.瞑想の湯「メディテイションバス」
6.宿泊者専用「森のほとり cafe&bar」。森と
夜空が見渡せる静けさに包まれた空間

プライベートな滞在が楽しめる
別荘のようなリゾートホテル

星野リゾート
軽井沢ホテルブレストンコート

ほしのリゾート かるいざわホテルブレストンコート

中軽井沢 **MAP** 付録P.9 E-3

木立に囲まれたコテージは、プライベートな別荘感覚でくつろげる。古典と現代が調和したフランス料理を提供する「ユカワタン」(P.80)のディナーや、そば粉のクレープがメインの「ノーワンズレシピ」(P.85)の朝食など、美食も魅力。

☎0267-46-6200
🏠軽井沢町星野 🚌JR軽井沢駅から無料シャトルバスで20分
🅿160台 🕐15:00 🕛12:00
🛏39室(全室禁煙)
💰1泊朝食付1万8800円～

1. 小高い丘の上の静かな木立の中にたたずむホテルのエントランス　2. 白を基調とした、すがすがしいデザイナーズコテージの室内　3. 優雅に楽しむ開放的なバスルームは、リゾートステイならでは

自然に抱かれて過ごす
大人のリゾート空間

ザ・プリンス 軽井沢

ザ・プリンス かるいざわ

南軽井沢 **MAP** 付録P.11 F-3

軽井沢駅南口に広がる「プリンスグランドリゾート軽井沢」の閑静な一角にたたずみ、上質な癒やしを提供。ショッピングプラザ(P.60)のほか、ゴルフ場やテニスコート、天然温泉など、充実した施設の数々も楽しめる。

1. ゆとりある空間と洗練されたインテリアでおもてなしするザ・プリンス 軽井沢のエグゼクティブスイートルーム
2. 絶景ダイニングでフレンチを堪能
3. 美しい池とホテルのゴルフ場に面し、ゆったりとした時間が流れる

☎0267-42-1112
🏠軽井沢町軽井沢 🚌JR軽井沢駅南口から車で5分(軽井沢駅南口から無料送迎あり) 🅿57台(1台1泊1000円) 🕐15:00
🕛12:00 🛏100室
💰1泊2食付3万1690円～

雄大な浅間山を望みながら
リゾートゴルフを満喫

軽井沢 浅間プリンスホテル

かるいざわ あさまプリンスホテル

南軽井沢 **MAP** 付録P.4 C-4

全客室が軽井沢の四季を楽しめるバルコニー付き。リラクゼーション施設や温泉棟などもあり、ゆっくりと過ごせる。ゴルフコースに隣接しており、プレーと合わせた宿泊プランも用意されている。

☎0267-48-0001
🏠軽井沢町発地南軽井沢 🚌JR軽井沢駅南口から車で10分(軽井沢駅南口から無料送迎あり) 🅿114台
🕐15:00 🕛11:00 🛏30室
💰1泊2食付2万2380円～

1. 軽井沢を一望できる場所に建つリゾートホテル
2. 豊かな自然を満喫できるバルコニー付きのツインルーム
3. 浅間山の絶景を望む温泉棟「Breeze in Plateau」。浅間山の眺望と温泉に癒やされる

緑まぶしい避暑地の
歴史と伝統を感じさせる

ホテル鹿島ノ森

ホテルかじまのもり

旧軽井沢 **MAP** 付録P.5 D-2

名門ゴルフクラブの華やかな社交場であったロッジを改築したホテル。約3万3000㎡の広大な鹿島の森の中に建ち緑豊かな庭を眺めることができる。敷地内を散策したり、読書などしてゆったりと過ごしたい。

☎0267-42-3535
所軽井沢町軽井沢1373-6 交JR軽井沢駅から車で8分 P50台 in15:00 out12:00 室50室 予算1泊2食付2万6000円～

1. さわやかな朝にぴったりのフレッシュな朝食メニュー 2. 創業時からの伝統ある味を受け継ぐコンチネンタルルーム 3. 緑と太陽が眩しい開放的な2階建てホテル

クラシカルな空気に浸って
おいしい料理で休日を過ごす

旧軽井沢ホテル 音羽ノ森

きゅうかるいざわホテル おとわのもり

軽井沢駅周辺 **MAP** 付録P.8 C-2

かつて「軽井沢の鹿鳴館」と称賛された重要文化財の旧三笠ホテルをモチーフにし、創業時からの調度品が配された上品な雰囲気が漂う。こだわりの素材とワインが楽しめるフレンチレストラン「桂姫」のほか、旬の食材を堪能できる串焼きの「音羽亭」も人気。

☎0267-42-7711
所軽井沢町軽井沢1323-980 交JR軽井沢駅から徒歩12分 P38台 in15:00 out11:00 室38室（全室禁煙） 予算1泊2食付1万8370円～

1. 自然光広がるフレンチレストラン「桂姫」 2. 地元野菜をふんだんに使ったディナーコースは3種類から選べる 3. 緑の木々に囲まれたホテルで優雅な休日を過ごしたい

木立に囲まれた心地よい空間で
ゆったりと過ごすくつろぎのとき

軽井沢マリオットホテル

かるいざわマリオットホテル

中軽井沢 **MAP** 付録P.4 A-3

中軽井沢の豊かな自然に囲まれたリゾートホテル。全142室の客室を有し、ロビーラウンジとレストランが一体となった「Grill & Dining G」では、地元食材を豪快なグリルで提供。露天風呂やフィットネス、スパなど施設も充実している。

☎0267-46-6611
所軽井沢町長倉4339 交JR軽井沢駅から車で15分 P94台 in15:00 out11:00 室142室 予算1泊2食付4万3610円～

1. すべての客室に温泉浴室を備えるノースウイング 2. 軽井沢らしい木のぬくもりを生かした客室が揃うメインウイング 3. 愛犬と一緒に泊まれるドッグ対応コテージも

美食フレンチが高評価の
クラシックホテル

ルグラン旧軽井沢

ルグランきゅうかるいざわ

旧軽井沢 **MAP** 付録P.8 B-2

旧銀座から徒歩6分、アウトレットも徒歩圏内という好立地に立つ。朝は木洩れ日、夜は満天の星に癒やされる露天風呂が人気。メインダイニングでは、各国の星付きホテルで修業を重ねた実力派シェフが手がけるフレンチディナーで信州食材を堪能したい。

☎0267-41-2030
所軽井沢町軽井沢469-4 交JR軽井沢駅から徒歩15分 P45台 in15:00 out12:00 室43室 予算1泊2食付2万3000円～

1. 最上階の露天風呂では星空を眺めながら湯浴みが楽しめる 2. 伝統のフランス料理をベースとした、ほかでは味わえない逸品 3. 避暑地の街並みに溶け込む風格あふれるたたずまい

美しい水面を眺めながら
愛犬とともに安らぎの時間を
レジーナリゾート
軽井沢御影用水
レジーナリゾートかるいざわみかげようすい
信濃追分 **MAP** 付録P.12A-2

ゆっくりと流れる御影用水に面した一等地にたたずむ。天然芝のドッグラン、グルーミングルームなど、愛犬と快適に過ごすことができる空間や設備が整う。すべての客室から御影用水と軽井沢の森を眺めることができ、レストランには、愛犬用の食事メニューも揃う。

☎0267-41-0411
ⓐ軽井沢町追分49-2 ⓒしなの鉄道・御代田駅から車で5分 ⓟ26台 ⓘⓝ15:00 ⓞⓤⓣ11:00 ⓡ26室 ⓨ1泊2食付2万2000円〜

1.愛犬とのお散歩スポットとして人気の御影用水沿い 2.1階客室には専用ドッグランが併設され、直接御影用水に出られる 3.地元食材をふんだんに使ったフレンチを堪能

愛犬とともに訪れ
心からリラックスできる空間
レジーナリゾート旧軽井沢
レジーナリゾートきゅうかるいざわ

軽井沢駅周辺 **MAP** 付録P.11 D-1

雲場池まで徒歩10分、旧軽井沢銀座までも徒歩圏内の好立地。愛犬との非日常なリゾート体験ができるホテル。緑の木立に囲まれたウッドチップのドッグランや暖炉のあるカフェバーなど、愛犬と穏やかな時間が楽しめる。愛犬の預かりサービスも提供。

☎0267-31-5586
ⓐ軽井沢町軽井沢1323-510 ⓒJR軽井沢駅から車で10分 ⓟ26台 ⓘⓝ15:00 ⓞⓤⓣ11:00 ⓡ26室 ⓨ1泊2食付2万2000円〜

1.軽井沢の自然との一体感を感じられる木のぬくもりあふれる設計 2.1階の客室にはウッドチップのドッグランが併設されている 3.ソムリエがセレクトした信州の地酒やワインとともに本格懐石が楽しめる

宿場町の風情に浸る宿

古き良き軽井沢を今に伝える
創業400年の老舗旅館
つるや旅館
つるやりょかん

旧軽井沢 **MAP** 付録P.7 E-1

江戸時代の初期に中山道の旅籠鶴屋として開業し、年代を感じさせる雰囲気がそこかしこに残る。明治以降は芥川龍之介、室生犀星、堀辰雄といった多くの文人たちが滞在し執筆をした。

☎0267-42-5555
ⓐ軽井沢町旧軽井沢678 ⓒJR軽井沢駅から車で5分 ⓟ20台 ⓘⓝ15:00 ⓞⓤⓣ11:00 ⓡ25室（全室禁煙） ⓨ1泊2食付1万7820円〜

1.和風建築だが、明治以降宣教師らが訪れるようになると、館内に西洋風も取り入れられた 2.ベッドルームに6畳の和室付きの和洋室 3.クラシック音楽が流れる落ち着いたロビー 4.麦飯石やゲルマニウムなどの活性石を通したやわらかなお湯が魅力の浴場 5.代々当主の隠居仕事であったそば挽きのための水車の枠。今はロビーに飾られている 6.本館と別館を隔てる中庭は、堀辰雄の小説『美しい村』にも描かれた情緒ある庭

宿場町の風情と
文学の薫りが旅情を誘う

信濃追分
しなのおいわけ

かつての宿場町の面影が今でも色濃く残る街。この地に息づいた
文学の薫りとともに、史跡を巡り歩くのも楽しい。

行き交う旅人たちを迎えた
追分ならではの文化発見

　江戸時代、中山道と北国街道との
分かれ道として旅人たちで賑わった
宿場町。明治以降はすっかり静かに
なったこの地の風情を愛して集まった
若き文士たちが残した足跡は、今も
多くの人を引き寄せる。

ACCESS

列車 JR軽井沢駅からしなの鉄道で8分
車 軽井沢から国道18号経由で8km

追分コロニー
浅間神社
あさぎり荘
信濃追分文化磁場 油や
追分宿郷土館
中山道
里塚
追分
泉洞寺
諏訪神社
昇進橋
N
シャーロック
ホームズ像
西部小前
300m
浅間サンライン入口
堀辰雄文学記念館
北国街道
信濃追分駅
中軽井沢駅
18
追分入口
中山道
追分宿
軽井沢駅
追分宿の分去れ
しなの鉄道
北陸新幹線
信濃追分駅
H リフレッシュエッセンシャル
リゾートイン 軽井沢
御代田駅
佐久平駅
借宿トンネル

信濃追分文化磁場 油や
しなのおいわけぶんかじば あぶらや

MAP 付録P.12 B-1

由緒ある旅籠から文化発信
旧油屋旅館の建物を利用した文化発信
基地。昭和の薫り漂う館内の油屋回廊に
は、ギャラリーやカフェ、アートショップ、
古書店など個性豊かな店が並ぶ。

☎0267-31-6511 所軽井沢町追分607
時11:00～17:00 休火・水曜(夏季は無休)、11
月～4月中旬 料入場無料 交しなの鉄道・信濃
追分駅から徒歩25分 Ｐ20台

2013年に誕生。予約制で素泊まりも受け付け
ている(2～3名1室で1人5000円～)

本やアート、ク
ラフトを展示販売
する秋の恒例イベ
ント「ホンモノ市」

和の風情にアートが薫る館内

文士も愛用した旅籠・油屋

中山道追分宿の旧脇本陣を務めた
油屋。昭和になって堀辰雄を中心に
立原道造、福永武彦といった文士が
ここを定宿としたことでも知られる。
昭和12年(1937)に焼失したが、翌
年道路の反対側に再建された。

本館2階
には堀辰雄
の滞在した
部屋も残さ
れている

堀辰雄文学記念館

ほりたつおぶんがくきねんかん

MAP 付録P.12 B-1

堀辰雄文学にふれられる

軽井沢をこよなく愛した作家・堀辰雄に関する資料（原稿・書簡・初版本など）が展示されているほか、晩年暮らした旧宅と蔵書を収めた書庫が当時のまま残されている。

☎0267-45-2050 所軽井沢町追分662 時9:00〜17:00（入館は〜16:30）休水曜（祝日の場合は開館）料400円（追分宿郷土館と共通）交しなの鉄道・信濃追分駅から徒歩25分 P15台

↑記念館は晩年を過ごした旧宅の敷地内に建つ

→旧中山道に面する記念館の入口には、堂々とした追分宿本陣門が移築されている

浅間神社

あさまじんじゃ

MAP 付録P.12 B-1

室町の木造建築が残る

浅間山の鎮静祈願のために室町時代に建立された。境内には松尾芭蕉『更科紀行』の中の一句「ふきとばす石も浅間の野分かな」の句碑が残されている。

☎0267-45-6050（くつかけテラス内観光案内所）所軽井沢町追分1155-7 時休料参拝自由 交しなの鉄道・信濃追分駅から徒歩30分 P42台

↑本殿は室町時代に建立された軽井沢最古の木造建築

→この地に伝わる『追分馬子唄』は各地に残る追分の元祖。「追分節発祥の地」の碑が立つ

追分宿の分去れ

おいわけじゅくのわかされ

MAP 付録P.12 B-2

越後と京への分かれ道

京に向かう中山道と越後に向かう北国街道が左と右に分かれた場所。京や金毘羅、越後や金沢までの道程が刻まれた道標、地蔵尊、常夜灯など7基の石造物が残る。

☎0267-45-1466（追分宿郷土館）所軽井沢町追分 時休料見学自由 交しなの鉄道・信濃追分駅から徒歩30分 Pなし

↑常夜灯と道標が目印。交通量が多いので注意
写真提供：信州・長野県観光協会

シャーロックホームズ像

シャーロックホームズぞう

MAP 付録P.12 B-2

翻訳家との縁で追分に立つ

シャーロック・ホームズシリーズの全訳をした延原謙が油屋旅館の離れで翻訳作業をしたことを記念して、有志らによって建てられた銅像。

☎0267-45-6050（くつかけテラス内観光案内所）所軽井沢町追分 時休料見学自由 交しなの鉄道・信濃追分駅から徒歩40分 Pなし

↑庚申塚記念碑広場に静かに立っている

泉洞寺

せんとうじ

MAP 付録P.12 B-1

文士たちが好んだ禅寺

堀辰雄の『樹下』に登場する、慶長3年（1598）創建の寺。左頬に手を当てた姿から歯痛地蔵尊の名で親しまれる石仏が墓地の入口に立っている。

☎0267-45-1354 所軽井沢町追分1259 時休料参拝自由 交しなの鉄道・信濃追分駅から徒歩25分 P30台

↓裏の林の小道は堀辰雄が好んだ散歩道だ

→境内には歯痛地蔵のほか、追分出身の女流書家・稲垣黄鶴の句碑も残る

信濃追分

立ち寄りスポット

自然のなかの古書店

芸術家のコロニーを夢見て

追分コロニー

おいわけコロニー

MAP 付録P.12 B-1

「エコロジー＆エコノミー」をテーマに軽井沢ゆかりの作家、自然関連の著作を集めた古書店。蔵書は児童書から実用書まで幅広い。

☎0267-46-8088 所軽井沢町追分612 時12:00〜17:00頃 休火・水曜（祝日の場合は営業、夏季は無休、冬季は不定休）交しなの鉄道・信濃追分駅から徒歩25分 P5台

↑併設のカフェでゆったり読書できる

情緒ある街並みが城下の繁栄を今に伝える

小諸
こもろ

浅間山と千曲川に挟まれた美しい小諸は、城下町と宿場町、そして文士たちに愛された地として今も多くの人々を惹きつける。

数百年の歴史のあゆみと小諸を愛した文人たち

　江戸時代まで城が置かれ、北国街道の宿場町としても栄えた小諸の町は、文豪・島崎藤村や俳人・高濱虚子らが暮らしたことでも知られる。城跡をはじめとする史跡や浅間山南麓の詩情あふれる景色とともに、散策を楽しんでみたい。

ACCESS
列車 JR軽井沢駅からしなの鉄道で24分
車 軽井沢から国道18号・県道80号経由で22km

↑桜の名所としても知られる小諸城址懐古園。「日本さくら名所100選」にも選ばれている

小諸城址懐古園
こもろじょうしかいこえん
MAP 付録P.12A-3

400年のロマン漂う古城
自然石を積み上げた野面積みの石垣が歴史を感じさせる小諸城跡。城下町より低い位置に建つ穴城だが、土地の形状を利用した堅固な造りで知られた。日本100名城にも指定されている。

☎0267-22-0296　所小諸市丁311　開9:00～17:00(動物園・遊園地9:30～16:30)　休12月～3月中旬の水曜　料散策費300円(懐古園散策・動物園のみ)、共通券500円(藤村記念館、小山敬三美術館、徴古館、動物園、小諸義塾記念館共通)　交しなの鉄道・小諸駅からすぐ　P200台(有料)

関ヶ原の合戦に向かう徳川秀忠が逗留し、真田氏との上田合戦(P.114)の本拠地とした小諸城二の丸

小諸市立小山敬三美術館
こもろしりつこやまけいぞうびじゅつかん
MAP 付録P.12A-3

小諸生まれの世界的洋画家
小諸に生まれ文化勲章を受賞した小山敬三の、少年時代から晩年までの作品を展示。浅間山の風景や城など躍動感あふれる絵画作品のほか、アトリエを移築した記念館も見られる。

☎0267-22-3428　所小諸市丁221-3　開9:00～17:00(12～3月は～16:00)　休12～3月中旬の水曜※記念館の開館日は季節により異なる(要問い合わせ)　料200円(懐古園共通券500円)　交しなの鉄道・小諸駅から徒歩15分　P懐古園駐車場利用(有料)

↑小山敬三が小諸市に寄贈した村野藤吾設計の建物を利用
↓茅ヶ崎から移築した住居兼アトリエは記念館に

↑建築家・谷口吉郎の設計による建物

↓記念館前には藤村の像が。館内に展示された藤村の直筆原稿や手紙も興味深い

小諸市立藤村記念館
こもろしりつとうそんきねんかん
MAP 付録P.12B-3

小諸で過ごした6年の軌跡
かつての恩師であった木村熊二に招かれて小諸義塾に赴任して以来、6年を小諸で過ごした藤村。小諸時代を中心に、藤村の遺墨・遺品や関係資料を展示している。

☎0267-22-1130　所小諸市丁315-1　開9:00～17:00(12～3月は～16:30)　休12月～3月中旬の水曜　料200円(懐古園共通券500円)　交しなの鉄道・小諸駅から徒歩5分　P懐古園駐車場利用(有料)

上田・松代

時は戦国時代。
敗軍の将でありながら
日本の歴史上に燦然と輝く、
屈指の英雄・真田幸村。
天下人をも震撼させたという
血脈と魂が息づく、
真田家ゆかりの地を巡りたい。

「日本一の兵」を
生んだ真田の
軌跡に刮目

エリアと観光のポイント
上田・松代はこんなところです

幸村の父・昌幸が本城を構えた上田をはじめ、信州には真田家ゆかりの史跡が多く残されている。激動の時代に思いを馳せつつ、武将たちの足跡をたどりたい。

真田の力を知らしめた名城跡
上田
うえだ
→ P.114

徳川家康が真田家を恐れる要因となり、2度にわたって徳川家の大軍を退けた鉄壁の上田城。戦の舞台となった城跡にロマンがあふれる。現在は自然豊かな公園として市民に愛されている。

観光のポイント	上田城 P.114
	池波正太郎 真田太平記館 P.115

↑ 真田幸村の父・昌幸によって築城された

周辺の温泉
別所温泉
べっしょおんせん
→ P.118

「幸村の隠し湯」として知られる石湯など、歴史ある立ち寄り湯でくつろげる温泉街。「信州の鎌倉」の愛称にふさわしい、数々の古刹にも注目を。

藩主として真田の家名が存続

松代
まつしろ
→ P.116

幸村とは進む道を違えた兄・信之が、松代藩主となって真田の家名を守った地。江戸時代を通じて真田の魂が受け継がれた城下町だ。

観光のポイント	松代城跡 P.116
	真田宝物館 P.117

↑幸村の兄・信之の代からの真田の居城、松代城跡

35 真田の郷

長谷寺 卍

★真田氏本城跡

真田氏歴史館 ★

4

175

★真田氏記念公園

殿城山 ▲

上田菅平IC

上信越自動車道

79

小諸IC

大屋駅

小諸駅

↑真田氏本城跡から真田町を見下ろす

真田三代の始まりの地

真田の郷
さなだのさと
→ P.122

幸村の祖父・幸隆から始まる真田一族の発祥の地。上田城に移るまで本城があった小高い山上の風景は、幸村の心にも焼きついたことだろう。

観光のポイント	真田氏記念公園 P.122
	長谷寺 P.122
	真田氏歴史館 P.122
	真田氏本城跡 P.122

交通 information

上田・松代の移動手段

上田駅を起点に、別所温泉へは上田電鉄別所温泉線でアクセス。真田の郷へは上田駅からの路線バスを利用するか、車を使うのが便利。松代へはしなの鉄道・屋代駅から長電バス・屋代須坂線で26分、または長野駅からアルピコ交通バス・松代線で28分。どちらかの路線バスを活用したい。

周辺エリアとのアクセス

鉄道

JR松本駅
↓ JR特急で43分／JR篠ノ井線で58分
JR篠ノ井駅
↓ JR特急で8分／JR篠ノ井線（またはしなの鉄道）で13分
JR長野駅

北陸新幹線で11分 → 別所温泉駅
しなの鉄道で20分 → 屋代駅
↓ 上田電鉄で28分 → JR上田駅
しなの鉄道で22分 →

JR上田駅
↓ しなの鉄道で50分／北陸新幹線で18分
JR軽井沢駅

車

松本IC
↓ 長野道経由49km
更埴IC
↓ 長野道・上信越経由7km
長野IC

長野道・上信越道経由23km
上信越道経由28km
県道35号経由11km → 松代

真田の郷 ← 国道144号経由5km
別所温泉 ← 国道18号・県道177号経由17km

上田菅平IC
↓ 上信越道経由45km
碓氷軽井沢IC

問い合わせ先

観光案内
上田駅観光案内所	☎0268-26-5001
上田市観光課	☎0268-23-5408
ゆきむら夢工房	☎0268-72-2204
別所温泉観光協会	☎0268-38-3510
松代観光案内所	☎026-278-3366

交通
上田電鉄	☎0268-39-7117
長電バス 長野営業所	☎026-296-3208

上田・松代はこんなところです

113

徳川軍を撃退した真田氏居城の街

上田
うえだ

激動の戦国時代を巧みな深謀遠慮で
生き抜いた真田一族。上田城を中心とした
城下町は、現在は県内第3の規模を誇る。

上田城跡公園
うえだじょうせきこうえん

上田城跡を中心に整備
された公園。春の桜や
新緑のケヤキが美しい

上田・松代●上田

江戸時代から続く真田人気は衰えることを知らない

真田家に関する歴史や伝説、物語、さらに次々に発見される新事実なども加わって、真田の人気は過熱度を増すばかりだが、その熱狂の中心地として多くの歴史愛好者の好奇心をかき立てるのが上田という街だ。そこを歩けば真田一族の生々しい足跡に出会い、さらには昌幸や幸村、信之らの息づかいまでも感じることができる。上田では戦国時代にどっぷり浸ってみたい。

↑上田駅前には真田幸村の騎馬像が立つ

真田家の歴史を刻む城跡を歩く

上田城
うえだじょう

2度も徳川の大軍を退けた難攻不落の真田の拠点

昌幸が天正11年(1583)に築城。千曲川沿いの断崖や高低差などの自然地形を生かした堅固な防御力を誇り、徳川軍を2度も撃破した上田合戦でよく知られている。仙石忠政によって寛永年間に再興され、その後公園として整備された。

MAP 付録P.13 D-2

☎0268-23-5408(上田市観光シティプロモーション課) 所上田市二の丸 開料入園無料(上田市立博物館300円) 交JR上田駅から徒歩12分 P104台(有料)

真田石 さなだいし

東虎口櫓門の正面右手の石垣にあるシンボル的な巨石。松代へ移る信之が父・昌幸の形見に運び出そうとしたが、動かなかったという伝説がある

東虎口櫓門
ひがしこぐちやぐらもん

本丸の入口(虎口)にあたる櫓門で、1994年に復元。左右に建つ北櫓・南櫓は内部を見学できる

西櫓 にしやぐら

本丸の西側を守る隅櫓で、廃城後も石垣以外で唯一現存していた遺構

真田と徳川の因縁の戦い・上田合戦とは

第1次上田合戦
天正13年(1585) 真田2000 対 徳川7000
天正壬午の乱で争う徳川・上杉・北条の3大名の間で、真田昌幸は従属と造反を繰り返しながら勢力を維持し、徳川傘下に入る。真田を軽んじた徳川家康が北条氏直に対し、真田の沼田領を割譲する条件で和睦したため、昌幸はこれを拒否し家康と決別。家康は昌幸の籠る上田城を大軍で攻めるが、昌幸は地の利を生かして応戦、見事大勝した。

第2次上田合戦
慶長5年(1600) 真田3000 対 徳川3万8000
天下統一した豊臣秀吉に真田の所領は安堵され、徳川の関東移封で両者の確執は一応の落着をみた。しかし秀吉の死後、影響力を強める家康に反発する石田三成の要請に応じ、真田家も昌幸・幸村が西軍に参加。関ヶ原の戦いの折には、関ヶ原に向かう徳川秀忠の大軍を上田城で迎え討ち、10倍以上の戦力差を覆して大勝し進軍を阻止。関ヶ原の本戦で西軍が敗れたことで結果的に敗軍の将となったが、徳川に再び真田の恐ろしさを思い知らせたのだった。

↑『真田父子上田籠城図』
〈上田市立博物館蔵〉
支城の砥石城を守っていた幸村は、秀忠の命令で攻める兄・信之との交戦を避けるため開城、上田城で父・昌幸とともに秀忠を迎え討った

尼ヶ淵 あまがぶち

かつて本丸南に面して流れていた千曲川の分流のこと。川岸の崖上に城を築き、川を天然の堀として利用した

眞田神社 さなだじんじゃ

真田父子と歴代上田藩主を祀る。「落ちない城」にあやかり、受験生やアスリートの参拝も多い

上田市立博物館 うえだしりつはくぶつかん

本館と別館からなり、真田昌幸をはじめ歴代上田藩主の甲冑などの資料を収蔵。「真田父子犬伏密談図」なども見られる

真田井戸 さなだいど

はるか城北の太郎山まで続く抜け穴があったという伝説のある井戸

本丸跡 ほんまるあと

天守があったかは不明だが、発掘調査から金箔の鯱瓦を載せた建造物があったと思われる

二の丸堀跡 にのまるほりあと

昭和47年（1972）まで電車の線路が敷かれ、現在はケヤキ並木の遊歩道に。奥に見えるのは二の丸橋

注目ポイント

柳町通りで宿場町散歩

柳町は北国街道の宿場町として栄えた区画。柳町通りは石畳の道路や2階建ての平入りの町家が美しく並び、歴史情緒にあふれている。

➡江戸時代の風情を今に残す通りを歩いてみたい

⬆2階「真田太平記コーナー」。同階に「池波正太郎コーナー」もある

池波正太郎 真田太平記館

いけなみしょうたろうさなだたいへいきかん

MAP 付録P.13 F-2

作家愛用の万年筆や帽子、自筆原稿などの資料を展示

作家・池波正太郎による「真田もの」の集大成とされる時代小説『真田太平記』に関する文学館で、1998年に開館。2階の「真田太平記コーナー」や関連映像作品が楽しめる「シアター」などがある。

⬆風間完による挿絵を展示する「ギャラリー」

☎0268-28-7100　所上田市中央3-7-3　時10:00～18:00（入館は～17:30）　休水曜（祝日の場合は翌日）　料400円　交JR上田駅から徒歩10分　Pなし

大輪寺

だいりんじ

MAP 付録P.13 F-1

真田信之と幸村の生母 寒松院が眠る禅寺

かつては砥石城の東麓にあったとされ、真田昌幸夫人・寒松院の発願によって現在地に再建された。上田に移住した民衆芸術運動で知られる山本鼎の墓もある。

⬆上田城築城の際に鬼門にあたる位置に建立された曹洞宗の寺院

☎0268-22-0575　所上田市中央北1-5-7　時休料参拝自由（拝観料志納）　交JR上田駅から車で10分　P20台

芳泉寺

ほうせんじ

MAP 付録P.13 D-1

小松姫の宝篋印塔に 信之の名が刻まれる

境内の本堂裏手には歴代の上田城主である真田家、仙石家の墓所を有する。真田信之の正室、小松姫の墓所は宝篋印塔と呼ばれ、高さは約2.5mほどある。

⬆上田市内のウォーキング観光スポットにもなっており、上田城からは徒歩10分ほど

☎0268-21-9119　所上田市常磐城3-7-48　時休料参拝自由　交JR上田駅から徒歩15分　P3台

（地図内）向源寺卍、芳泉寺、長野駅、西上田駅、上田城、上田市立美術館・、上田駅、別所温泉駅、大輪寺、上田大神宮卍、旧北国街道、保命水、柳町通り、上田招魂社卍、上田市役所、しなの鉄道、北陸新幹線、上田藩主居館跡、アリオ上田、池波正太郎真田太平記館、千曲川、上田電鉄別所線、佐久平駅、小諸駅、N、0 200m

歴史ある松代藩主・真田10万石の城下町

松代 まつしろ

武田信玄の海津城から始まり、
上田から移封された松代藩主・真田信之の
居城となった松代城を中心に栄えた街。

太鼓門 たいこもん
松代城の本丸で最大の門。柿（こけら）葺きの切妻屋根として忠実に再現。手前には前橋も復元されている

戦国時代からの歴史を今も静かに語りかける北信濃の街

　戦国時代の北信地方支配の中心は武田信玄の海津城（のちの松代城）に置かれたが、江戸時代には真田信之が入封し、松代藩10万石の初代藩主となる。以後幕末の10代藩主まで約250年にわたって真田の城下町として続いた。明治維新で城は破却されるが、現在はその一部が復元され、さらに残された多くの貴重な文化財とともに松代の歴史を雄弁に物語っている。

↑江戸時代に城下町の人々に時を告げた
松代藩鐘楼

←中級藩士の長屋門を移築・復元した旧白井家表門。建物内は休憩所になっている

幸村の兄・信之が治めた名城を訪ねて

松代城跡 まつしろじょうあと

川中島の合戦に備えて信玄が築城し、明治まで真田の居城に

松代城は武田信玄が築いた海津城が前身。元和8年（1622）に徳川幕府の命で真田信之が移封され、以後約250年にわたって真田家の居城となった。明治になって廃城となったが、2004年に櫓門、石垣、土塁などが復元された。

MAP 付録P.17 E-3

☎026-278-2801（真田宝物館）　所長野市松代町松代
時9:00〜17:00（11〜3月は〜16:30、入場は各30分前まで）　休無休　料無料　交JR長野駅からアルピコ交通バス・松代線で30分、松代駅下車、徒歩5分　P23台

埋門 うずみもん
土塁をトンネル状にくりぬいた門を再現したもの

戌亥の櫓台 いぬいのやぐらだい
本丸の北西に位置。石垣が作る勾配の美しさに石工の高い技術力がうかがえる

北不明門 きたあかずもん
本丸の搦手（からめて＝裏口）にある門

真田邸
さなだてい
MAP 付録P.17 E-3

↑江戸末期の貴重な御殿建築様式

明治維新後は真田家の別邸として使われた

9代松代藩主・真田幸教の義母・貞松院の住居として元治元年(1864)に建造。当時は新御殿と称された。昭和56年(1981)に松代城とあわせて国の史跡に指定。

☎026-278-6702 **所**長野市松代町松代1 **開**4～10月9:00～17:00(入館は～16:30) 11～3月9:00～16:30(入館は～16:00) **休**無休 **料**400円(真田宝物館・文武学校などとの共通券あり) **交**JR長野駅からアルピコ交通バス・松代線で30分、松代駅下車、徒歩5分 **P**30台

文武学校
ぶんぶがっこう
MAP 付録P.17 E-4

↑時代劇のロケにもよく使われる

文武を奨励した松代藩の近代的な学校の先駆け

安政2年(1855)に開校した松代藩の藩校。授業には東洋・西洋の医学や軍学など、先進的な教育も採用されていた。江戸時代の雰囲気が今も残り、国の史跡に指定。

☎026-215-6152 **所**長野市松代町松代205-1 **開**4～10月9:00～17:00(入館は～16:30) 11～3月9:00～16:30(入館は～16:00) **休**無休 **料**400円(真田宝物館・真田邸などとの共通券あり) **交**JR長野駅からアルピコ交通バス・松代線で30分、松代駅下車、徒歩7分 **P**30台

真田宝物館
さなだほうもつかん
MAP 付録P.17 E-3

↑常設展示室と企画展示室がある(展示替えあり)

大名道具や書状など約5万点の資料を収蔵

真田家に伝来した貴重な武具や調度品などを展示。昌幸の「昇梯子の具足」をはじめ、信玄や秀吉、家康らの書状も収蔵する。

☎026-278-2801 **所**長野市松代町松代4-1 **開**4～10月9:00～17:00(入館は～16:30) 11～3月9:00～16:30(入館は～16:00) **休**火曜(祝日の場合は開館)、展示替え・館内清掃期間あり(HP参照) **料**600円(真田邸・文武学校などとの共通券あり) **交**JR長野駅からアルピコ交通バス・松代線で30分、松代駅下車、徒歩5分 **P**55台

◆信之所用の「萌黄絲毛引威二枚胴具足(もえぎいとけびきおどしにまいどうぐそく)」〈真田宝物館所蔵〉

◆長国寺境内に建つ信之の霊屋。信之は万治元年(1658)に93歳で死去

長国寺
ちょうこくじ
MAP 付録P.17 F-3

信之の移封とともに松代に建立された真田の菩提寺

真田信之の祖父・幸隆が上田に建立した長谷寺(P.122)を、孫の信之が松代に移封されたのに伴って松代に移転させたもの。信之からの歴代藩主の墓所がある。

☎026-278-1270 **所**長野市松代町松代1015-1 **開**9:00～15:00 **休**水曜 **料**境内見学自由、御霊屋・墓所拝観500円(要予約)、御霊屋内部拝観は別途500円) **交**JR長野駅からアルピコ交通バス・松代線で30分、松代駅下車、徒歩15分 **P**20台

◆現在の本堂は明治19年(1886)に再建されたもの。六文銭と鯱が目を引く

松代城跡

↑別所温泉の厄除観音として知られる北向観音

古来広く知られた療養地に
由緒ある外湯と古刹が残る

約1500年前に日本武尊（やまとたけるのみこと）が発見したのが始まりとされる温泉。『枕草子』に「七久里の湯」の名で紹介されるほか、吉川英治の『新・平家物語』や池波正太郎の『真田太平記』などにも登場する。北条家一門が統治したことから「信州の鎌倉」と呼ばれ、由緒ある3つの外湯（共同浴場）を中心に栄えたこの地には、古刹名刹も多く残されている。

↑常楽寺裏山の杉木立の中、北向観音が出現したという場所に、珍しい石造りの多宝塔が立つ

↑湯を3回かけて願をかけると願いが叶うといわれる湯かけ地蔵

真田一族も湯治に訪れた信州最古の温泉

別所温泉
べっしょおんせん

古くからの伝説や文献にその名を残し、鎌倉時代には塩田北条氏によって栄え「信州の鎌倉」とも称された古湯。

大湯
おおゆ
MAP 付録P.14 C-4

木曾義仲と葵御前が過ごした
露天風呂付きの外湯

共同浴場には珍しく、小さな露天風呂も備えている。源頼朝・義経兄弟の従兄弟にあたる木曾義仲が愛妾の葵御前を連れ療養に来たことで「葵の湯」とも呼ばれる。

☎0268-38-5750（別所温泉財産区）
🏠上田市別所温泉 🕐6:00～22:00（受付は～21:30）🈺第1・3水曜（祝日の場合は営業）💴200円 🚃上田電鉄・別所温泉駅から徒歩8分 🅿10台

↑3層の屋根が特徴的で、堂々とした印象

石湯
いしゆ
MAP 付録P.14 B-4

『真田太平記』にも登場し
著者の筆による標石が立つ

掘り下げられた岩風呂が野趣あふれる印象を与える小さな外湯。入口横に立つ「真田幸村公 隠しの湯」と刻まれた標石は、『真田太平記』著者・池波正太郎の筆によるもの。

☎0268-38-5750（別所温泉財産区）
🏠上田市別所温泉 🕐6:00～22:00（受付は～21:30）🈺第2・4火曜（祝日の場合は営業）💴200円 🚃上田電鉄・別所温泉駅から徒歩10分 🅿7台

↑物語中で幸村が女忍者・お江と出会った

大師湯
だいしゆ
MAP 付録P.14 B-4

北向観音を開創した
慈覚大師円仁ゆかりの湯

北向観音の近くにあり、1000年以上の歴史を持つ。天長2年（825）、北向観音堂建立のために当地を訪れた慈覚大師円仁が好んで入浴したことから名付けられたという。

☎0268-38-5750（別所温泉財産区）
🏠上田市別所温泉 🕐6:00～22:00（受付は～21:30）🈺第1・3木曜（祝日の場合は営業）💴200円 🚃上田電鉄・別所温泉駅から徒歩10分 🅿なし

↑北向観音の参道入口に大師湯飲泉所がある

安楽寺
あんらくじ

MAP 付録P.14A-3

信州最古の禅寺
国宝八角三重塔が有名

鎌倉時代中期には信州における学僧の中心道場だったとされる。北条氏の庇護によって栄えたのち一旦衰えるが、室町期に再興。八角三重塔は貴重な禅宗建造物。

☎0268-38-2062 ㊟上田市別所温泉2361 ㊠8:00〜17:00(11〜2月は〜16:00) ㊡無休 ㊞境内拝観無料、八角三重塔見学300円 ㊢上田電鉄・別所温泉駅から徒歩13分 Ⓟ30台

↪木造の八角塔としては全国唯一という貴重な建築で、県内最初の国宝

北向観音
きたむきかんのん

MAP 付録P.14 B-4

本堂が北を向く全国でも珍しい霊場

天長2年(825)に慈覚大師円仁が開創。善光寺(P.126)と向き合うように建っており、あわせて参詣すると縁起が良いという。

↪境内には、縁結びの霊木とされる樹齢1200年の愛染カツラがある

☎0268-38-2023 ㊟上田市別所温泉1666 ㊠拝観自由 ㊢上田電鉄・別所温泉駅から徒歩10分 Ⓟなし

常楽寺
じょうらくじ

MAP 付録P.14 B-3

北向観音本坊の古刹
茅葺き本堂の格天井が美しい

天長2年(825)の建立。鎌倉時代には天台教学の拠点として栄えた。弘長2年(1262)の刻銘が残る石造多宝塔は国の重要文化財。常楽寺美術館も併設。

☎0268-37-1234 ㊟上田市別所温泉2347 ㊠8:00〜16:00、美術館9:00〜16:00 ㊡無休(美術館は冬季休業) ㊞入山料100円、美術館500円 ㊢上田電鉄・別所温泉駅から徒歩10分 Ⓟ50台

↪現在の本堂は江戸中期に建立。境内の「御舟の松」も目を楽しませる

深い趣と伝統のある温泉宿

「美人の湯」として名高い別所温泉をじっくり味わうなら、宿泊がおすすめ。老舗宿の贅沢な空間でくつろぎたい。

大正ロマンの薫る風雅な日本建築

旅館 花屋
りょかん はなや

大正6年(1917)創業、国の登録有形文化財に登録。館内を彩る四季の日本美と、宮大工が手がけた技と心意気が随所に息づいている宿。

MAP 付録P.14 C-4

☎0268-38-3131 ㊟上田市別所温泉169 ㊠IN15:00 OUT11:00 ㊞1泊2食付1万9950円〜 ㊢上田電鉄・別所温泉駅から徒歩5分 Ⓟ30台

↪特別室72号室の露天風呂。戸建ての離れで優美なひとときを

↪白熱灯がともる宵は渡り廊下の趣が増す

別所神社 / 上田電鉄別所線 / 上田駅 / 別所温泉駅 / 別所温泉観光協会 / あいそめの湯 / 常楽寺 / 常楽寺美術館 / 別所局 / JA / 安楽寺 / 別所温泉 / 別所温泉駐在所 / 七草の湯 / 大師湯 / 足湯ななくり / 湯かけ地蔵 / 旅館 花屋 / 石湯 / かしわや本店 / 北向観音 / 斎藤 / 南條 / 大湯 / 玉屋

0 100m

N

動乱の世をひたすらに駆けた、真田の誇りと決死の覚悟

真田幸村を生んだ一族の軌跡

戦国時代、信濃の一国衆から始まった真田家の生き残るためのしたたかな知謀と巧妙な戦略…
ときに敵・味方となりながら維新の世まで生き抜いた六文銭。その深謀遠慮のすごさには驚かされる。

戦国時代
幸村へと続く真田の礎を築く
一族開祖は祖父・幸隆

「攻め弾正」と称された、戦上手の幸隆
武田信玄に仕えて真田は歴史の表舞台へ

真田三代の祖・幸隆は信濃国小県郡（現長野県東御市）の豪族・海野氏の一族だったという。一度は海野平合戦で上野に逃れ所領を失うが、天文15年（1546）頃に武田信玄に臣従し、村上氏の砥石城（戸石城）を乗っ取ったことで名を馳せ、天文22年（1553）には真田郷の奪回に成功する。幸隆の長男・信綱や次男・昌輝も信玄の下で大いに活躍し、三男・昌幸はその才能を幼少時から信玄に見いだされ寵愛を受ける。昌幸の信玄への敬慕も深く、幸村の本名「信繁」は信玄の弟・信繁にあやかって昌幸が名付けたものだった。

戦国時代〜関ヶ原の戦い
幸村へと受け継がれた
父・昌幸の智恵と精神

強大な敵に囲まれながらも智計を尽くして奔走
真田と徳川の因縁・上田合戦を経て大名に

信玄の死の翌年、あとを追うように幸隆が没し、信綱・昌輝も戦死したため昌幸が家督を相続。北条方の沼田城を攻め落とし頭角を現す。武田氏が滅亡し、本能寺の変で織田信長が倒れると、空白地帯となった旧武田領をめぐる「天正壬午の乱」の渦中で昌幸は武田遺臣をまとめあげ、勢力維持のため大胆にも徳川・上杉・北条の3大名の間を渡り歩く。徳川と北条の和睦、家康の昌幸暗殺計画などで沼田領をめぐる真田と徳川・北条の確執が決定的になると、第1次上田合戦で徳川を撃退し、ついに真田氏は大名として台頭。豊臣に臣従し、その智将ぶりは「表裏比興之者」と評された。慶長5年（1600）の関ヶ原の戦いでは昌幸・幸村は西軍、信幸は東軍と分かれ、昌幸・幸村は第2次上田合戦で徳川秀忠の大軍を退けたが、関ヶ原本戦では東軍の勝利に終わる。

上田 ⊃P.114 徳川・上杉・北条の領土争奪戦のなかを知略でくぐり抜けていった昌幸が本拠地とし、居城と城下町を築いた。

真田の郷 ⊃P.122
一度は奪われたこの地を取り返すために、信玄を主君と定めた幸隆。その決断から、幸村へとつながる真田家の知略と武勇の歴史が動きだした。

↑真田氏本城跡（上）や長谷寺（下）などがある

真田家の主要家系図

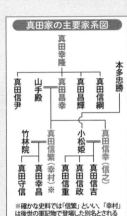

```
真田幸隆
├ 真田信尹
├ 山手殿（妻）― 真田昌幸
├ 真田昌幸
│   ├ 竹林院
│   ├ 真田信繁（幸村）※
│   ├ 真田守信
│   ├ 真田信昌
│   ├ 真田信重
│   ├ 真田信政
│   └ 真田信吉
├ 真田昌輝
└ 真田信綱
小松姫
真田信之（信之）
本多忠勝
```

※確かな史料では「信繁」といい、「幸村」は後世の軍記物で登場した別名とされる

真田家の家紋、六文銭の由来

六文銭は三途の川の渡し賃を意味し、決死の覚悟を表すもの。幸隆が武田氏に臣従した頃から、旗印に用いたのが始まりとされる。

↑『真田父子犬伏密談図』〈上田市立博物館蔵〉家康に反発する石田三成からの書状を受け、真田家の去就を話し合う昌幸（右）、幸村（左手前）、幸村（左奥）。昌幸と幸村は反徳川勢力の西軍に、家康の養女を妻とする信幸は徳川方の東軍につくことを決断。袂を分かつことになった「犬伏の別れ」

命を賭けて宿敵に挑む
日本一の兵・幸村激闘

またも徳川を震撼させた真田の血
日本史上最大の合戦を舞台に伝説が誕生する

　関ヶ原の戦い後、信之の嘆願により死罪を免れ九度山に謹慎となった昌幸・幸村。昌幸は幽閉中に病死するが、慶長19年（1614）、徳川幕府と豊臣家の関係が悪化すると、幸村と嫡男・幸昌父子は大坂城の豊臣方に合流。幸村の軍勢はかつての武田軍由来の「赤備え」で出陣、大坂城南側に出城「真田丸」を築き、大坂冬の陣で攻撃を仕掛けた幕府軍を大敗させ大打撃を与える。幸村の勇名はこの真田丸の戦闘で一躍知れ渡った。不利とみた徳川は大坂城の堀の埋め立てや真田丸破棄を条件に豊臣と一旦和睦し、翌年の夏の陣で再攻撃。防御の術のない圧倒的不利に、幸村は決死の覚悟で敵本陣に突撃し家康に肉薄するものの、壮絶な戦死を遂げ、幸昌も豊臣秀頼・淀君に殉じて自害。しかし幸村の活躍は「日本一の兵」と称賛され、語り継がれることになる。

⬆『真田幸村巡見図』〈上田市立博物館蔵〉より、家康を追いつめる幸村と身を隠す家康。家康は自刃を覚悟したという。幸村に馬印を倒されるほど追いつめられたのはこのときが生涯2度目。奇しくも、かつて幸村の祖父や父が仕えた武田信玄に、三方ヶ原の戦いで敗れて以来のことだった

駆け抜けた弟への想いは不朽
次代へつなぐ兄・信之

家を分けて家を守った親子3人の関ヶ原の先
松代の地で真田家は幕末まで10代続く

　関ヶ原の戦いで決別したあとも、信幸は離縁を示すため信之と改名しながらも、謹慎中の昌幸・幸村の生活を自費で援助するなど親弟を思いやり続けた。大坂の陣では信之は病で出陣しなかったが、長男・信吉と次男・信政が代理で出陣し徳川に忠義を示した。やがて信之は2代将軍秀忠の命で上田から松代に加増移封し松代藩主に。こうして徳川方につくことで信之の守った真田の家名が、幕末まで続くことになる。

松代 ⏵P.116 徳川家に忠義を尽くし、初代松代藩主となった信之。真田の家名はこの地で明治維新まで保たれることになった

真田一族 歴史年表

西暦	元号		事項
1541	天文	10	武田信虎、諏訪頼重、村上義清ら同盟軍の侵攻による海野平合戦。幸隆は上州へ逃れる。武田晴信（信玄）が父・信虎を追放し家督を継承すると、のちに幸隆は武田氏に臣従
1551		20	2度にわたり武田の攻勢を退けた村上義清に対し、幸隆は謀略で砥石城（戸石城）を乗っ取る
1553		22	幸隆の謀略で村上義清の葛尾城が自落、幸隆は旧領を完全に回復。昌幸は武田家への人質として甲斐国に下り、信玄から寵愛を受ける
1572	元亀	3	三方ヶ原の戦いで信玄軍が徳川家康を大敗させる。信綱、昌輝、昌幸も出陣していたという
1573		4	信玄死去。子の勝頼が武田氏の家督を継承
1574	天正	2	幸隆死去。信綱が真田氏の家督を継承
1575		3	長篠の戦いで信綱、昌輝が討死したことで、昌幸が真田氏の家督を相続
1579		7	昌幸、勝頼の命で北条氏の所領・沼田領を攻めるべく謀略で活躍。翌年には沼田城を落とす
1582		10	織田信長・徳川家康連合軍による甲州征伐で武田氏滅亡。本能寺の変で信長が落命すると、徳川家康・上杉景勝・北条氏直が旧武田領をめぐって天正壬午の乱に突入。昌幸は旧武田家臣を取り込み、真田家もこの勢力争いに参入
1583		11	昌幸、上田城築城（上田城⏵P.114）
1585		13	沼田領をめぐり徳川・北条と決定的に対立する昌幸は、幸村（信繁）を人質として上杉氏のもとに置き景勝に従属。昌幸と信幸、第1次上田合戦で徳川軍に大勝。幸村は景勝の盟主である豊臣秀吉に出仕し、昌幸は豊臣家に臣従
1589		17	昌幸と家康、秀吉の裁定で和睦。家康は本多忠勝の娘・小松姫を養女とし、信幸に娶らせる
1590		18	秀吉の小田原征伐に昌幸・信幸とともに幸村も参戦、初陣を飾る。北条氏滅亡。秀吉は家康を関東に移し牽制し、昌幸は旧領を安堵される。真田領と確定した沼田領は信幸に与えられる
1598	慶長	3	秀吉が死去し、家康が台頭
1600		5	関ヶ原の戦い。昌幸・幸村は西軍、信幸は東軍につく。昌幸・幸村が第2次上田合戦で徳川秀忠の大軍を退けるも、西軍は敗北。昌幸・幸村は九度山に配流され、信幸は名を信之と改め、昌幸の旧領を継ぎ上田藩主となる
1611		16	昌幸、九度山にて病死（享年65）
1614		19	大坂冬の陣。幸村、その武名を天下に轟かす
1615		20	大坂夏の陣。幸村、壮絶な討死を遂げる
1622	元和	8	信之、松代藩主となる（松代城跡⏵P.116）。以後、真田家は江戸時代を通じて存続

一族発祥の地、真田の郷へ

もとは信濃の一国衆から始まった真田家。真田三代の一番手である
幸隆(ゆきたか)の代から一族が大切に守り愛した地を、ドライブで巡りたい。

⬆上田盆地の開けた景観が眼下に望める

1 真田氏記念公園
さなだしきねんこうえん

真田三代の歴史に思いを馳せて

昭和60〜61年(1985〜86)放映のNHK
ドラマ『真田太平記』を記念して開園。
原作者・池波正太郎の筆による「真田
氏発祥の郷」石碑が立つ。

⬆郷の入口にあたる位置にある小さな公園。幸
隆、昌幸、幸村の顔の3つのレリーフ像がある

MAP 付録P.14 B-2
☎0268-72-4330(真田地域自治センター 産業
観光課) 所上田市真田町下原 開休料入園自
由 交JR上田駅から車で20分 P5台

2 真田氏歴史館
さなだしれきしかん

幸村の肖像画も展示

古文書や武具などから真田の歴史を紹
介。年代順に展示された資料のほか、
真田氏本城跡のジオラマや『大坂夏の
陣図屏風』レプリカなども興味深い。

⬆隣接して喫茶スペース「真田庵」もある

MAP 付録P.14 C-1
☎0268-72-4344
所上田市真田町本原2984-1 開9:00〜16:00
休火曜(祝日の場合は翌日) 料250円
交JR上田駅から車で25分 P35台

⬆自然地形を巧みに活用したと推測される

3 真田氏本城跡
さなだしほんじょうあと

真田の地を見下ろす本城の面影

幸村の祖父・幸隆が整備し、天正(てんしょう)13年
(1585)に父・昌幸が上田城に移るまで
真田家の本城とされた山城。廃城後の
跡地に曲輪群などの遺構が残る。

MAP 付録P.14 C-1
☎0268-72-4330(真田地域自治センター 産業
観光課) 所上田市真田町長5029-3
開休料見学自由 交JR上田駅から車で30分
P10台

4 長谷寺
ちょうこくじ

幸隆を開基とし、昌幸が整備した

幸隆を開基とする寺で、松代に信之が
建立した長国寺(P.117)の末寺となっ
た。幸隆夫妻と昌幸の墓がある。境内
に咲くしだれ桜も圧巻。

⬆真田幸隆公夫
妻、昌幸公墓所

⬆六文銭が刻まれ
たアーチ状の石門
にも注目

MAP 付録P.14 C-1
☎0268-72-2040 所上田市真田町長4646
開休料参拝自由 交JR上田駅から車で35分
P10台

秋葉神社 信綱寺 戸沢神社 山家神社
横尾神社 神川 長谷寺 4
ふれあいさなだ館 石舟神社 144 4
真田地域自治センター 岩井堂川
i ゆきむら夢工房 3 真田氏本城跡
洗馬川 四日市橋 諏訪神社
裏木神社 幸村の郷 35 北赤井神社
表木神社 御屋敷公園
144 地蔵堂 真田氏歴史館 2 大沢川
廣山禅寺 皇大神社 小玉神社
1 真田氏記念公園

出早雄神社 男石神社
自性院 瀧水寺
大沢川

START&GOAL 上田駅
0 500m
N

所要◆約3時間
ドライブコース
上田駅
⬇車で20分
1 真田氏記念公園
⬇車で5分
2 真田氏歴史館
⬇車で5分
3 真田氏本城跡
⬇車で5分
4 長谷寺
⬇車で35分
上田駅

長野・善光寺

❖

日本に仏教が伝わった古のときから、
ともにその歴史を積み重ねてきた
名刹・善光寺。
創建以来約1400年間、
民衆の心の拠り所であり続ける
一光三尊阿弥陀如来との
結縁の場へ。

絶対秘仏の
御本尊を祀る
古寺と門前町

旅のきほん

エリアと観光のポイント

長野・善光寺はこんなところです

「一生に一度は善光寺参り」と謳われた名刹の参道に、全国からの参詣者で賑わう門前町が広がる。賑やかな仲見世通りをのんびり歩きながら善光寺を目指そう。

長野・善光寺 ● 旅のきほん

創建約1400年を誇る名刹

善光寺周辺 ➡P.126
ぜんこうじしゅうへん

仏教伝来の折、ともに伝えられたという日本最古といわれる霊仏「一光三尊阿弥陀如来」は、けっして人目に触れることのない「絶対秘仏」の御本尊。あらゆる衆生を極楽浄土に導くといい、「牛に引かれて善光寺参り」という説話が残されているほど広く信仰を集めた。

観光のポイント 善光寺 P.126 城山公園 P.134

©善光寺

善光寺の門前町として発展

長野駅周辺 ➡P.134
ながのえきしゅうへん

門前町らしく、市街中心部の中央通りが駅前から善光寺まで北へほぼ一直線に延びている。便利な駅ビルや蔵の街並みを再現した商業施設に立ち寄ってみたい。

観光のポイント MIDORI長野 P.135 ぱてぃお大門 蔵楽庭 P.135

周辺の街

小布施 ➡P.136
おぶせ

名産の栗が江戸幕府へも献上されたという「栗の街」として名高い。画狂人・葛飾北斎が晩年を過ごしたことで知られる芸術の街でもある。

↑桜の名所としても知られる城山公園

注目の観光列車「ろくもん」

自然に恵まれたリゾート地・軽井沢から、歴史ロマンのあふれる城下町・上田を通り、善光寺の門前町・長野までを結ぶしなの鉄道の観光列車。目を引く濃い赤の車両内は、信州産木材をふんだんに使用。快適でぬくもりのあるラウンジ風の空間になっている。

運行日時 主に金～月曜に運行
下り：洋食コース10:30軽井沢～長野駅間／姨捨ナイトクルーズ14:50軽井沢～姨捨長野駅間
※特定の日に運行
上り：和食コース13:36長野～軽井沢駅間
料金「指定席プラン」（別途区間運賃＋指定席

券1020円）、沿線地域の食材を使用した食事が味わえる「食事付きコース」（1万5800円）から選べる（3号「姨捨ナイトクルーズ」2万4800円）。
予約受付 指定席プランは乗車日の1カ月前の10:00から前日まで、食事付きプランは旅行月の2カ月前の1日から7日前まで、下記予約センターで予約を受け付ける（web予約あり）。

「ろくもん」予約センター
☎026-276-0069（10：00～13：00 14：00～17：00 ※土・日曜、祝日休）

交通 information

長野・善光寺の移動手段

善光寺へは、北陸新幹線が乗り入れている長野駅から大門前までアルピコ交通の路線バスを利用するのが基本。色違いの3台が走るレトロ調バス「びんずる号」にぜひ乗車したい。車の場合、長野ICのほか須坂長野東ICからもアクセスできるが、善光寺の駐車場は混み合う心配もあるので注意。

写真提供：信州・長野県観光協会

周辺エリアとのアクセス

鉄道

JR松本駅
↓JR特急で43分／JR篠ノ井線で58分
JR篠ノ井駅
↓JR特急で8分／JR篠ノ井線（またはしなの鉄道）で13分
JR長野駅

長野電鉄特急で21分 ↓ しなの鉄道で45分／北陸新幹線で11分
小布施駅 JR上田駅
↓しなの鉄道で45分／北陸新幹線で18分
JR軽井沢駅

車

松本IC
↓長野道経由49km
更埴IC
↓長野道・上信越道経由7km
長野IC
↓上信越道経由10km
須坂長野東IC
↓上信越道経由7km 上信越道経由28km
小布施PA
上田菅平IC
↓上信越道経由45km
碓氷軽井沢IC

問い合わせ先

観光案内
長野市観光情報センター　☎026-226-5626
長野市観光振興課　☎026-224-8316
ながの観光コンベンションビューロー
　☎026-223-6050
小布施文化観光協会　☎026-214-6300
交通
アルピコ交通長野駅前案内所
　☎026-227-0404
しなの鉄道　☎0268-21-4700

長野・善光寺はこんなところです

人々を極楽浄土へ導く日本有数の古刹

善光寺周辺

ぜんこうじしゅうへん

阿弥陀如来との結縁の場として、宗派を問わず開かれた心の拠り所。年間約600万人の参詣者が訪れる。

長野・善光寺●善光寺周辺

日本最古とされる仏像が見守る
約1400年の歴史を誇る名刹

善光寺

ぜんこうじ

圧倒的存在感を持つ壮大な木造建築に
けっして人目に触れない絶対秘仏を祀る

　欽明天皇13年（552）に伝来した日本最古といわれる仏像「一光三尊阿弥陀如来」が御本尊。寺の創建は飛鳥時代の皇極天皇3年（644）と伝えられ、仏教の各宗派が生まれる前の創建のため、どの宗派にも属していない。御本尊は人目に触れることの許されない絶対秘仏とされ、数えで7年に一度、秘仏の分身である前立本尊が御開帳される。商店の並ぶ賑やかな仲見世から山門を抜けると、重厚な構えを見せる巨大な国宝・本堂が現れる。暗闇を巡り極楽往生を願うお戒壇巡りやびんずる尊者など、ご利益スポットが各所にある。

↑本堂は棟がT字型で、撞木（しゅもく）造りと呼ばれる独特の構造を持つ

↑天台宗大勧進（左）と浄土宗大本願（右）の住職が、共同で善光寺住職を兼務。大本願の住職は皇室ゆかりの尼僧が務める

MAP 付録P.16 B-1

☎026-234-3591　住長野市長野元善町491-イ　時お戒壇巡り4:30〜16:30 冬季6:00〜16:00頃、史料館・山門・経蔵9:00〜16:00　休無休　料参拝自由、内陣券（お戒壇巡り、史料館）500円、山門拝観料500円、経蔵拝観料300円、三堂・史料館参拝券1000円　P400台（有料）

画像提供：善光寺

善光寺へのアクセス
電車とバス、車といずれも便利

長野駅からはバスが運行。門前町の雰囲気を味わいつつ歩くのもおすすめ。

バスでアクセス

JR長野駅の善光寺口バスロータリー1番乗り場から、アルピコ交通の路線バス・善光寺方面行き(10系統・善光寺大門行き、11系統・宇木行き、16/17系統・若槻東行き)で8分(運賃150円)、善光寺大門で下車後、参道を徒歩約5分。バスはいずれかの系統が5~10分に1本運行しており、10系統ではレトロ調のバス『びんずる号』が走る。また、市内中心部を周遊する「ぐるりん号」でも善光寺大門までアクセスできるが、停留所の位置は路線バスと異なるので気をつけよう。

車でアクセス

上越自動車道・須坂長野東IC、または長野ICから長野市街に入る。どちらのインターで下りても所要時間は約30分ほど。善光寺までの道案内は標識が随時出ているので、迷う心配は少ない。

須坂長野東IC	県道58・375号、国道19号、県道399・37号経由 30分	善光寺
長野IC	県道35号、国道117号・19号、県道399・37号経由 30分	

長野駅	バス アルピコ交通路線バス10系統/11系統/16系統/17系統で8分	善光寺大門	徒歩 5分	善光寺

徒歩でアクセス

JR長野駅から駅前広場を少し進み右折すると、善光寺まで表参道である中央通りが一直線に延びており、徒歩30分弱で到着。距離以上は長野電鉄・善光寺下駅が善光寺まで徒歩10分ほどで最も近い形になり、表参道ではなく脇street道から善光寺に入る形になり、坂道を上る必要もある。歩くなら長野駅からがおすすめ。

注目ポイント

善光寺の参道・仲見世通り なかみせどおり

仁王門から山門まで、約400m続く石畳の参道両側には、みやげ物屋や仏具店、旅館などが軒を連ね、参詣者を賑やかに迎える。おやきやそばまんじゅうなどの食べ歩きも楽しめる。美しく整えられた石畳はおよそ7777枚あり、長野市の文化財に指定。

(右上: 善光寺みやげが先に並ぶ店)

信州が誇る大門前町の街並み

古くから多くの人々の信仰を集め参詣者が訪れる善光寺では、何百年も前から参道周辺に門前町が形成された。軒を連ねる商店や問屋で賑わったほか、参詣者が宿泊するための宿坊を兼ねた小さな寺院も多数立ち並んだ。現在も本通りの両側は、宿坊が集まった落ち着いた街並みが残る。

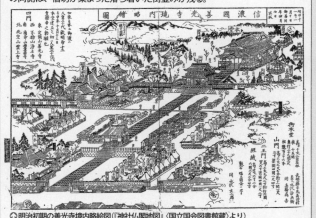

↑明治初期の善光寺境内略絵図(『神社仏閣地図』〈国立国会図書館蔵〉より)

善光寺の行事に参列

一般の参詣者が参列できる主な法要は以下のとおり。朝のお勤めやお数珠頂戴は早朝なので、参道周辺の宿坊に前泊するのがおすすめ。

365日欠かさないお勤め

お朝事 おあさじ

日の出の時刻に合わせて毎朝行われる法要。一般参列でき、天台宗と浄土宗それぞれの法要が約1時間かけて行われる。

開催日時 毎朝、日の出の時間から

早朝参拝には宿坊が便利
善光寺には39の宿坊があり、予約すれば宿泊できる。宿坊によっては精進料理も用意してくれるので、組合に相談してみたい。
善光寺宿坊組合 ☎026-237-7676

早起きして功徳を授かる

お数珠頂戴 おじゅずちょうだい

住職がお朝事のため本堂に向かう際と退堂する際、参道にひざまずく信徒の頭を数珠でなで、功徳を授けてくれる儀式。

※新型コロナウィルス感染防止のため当面見送り

昼間のお勤めは定例日に

日中法要 にっちゅうほうよう

毎月15日をはじめ、定められた日の日中に行われる法要。参詣者から受け付けた供養や祈願も行う。

開催日時 3・8・10月を除く毎月15日と4月15日~7月15日・9月1~30日の毎日、午前11時と正午の2回実施(法要受付はどちらか1回)

迫力ある読経を体験

大般若会 だいはんにゃえ

大太鼓や双盤が打ち鳴らされるなか、600巻にわたる膨大な経典『大般若経』が転読(略読)される。

開催日時 毎月15日(3・7・10月はお朝事後、2・4・6・8・11・12月は正午、1・5・9月はお朝事後と正午の2回)

見どころ多数の境内へ!

善光寺参拝コース

本堂を筆頭に貴重な文化遺産が多数点在。
厳かな雰囲気の境内を隅々まで巡ろう。

1 仁王門
におうもん

最初に迎えてくれる門

創建は江戸中期。2度の焼失に遭い、現在の門は大正7年(1918)の再建。左右に立つ勇壮な仁王像は、高村光雲と弟子・米原雲海の作。

↑迫力ある仁王像が守護。背後に三宝荒神像と三面大黒天像も

2 山門(三門)
さんもん

上層に文殊菩薩を安置

寛延3年(1750)建立で国の重要文化財。屋根は平成の大修理によって、創建時のサワラ板による栩葺きになった。上階に上れる(有料)。

[注目ポイント]

鳩字の額
楼上に掲げた扁額には、善光寺の文字に5羽の鳩が隠れている。善の字が、寺にゆかりの深い牛の顔に見えるとも。じっくり眺めてみよう。

↑山門は高さ約20m。上層では文殊菩薩騎獅像などを拝観でき、仲見世を一望

[注目ポイント]

内々陣から「お戒壇巡り」へ
内陣の右奥にお戒壇巡りの入口がある。御本尊床下の真っ暗な回廊を巡り、極楽の錠前に触れられると、極楽往生が約束されるという。錠前は秘仏である御本尊のちょうど真下に掛けられており、錠前に触れることで御本尊との縁が結ばれると信じられている。内陣券を購入すると体験できる。

3 本堂
ほんどう

国宝建築で東日本最大級

宝永4年(1707)再建。江戸中期の代表的な寺院建築で、高さは約29m。約24mの間口に対し、奥行が約54mと広いのが特徴。外陣、内陣、内々陣に分かれ、内々陣の左奥に秘仏の本尊を安置する。

↑内陣は約150畳敷もの広さ。欄間に燦然と輝く来迎二十五菩薩は圧巻

↑仏塔の形式を持つ霊廟。本尊・善光寺如来の分身仏を安置する

4 日本忠霊殿
（善光寺史料館）
にほんちゅうれいでん
（ぜんこうじしりょうかん）

英霊を祀る
日本で唯一の仏式霊廟

戊辰戦争から第二次世界大戦までに犠牲となった240万余柱の英霊が祀られている霊廟。1階に併設する史料館では、什物や絵馬を展示する。

参拝の目安 ◆ 約1時間

善光寺参拝コース

1		2		3		4		5		6		7		8		9		10
仁王門	徒歩3分	山門（三門）	徒歩1分	本堂	徒歩3分	日本忠霊殿（善光寺史料館）	徒歩3分	経蔵	徒歩1分	歴代回向柱納所	徒歩3分	鐘楼・梵鐘	徒歩1分	授与品所	徒歩2分	ぬれ仏（延命地蔵）	徒歩1分	六地蔵

5 経蔵
きょうぞう
ありがたいお経を収める書庫

↑宝形造（ほうぎょうづくり）のお堂で国の重要文化財

宝暦9年（1759）の建立。仏教経典を網羅した『一切経』を収める。経蔵内の輪蔵を回すことで『一切経』を読経したのと同じ功徳が得られるという。

6 歴代回向柱納所
れきだいえこうばしらおさめじょ
御開帳のシンボルが並ぶ

過去の御開帳の際に、前立本尊と善の綱で結ばれていた歴代の回向柱が並ぶ。昭和36年（1961）から2015年までの10本がある。

↑古いものほど短く、やがて土に還る

7 鐘楼・梵鐘
しょうろう・ぼんしょう
長野五輪の開会の鐘

鐘楼は嘉永6年（1853）の建立。梵鐘は寛文7年（1667）の鋳造で、国の重要美術品に指定されている。10〜16時の毎正時に時を告げる。

↑長野冬季オリンピックの開会を告げる鐘として使われた

8 授与品所
じゅよひんじょ
多彩なお守りやおみくじ

善光寺オリジナルのお守りや恋みくじ、数珠、絵馬などがずらりと並ぶ。供養や祈祷の申込、御朱印の受付をする窓口もある。

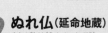
↑お守りは種類豊富。オリジナルデザインの御朱印帳も

9 ぬれ仏（延命地蔵）
ぬれぼとけ（えんめいじぞう）
悲恋物語の伝説を持つ

恋人に会うため、江戸に大火を出したという八百屋お七の霊を鎮めるため、恋人が建立したとの伝説が残る。

↑別名「八百屋お七のぬれ仏」

地図：

4 日本忠霊殿（善光寺史料館）
善光寺北
歴代回向柱納所 6
3 本堂
城山公園前 P.134 ★城山公園
経蔵 5
善光寺西
7 鐘楼・梵鐘
8 授与品所
山門（三門） 2
大勧進卍
9 ぬれ仏（延命地蔵）
10 六地蔵
善光寺下駅
仲見世通り
START&GOAL
仁王門 1
城山小前
大本願卍
参道
P.135
西方寺卍
善光寺大門（路線バス）
善光寺大門（循環バス）
権堂駅
大門西
長野駅
N
0 100m

10 六地蔵
ろくじぞう
六道に迷える人々を救う

地獄、餓鬼、畜生、修羅、人、天の6つの死後の世界で救ってくれる菩薩が並ぶ。昭和29年（1954）の再興。

↑江戸中期に作られた初代六地蔵は戦時中の金属類の供出により失われた

写真提供：善光寺

善光寺参拝コース

老舗の味わい
そば

参詣者がひと息つくための
茶屋から始まった
「門前そば」。 職人の
技と心が、旅人を癒やす。

そば処 小菅亭

そばどころこすげてい

MAP 付録P.16 B-2

老舗でいただく
香り高いそば

明治28年(1895)創業、善光寺門前の
老舗。国産の厳選粉使用の香り高い
そば。厳選されたカツオ節を惜しみ
なく使った独特の風味のだしは、そ
ばとの相性も抜群。

天ざるそば(並)
1254円
味濃く喉ごしの良い粗挽きそ
ばの小盛りと、地元で採れる
季節ごとの山菜や野菜の天ぷ
らをリーズナブルに

予約 可
予算 1000円～

☎026-232-2439
🏠長野市東之門町367
🕐11:00～15:00(LO14:30)
🈳不定休　🚃JR長野駅か
らアルピコ交通バス善光寺
線で8分、善光寺大門下車、
徒歩5分　🅿7台

↑広い座敷席では、ゆっくりくつろい
でそばを味わえる

↑善光寺からほど近く、参道の東側に
ある老舗そば屋

善光寺の参道・仲見世通り近くで信州と古刹の歴史を感じる一食を

伝統のおもてなし 門前町の味

長野駅前から善光寺までの表参道を中心に広がっているのは、信州でも有数の門前町。
古来より参詣者をもてなした味わいがここに。

←もとは呉服屋だっ
た建物を利用した店
内は、歴史と風趣を
感じさせる(左)
甘辛く煮たニシンを
のせた温かいにしん
そばもおすすめ(右)

さらしなそば
1100円
職人が店内で手打ちして
いるそばは、国産の良質
粉を使っているので喉ご
しが良く旨みがある

かどの大丸

かどのだいまる

MAP 付録P.16 B-2

店内で職人が打つ
すべて手打ちの門前の店

善光寺の境内の入口に店を構える老
舗そば屋。120余年続く店内の造りは
昔のままの趣を感じられる。1・2階に
ある広々とした席で、いち押しの「さ
らしなそば」を堪能したい。

予約
可(繁忙期
は不可)

予算
800円～

☎026-232-2502
🏠長野市大門町504　🕐9:30～16:45(LO)
🈳不定休　🚃JR長野駅からアルピコ交通バス
善光寺線で8分、善光寺大門下車すぐ　🅿7台

←表参道に面し
た店頭ではガラ
ス越しに職人に
よるそば打ちが
見られる

ヘルシーな伝統食
精進料理

季節を重んじ、
素材の味を生かして
彩りも美しく作る。伝統の
膳を宿坊でいただく。

兄部坊
このこんぼう

MAP 付録P.16 B-2

静かな癒やしの宿でいただく
心と体をきれいにする料理

宿坊の名「兄部坊」は、仏事を仕切る職位「兄部」にあったことに由来している。日常から離れ、旬野菜のやさしい食事を楽しみたいという健康志向の女性客も多いそう。

☎026-234-6677
所長野市元善町463 予約要電話予約 休不定休 交JR長野駅からアルピコ交通バス善光寺線で8分、善光寺大門下車、徒歩1分 P善光寺駐車場利用

予約	要(2名〜) 宿泊客優先
予算	L 3300円〜 D 6600円〜

季節の精進料理
3300円〜
写真は春の精進料理の例。そら豆をさや付きで焼いたものなど、季節の食材をたっぷり使って、揚げ物や茹でものなどさまざまな料理を提供

↑赤い門が印象的な、ていねいに整えられた入口 ↑季節の花が出迎える、しっとりとした趣ある玄関 ↑信州の食材で作られる、心づくしの精進料理を

精進懐石料理
昼5500円〜
季節によって内容が変わる料理は、滋味深い味わい。精進懐石のほか、コースも提供(写真はイメージ)

予約	要
予算	L 3850円〜(個人) 2750円〜(4名〜) D 7700円〜(4名〜)

↑季節の野菜を使った、精進料理(左)とお子様料理(右)の一例

常住院
じょうじゅういん

MAP 付録P.16 B-1

季節の味をお寺のおもてなしで

常住院では宿泊(1泊2食付き1万5000円〜((税別))、善光寺参拝の案内もあり)のほかに法事席や赤ちゃんの初まいり、七五三などの祝い席もできる(休止の場合もあるため要相談)。椅子とテーブルで気軽に食事ができるので、善光寺参拝の折に訪れる人が多い。

☎026-232-3090
所長野市元善町474 予約予約時に要相談 休不定休 交JR長野駅からアルピコ交通バス善光寺線で8分、善光寺大門下車、徒歩5分 P善光寺駐車場利用

↑仏間にはご本尊として、大日如来像を安置。院の名前は、「常に仏性が、我々の心の中に宿る」に由来する

参詣のあとは善光寺近くの休憩処でゆっくり

門前カフェの休息

厳粛な雰囲気に浸った参詣のあとは、善光寺界隈のカフェに立ち寄ってくつろぎの時間を過ごしたい。

⬆️レトロな雰囲気のSHINKOJI CAFÉ。壁面には明治時代の門前界隈の地図が描かれている

モダンなカフェでいただく絶品定食＆スイーツ

SHINKOJI CAFÉ
シンコウジ カフェ

MAP 付録P.16 B-2

提携農園から仕入れた野菜や手作り味噌など、こだわりの食材で作る家庭的なメニューが好評のカフェ。店内では地元作家による陶器やアクセサリーなども販売する。

⬆️夏季限定の人気スイーツ、抹茶黒蜜パフェ590円

☎026-217-0170
🏠長野市東町142-2SHINKOJI北棟1F
🕙10:00～16:30(LO) 🈺月曜、第2・5火曜 🚃JR長野駅からアルピコ交通バス善光寺線で8分、善光寺大門下車、徒歩2分 Ⓟ4台

⬆️ナッツとキャラメルアイスのワッフル550円

歴史ある重厚な建物でくつろぎの時間を過ごす

THE FUJIYA GOHONJIN
ザ フジヤ ゴホンジン

MAP 付録P.16 B-2

大正ロマンあふれる建物は国の登録有形文化財、江戸初期に創業した老舗。善光寺参拝後は、クラシカルな趣のラウンジでスイーツやドリンクを楽しみたい。

⬆️善光寺にほど近い立地

☎026-232-1241
🏠長野市大門町80 🕙11:00～14:00(LO) 17:30～21:00 🈺無休 🚃JR長野駅からアルピコ交通バス善光寺線で8分、善光寺大門下車すぐ Ⓟ提携駐車場利用

⬆️ソファ席もあり、ゆったりした雰囲気で食事ができる

藤屋りんごパイ 900円
酸味と甘みがバランス良く引き立つアップルパイにアイスクリームを添えて

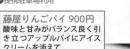

本日のランチ 880円
栄養バランスも考えられた彩り豊かな日替わりランチ。メインは肉、魚、カレーライスから選べる

⬆️古い建物をリノベーションしたカフェ。店内では雑貨などの販売も

旅人の心をつかむ善光寺みやげ

古来、多くの商店や問屋が軒を連ねた善光寺の表参道。往時の旅人たちも、参詣帰りのおみやげを吟味したことだろう。

焙煎一味缶

焙煎一味缶
厳選した国産唐辛子を使用。素材の甘みや香りが生きるよう焙煎することで、食欲をそそる痛快な辛さに
594円(12g)

ゆず七味缶
「七味唐からし」に加えたゆずの香りがひと振りで広がり、おいしさがいっそう際立つ
713円(12g)

深煎七味缶
じっくり焙煎した白ごまを加え、仕上げに青のりとゆずで香りを調整。香辛ともにバランス良好
788円(14g)

七味唐からし缶
秘伝の調合で香りのなかに辛さが引き立つ。大正時代から続く赤金のブリキ缶のデザインも人気が高い
432円(14g)

福ぐるみ
一口ようかんの上にクルミをのせた、やさしい甘さの一品
11粒入り1袋440円

杏の実
杏と砂糖で練り上げた甘酸っぱいお菓子
1袋440円(120g)

信州銘菓みのり
求肥のくるみ餅にこがしきな粉をまぶしてあるお菓子
2個入り1袋170円

玉だれ杏
長野風月堂の定番商品。杏蜜を白玉の求肥でくるんだもの
6個入り993円

善光寺 九九福(くくふく)
国産花豆入りの餡にシナモン、ジンジャーを練り込んだ善光寺御公許品
6個入り810円

まるごと林檎紅茶バウムクーヘン
シロップ漬けのりんごを紅茶葉入りのバウムクーヘンで包んだお菓子
2120円

花童子
もちもちゆべしにたっぷりのクルミ入り。長年愛されている善光寺御公許品
5個入り842円
10個入り1670円

定番の七味缶をはじめ種類も豊富

Ⓐ 根元 八幡屋礒五郎
こんげん やわたやいそごろう
MAP 付録P.16 B-2
280余年もの歴史を持つ七味唐辛子の老舗・八幡屋礒五郎の本店。昭和27年(1952)に大門町に店を構えた。
☎026-232-8277
🏠長野市大門町83
🕘9:00〜18:30
休無休 交JR長野駅からアルピコ交通バス善光寺線で8分、善光寺大門下車、徒歩1分 🅿なし

伝統ある老舗が届ける銘菓

Ⓑ 長野風月堂
ながのふうげつどう
MAP 付録P.16 B-2
明治19年(1886)創業。表参道通りに面しており、善光寺散策がてら、玉だれ杏目当てに立ち寄る人も多い。
☎026-232-2068
(FAX)026-234-2078
🏠長野市大門町510
🕘9:00〜18:00 休無休 交JR長野駅からアルピコ交通バス善光寺線で8分、善光寺大門下車すぐ 🅿なし

旬の素材を味と美しさにこだわって

Ⓒ 九九や旬粋
くくやしゅんすい
MAP 付録P.16 B-1
善光寺山門正面の仲見世通りにあり、御公許品や和洋菓子、地酒が揃う。テイクアウトのクレープも人気。
☎026-235-5557
🏠長野市元善町486
🕘9:00〜17:00(変動あり) 休無休 交JR長野駅からアルピコ交通バス善光寺線で8分、善光寺大門下車、徒歩5分 🅿なし

門前カフェ 善光寺みやげ

長野駅周辺

ながのえきしゅうへん

古くから善光寺の参拝者で人通りの絶えなかった長野市。北陸新幹線の開通で新旧のスポットが賑わいをみせている。

市内有数の桜の名所として知られる城山公園

長野・善光寺 ● 長野駅周辺

美しい山々に抱かれた
信仰と文化の交わる門前町

　善光寺の門前町として栄え、江戸時代には北国街道の宿場町として賑わった歴史ある街。今も参拝者のための宿坊が門前に39寺あるなど、かつての面影が息づいている。レストランやカフェが立ち並ぶ華やかな表参道、日本画の巨匠・東山魁夷（ひがしやまかいい）の世界最大コレクションを誇る長野県信濃美術館など見どころも多く、整備された駅周辺にも注目したい。

⤴ MIDORI長野周辺は注目のスポットだ

城山公園

じょうやまこうえん

善光寺周辺 **MAP** 付録P.16 C-1

大正天皇の御慶事記念に
開設した長野市最古の公園

善光寺の東隣に広がる、明治33年（1900）に開設された長野市民の憩いの場。園内には約470本の桜が植えられ、桜の名所としても有名。また動物園や美術館などもあり、散策が楽しい。

⤴ 2021年4月にオープンした長野県立美術館（旧長野県信濃美術館）では、展覧会だけでなく無料ゾーンも楽しむことができる。東山魁夷館も併設

☎ 026-223-3911（城山公園管理事務所）
所 長野市箱清水1-7-1　開休料 入園自由　交 JR長野駅からアルピコ交通バス・宇木行き／若槻東条行きで12分、善光寺北下車すぐ　P 437台

⤴ 広々とした芝生広場（ふれあい広場）には遊具もあり、市民の憩いの場となっている

ぱてぃお大門 蔵楽庭
ぱてぃおだいもん くらにわ

古くから紙屋、下駄屋、金物屋など
が並ぶ門前町の土蔵や町家を再活
用して誕生した複合施設。15棟の
建物に飲食店やクラフト雑貨店など
が軒を連ねている。

長野駅周辺 **MAP** 付録P.16 B-2

☎ 026-238-1717 　所 長野市長野大門町55
営 店舗により異なる　交 JR長野駅からア
ルピコ交通バス善光寺線で8分、善光寺大門
下車すぐ　P 49台

⤴ 明治初期の茶室や楼閣
なども再生され、かつて
の門前町の賑わいを彷彿
とさせる

⤴ 蔵に囲まれた中庭
は人気の休憩スペー
ス。イベントが開催
されることもある

MIDORI 長野
ミドリながの

JR長野駅に直結するショッピングセ
ンター。信州のこだわりの2階みやげ
物ゾーン、3階レストランゾーンのほ
か、4階ハンズでは信州発の商品も
手に入る。

長野駅周辺 **MAP** 付録P.16 B-4

☎ 026-224-1515 　所 長野市南千歳1-22-6
営 10:00～20:00(店舗により異なる)
休 不定休　交 JR長野駅直結
P JR長野駅立体駐車場利用

⤴ 改札を出るとすぐ自由
通路の両側に店舗が並ぶ

⤴ 旅の帰りにじっくり
おみやげを選ぶのもよい

⤴ 地下1階、地上5階
建ての和モダンなイ
メージで長野の新し
い顔になった駅ビル

⤴ 正治元年(1199)の創建と伝えられる

西方寺
さいほうじ

善光寺周辺 **MAP** 付録P.16 B-2

眩いほどに輝くチベット大仏の
立体曼荼羅の世界を体感する

善光寺焼失の際には仮本堂となって
いた由緒ある古刹。小林一茶が詠
んだ句も残る。二尊堂にはダライ・
ラマ14世の開眼法要によるチベット
大仏が安置されている。

☎ 026-237-2707　所 長野市長野西町1019
営 8:00～17:00(解説希望の場合は要予約)
休 無休　料 拝観無料　交 JR長野駅からアル
ピコ交通バス善光寺線で8分、善光寺大門下
車、徒歩3分　P 20台

⤴ 立体曼荼羅二尊極楽堂に鎮座するチベッ
ト大仏。四方に菩薩、天井に曼荼羅が描か
れている

北斎が彩る江戸情緒と栗菓子の甘い香りが漂う

小布施
おぶせ

浮世絵師・葛飾北斎が晩年を過ごし、600年にわたり栗の名産地として知られる小布施。アートと栗を、心ゆくまで堪能したい。

注目ポイント

栗の小径
北斎館から髙井鴻山記念館の裏を通る、黒板塀に囲まれた小布施を象徴する小径。栗材が敷かれ散策の足にもやさしい。

写真提供：
信州・長野県観光協会

白壁と黒板塀の蔵が連なる歴史と芸術を巡る散歩道

江戸幕府御用達の栗の産地として知られ、北信濃の経済と文化の中心地でもあった小布施。晩年この地に滞在し、多くの作品を残した北斎。小布施の彩り豊かな歴史は、今もなお訪れる者の心を躍らせる。

ACCESS

列車 長野電鉄・長野駅から長野線特急で23分
車 長野から県道58・347・343号経由で17km

縦書き：長野・善光寺 ● 周辺の街とスポット

北斎館
ほくさいかん
MAP 付録P.17 D-2

鮮やかな肉筆画が見られる
晩年に数回小布施を訪れたといわれる北斎の作品を収蔵・展示。肉筆画の掛軸や版画、版本、祭屋台の天井絵など鮮烈さが光る。
☎026-247-5206 ⑰小布施町小布施485 ⑬9:00〜17:00 ⑭無休 ⑭1000円 ⑰長野電鉄・小布施駅から徒歩12分 ⑰49台

髙井鴻山記念館
たかいこうざんきねんかん
MAP 付録P.17 D-2

北斎など文人墨客らが集った邸宅
芸術や学問を愛した豪商鴻山。鴻山の遺墨・遺品などを展示している。

↑髙井鴻山筆『象と唐人図』四曲屏風

☎026-247-4049 ⑰小布施町小布施805-1 ⑬9:00〜17:00 ⑭展示替え日 ⑭300円 ⑰長野電鉄・小布施駅から徒歩10分 ⑰5台

岩松院
がんしょういん
MAP 付録P.17 F-1

見どころ満載の古刹
北斎の天井画『八方睨み鳳凰図』や小林一茶が「痩せ蛙まけるな一茶是にあり」の句を詠んだという池、戦国武将・福島正則の霊廟などが残る。
☎026-247-5504 ⑰小布施町雁田615 ⑬9:00〜16:30(11月は〜16:00)12〜3月9:30〜15:30 ⑭法要日(HP参照) ⑭500円 ⑰長野電鉄・小布施駅から徒歩30分 ⑰20台

→本堂の21畳敷の天井に描かれた『八方睨み鳳凰図』。極彩色の迫力ある画は見事

↑北斎の描いた天井絵をもつ祭屋台は、江戸の粋を伝えている

「小布施の栗」をスイーツで

桜井甘精堂 本店
さくらいかんせいどう ほんてん

文化5年(1808)に初祖が栗落雁を作って以来200余年、伝統の栗菓子を生み出してきた老舗。美術館も併設。
MAP 付録P.17 D-2
☎026-247-1088 ⑰小布施町小布施774 ⑬8:30〜17:00 ⑭無休 ⑰長野電鉄・小布施駅から徒歩7分 ⑰5台

↑純栗ようかん
1本300g1491円

小布施堂本店
おぶせどうほんてん

明治後期創業の栗菓子店。伝統の栗鹿ノ子から季節ごとの生栗菓子まで取り揃えている。
MAP 付録P.17 D-2 270g1728円
☎026-247-2027 ⑰小布施町小布施808 ⑬9:00〜17:00、喫茶10:00〜16:00(LO)、食事11:00〜15:00(LO) ⑭無休 ⑰長野電鉄・小布施駅から徒歩10分 ⑰5台

↑栗鹿ノ子

都住駅
小布施総合案内所
長野電鉄長野線
小布施駅
長野駅
桜井甘精堂 本店
おぶせミュージアム中島千波館
古陶磁コレクション「了庵」
小布施町役場
中町
中町南
小さな栗の木美術館
盆栽美術館大観
北斎館入口
岩松院入口
中松中央
岩松院入口
花公園
フローラルガーデンおぶせ
フローラルガーデン前
日本のあかり博物館
403
栗の小径
北斎館
髙井鴻山記念館
小布施堂本店
浄光寺前
浄光寺
駐車場
岩松院
0 300m

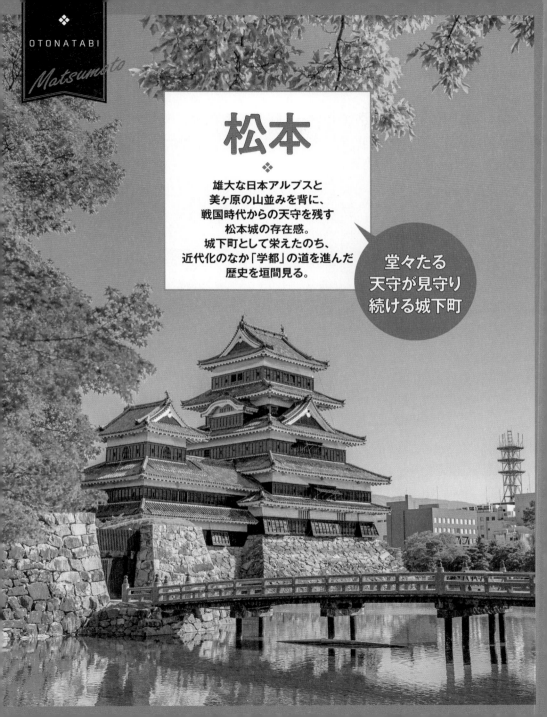

松本

❖

雄大な日本アルプスと
美ヶ原の山並みを背に、
戦国時代からの天守を残す
松本城の存在感。
城下町として栄えたのち、
近代化のなか「学都」の道を進んだ
歴史を垣間見る。

堂々たる
天守が見守り
続ける城下町

エリアと観光のポイント

松本はこんなところです

最大のシンボルである国宝・松本城のほか、城下町や学都の歴史にふさわしい
見どころがあふれる。レトロな雰囲気の中町通りや縄手通りを歩くのも楽しい。

安曇野IC　篠ノ井駅

147　254　芥子望主山　上田

浅間温泉　美鈴湖

美ヶ原温泉

左図

大糸線　北松本駅　松本駅

松本IC　アルピコ交通

白骨温泉　長野自動車道　南松本駅

塩尻IC　塩尻駅　中山　美ヶ原　67

塩釜神社

市中央図書館

長野県宝松本市旧司祭館

★国宝 旧開智学校校舎

蟻ヶ崎

開智小

松本蟻ヶ崎高

大手周辺

松本城西　松本神社前

市役所北　深志橋

松本城

松本市役所

浅間温泉

巴町　大手1

東町通り

松本城

松本城南

今町通り

大名町通り

大名町通り

143

篠ノ井駅 豊科駅

四柱神社

今町通り

千歳橋　縄手通り

松本市時計博物館

中町通り・縄手通り

Mウイング（中央公民館）

中町通り

中央1

伊勢町通り　中央2

東部交番

松本駅周辺

大橋通り南

国府町

松本市美術館　旧松本高等学校

あがたの森通り

403　深志2　深志3　市芸術館前　63

松本駅　駅前

市民芸術館前

松本秀峰中

アルピコ交通　松本バスターミナルビル

深志神社

63

本町通り

まつもと市民芸術館

西松本駅　南松本駅　駅前記念公園

松本城は五重天守が現存

大手周辺
おおてしゅうへん

地元の人々からも愛されるシンボル・松本城は必訪のスポット。貴重な現存天守に入場して見学するとともに、庭園内も散策してみたい。

観光の
ポイント 松本城 P.140

↑独特の建築様式が魅力の国宝 旧開智学校校舎

松本観光の起点となるエリア

松本駅周辺
まつもとえきしゅうへん

駅近くにはグルメの名店やホテルが充実。駅前大通り(あがたの森通り)を東に進むと、城下町を守る神社や美術館などの見どころがある。

観光の
ポイント 深志神社 P.142
松本市美術館 P.142

風情あるメインストリート

中町通り・縄手通り
なかまちどおり・なわてどおり

街の中心部を東西に流れる女鳥羽川(めとばがわ)を挟み並行する2つの商店街。城下町らしい街並みやレトロな雰囲気を楽しみながらおみやげ探しを。

観光の
ポイント 中町通り・縄手通り P.148

周辺の温泉

浅間温泉 ➡P.150
あさまおんせん

松本市街中心部から北へ5kmとほど近い、松本藩の御殿湯のひとつだった歴史ある温泉。温泉街らしい街並みに情緒があふれる。

写真提供:
信州・長野県観光協会

美ヶ原温泉 ➡P.152
うつくしがはらおんせん

松本市街中心部から東へ5km、標高800mの山麓に広がる松本藩の御殿湯のひとつ。落ち着きのある雰囲気で人気の保養地。

写真提供:
信州・長野県観光協会

(交通information)

松本の移動手段

JR松本駅を起点として市内中心部を巡るアルピコ交通の周遊バス「タウンスニーカー」は観光にぜひ活用したい(1乗車150円〜、1日乗車券500円)。郊外の温泉地へは駅から路線バスが出ている。

周辺エリアとのアクセス

鉄道

JR軽井沢駅
↓しなの鉄道で50分/北陸新幹線で18分
JR上田駅
↓北陸新幹線で11分
JR長野駅
↓JR特急で8分/
JR篠ノ井線(または
しなの鉄道)で13分
JR篠ノ井駅
↓JR特急で43分/JR篠ノ井線で58分
JR松本駅

しなの
鉄道で
27分

車

碓氷軽井沢IC
↓上信越道経由45km
上田菅平IC
↓上信越道
経由28km
長野IC
↓上信越道・
長野道経
由7km

上信越道・
長野道
経由23km

更埴IC
↓長野道経由49km
松本IC
↓国道143号経由
5km
浅間温泉

軽井沢
↓国道18号、
県道79・
80号、
国道254・
152号
など経由
75km

松本
↓県道67・284号
経由5km
美ヶ原温泉

問い合わせ先

観光案内
松本市観光情報センター ☎0263-34-3295
松本市観光案内所 ☎0263-32-2814
松本観光
コンベンション協会 ☎0263-34-3295
浅間温泉観光協会 ☎0263-46-1800
美ヶ原温泉旅館協同組合 ☎0263-33-2353
交通
アルピコ交通松本バスターミナル
☎0263-32-0910

松本はこんなところです

139

歴史・文化の名残が色濃く漂う城下町

松本 まつもと

黒と白の対比が美しい国宝・松本城。
城郭を中心として広がる城下町には、
四季を通じて数多くの観光客が訪れる。

大天守 だいてんしゅ
戦国時代末期に築造され、敵から領国を守る役割をもった5重6階の強固な造り

辰巳附櫓 たつみつけやぐら
泰平の世になって造られた櫓のため、敵を撃退する石落は見られない

月見櫓 つきみやぐら
善光寺に参詣する徳川家光を迎え入れる予定で増築された。三方の戸を外すと吹き通しになる

渡櫓 わたりやぐら
地階つきの2階建て構造。大天守と乾小天守をつなぐ天然木の梁が見どころ

埋橋越しに望む松本城
天守。背後には美ヶ原
の山々が広がっている

歴史にふれる街歩き
旧城下町のレトロタウン

　400年以上の歴史を誇る松本城。その城下町は南北に長く広がり、街の中央を流れる女鳥羽川によって南北に分けられる。北側は松本城と武家屋敷、南側は町人の町として発展してきた歴史を持ち、戦火を免れたことから歴史的建造物が多く現存する。北アルプスや美ヶ原高原などの雄大な自然景観に囲まれ、随所に湧水スポットが点在している。

戦国末期と平和な時代の調和が見事

松本城 まつもとじょう

現存する5重6階の天守では
日本最古の国宝の城

　天守は文禄2年(1593)頃、石川氏の時代に築造された。山城が主であった戦国時代にあって珍しい平城であり、犬山城、彦根城、姫路城、松江城とともに国宝に指定されている国内有数の名城である。

注目ポイント

おもてなし隊
松本城では松本藩三代藩主・小笠原秀政や正室・登久姫、鎧武者や忍者に扮する「おもてなし隊」が記念撮影に協力してくれる。

大手周辺 **MAP** 付録P.19D-2
☎0263-32-2902 所松本市丸の内4-1
時8:30〜17:00(入場は〜16:30) 休無休 料700円
交JR松本駅から徒歩20分／アルピコ交通バス・タウンスニーカー北コースで8分、松本城・市役所前下車すぐ P110台(有料)

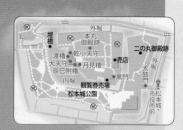

大天守内を見学しよう

1F ↩鯱瓦や天守の壁など、昭和修理で取り替えられた資料を展示している

2F ↩火縄銃の仕組みや兵装品の一部を公開している松本城鉄砲蔵の展示

3F ↩二重目の屋根裏に位置する暗闇階。倉庫や避難所とされた

4F ↩戦時に城主が座を構える御座所。城内で最も急な61度の階段がある

5F ↩武者窓から全方角が見渡せ、重臣らが集まったとされる作戦会議室

6F ↩天守最上階からは、松本市街と北アルプスの山々を一望できる

乾小天守
いぬいこてんしゅ

天守の右側(北側)に位置する3重4階の構造。渡櫓で天守とつながっている

太鼓門
たいこもん

門には鐘や太鼓を備えた太鼓楼があり、家臣に時間や情報を伝える役割を果たしていたといわれている

本丸御殿跡
ほんまるごてんあと

本丸庭園内の瓦で仕切られた部分。城主の居館として建設された

黒門
くろもん

本丸御殿への正式な門として、当時の最高色調である黒の名を冠した

国宝 旧開智学校校舎

松本城

P.145 松本民芸館 ★

松本城・市役所前
○松本市役所
市役所口 †片端

松本市観光情報センター ⓘ
現代

P.149 四柱神社
★縄手通り P.148
★中町通り P.148
★松本民芸家具 中央民芸ショールーム P.145

旧松本高等学校

松本市美術館

深志神社

国宝 旧開智学校校舎

こくほうきゅうかいちがっこうこうしゃ

大手周辺 **MAP** 付録P.19 D-1

明治時代初期に建てられた擬洋風建築の代表作

現存する校舎は明治9年（1876）に建てられたもので、約90年にわたり使用された明治時代初期の小学校校舎。近代学校建築として国宝指定第1号でもある。

☎0263-32-5725 ㊟松本市開智2-4-12 ㊐9:00〜17:00（入館は〜16:30）※変更の場合あり ㊡第3月曜、12〜3月の月曜（祝日の場合は翌日）㊋400円 ㊞JR松本駅から徒歩25分／アルピコ交通バス・タウンスニーカー北コースで17分、旧開智学校下車、徒歩1分 ㋟20台

↑和風と洋風のデザインが混在する擬洋風建築

※2024年秋まで耐震工事のため休館

↑現在は教育博物館として約11万点の教育資料が保存されている

旧松本高等学校

きゅうまつもとこうとうがっこう

松本郊外 **MAP** 付録P.18 B-2

ヒマラヤ杉に囲まれた学び舎は歴史的にも貴重な学校建築

大正8年（1919）に開校した旧制松本高等学校の校舎として建てられ、現在はあがたの森文化会館として使用されている。

☎0263-32-1812（あがたの森文化会館）㊟松本市県3-1-1 ㊐9:00〜22:00（日曜は〜17:00）、記念館9:00〜17:00（最終入館16:30）㊡月曜、祝日（月・日曜以外）、月曜が祝日および振替休日の場合は月・火曜休、記念館は祝日開館）㊋入館無料（記念館310円）㊞JR松本駅から徒歩20分／松本周遊バス・タウンスニーカー東コースで13分、旧松本高校下車すぐ ㋟あり

↑教科書など松高ゆかりの資料を展示した記念館

↑保存状態が良く、国の重要文化財に指定

↑卒業生である北杜夫の『どくとるマンボウ青春記』の舞台としても有名

深志神社

ふかしじんじゃ

松本駅周辺 **MAP** 付録P.19 E-4

城下町と歴史をともにする地域の守り神として鎮座

創建は700年程前。松本城の城下町形成とともに信仰を集め、「深志の天神さま」と親しまれてきた。毎年7月の天神祭は松本に夏の訪れを告げる風物詩となっている。

↑鮮やかな朱色の鳥居をくぐると、境内は厳かな空気に包まれる

☎0263-32-1214 ㊟松本市深志3-7-43 ㊡㊋㊐参拝自由 ㊞JR松本駅から徒歩11分 ㋟70台

↑朱塗りの荘厳な本殿は2002年の記念事業により全面的に改修されたもの

松本市美術館

まつもとしびじゅつかん

松本駅周辺 **MAP** 付録P.19 F-4

郷土出身芸術家の名作地域に開かれた美術館

鑑賞・表現・学習・交流の4つを柱としており、松本出身の芸術家・草間彌生や書家の上條信山の常設展示のほか、市民アトリエや多目的ホールなど市民に広く利用されている。

↑歴史都市松本の「町並み修景」に寄与した宮本忠長による設計

☎0263-39-7400 ㊟松本市中央4-2-22 ㊐9:00〜17:00（入場は〜16:30）㊡月曜（祝日の場合は翌日）㊋410円（企画展は別料金）㊞JR松本駅から徒歩12分 ㋟67台

↑美術館の前には草間彌生の巨大野外彫刻作品『幻の華』（2002年）を展示している

歴史

白漆喰と黒漆塗りの天守が美しい松本城の下で栄えてきた

城下町・松本の歴史

戦国の謀反や離反、調略が渦巻く時代を耐え、深志城は松本城と名を改め、400年の歳月を刻む。「学都」と呼ばれる松本市内には旧開智学校校舎をはじめ、いくつもの歴史的建造物が見られる。

「松本」の地名は松本城とともに

松本エリアの歴史は古く、すでに旧石器時代には人の活動が認められ、縄文・弥生時代の遺跡も多く残っている。松本市並柳にある弘法山古墳は東日本最古級の前方後方墳とされ、律令時代には信濃国の国府が置かれた。鎌倉幕府が倒れると、信濃の守護は小笠原氏となるが、戦国時代に甲斐の武田信玄が信濃に侵攻、小笠原の軍勢は敗走し、武田勢は松本城の前身とされる深志城を本拠地とした。武田氏が滅びると小笠原貞慶が深志城を奪還し、深志を松本と改め、これが地名ともなった。貞慶は城下町と城郭の整備に取り組むが、天正18年(1590)に徳川家康の関東転封に伴って古河に移された。代わりに豊臣秀吉によって石川数正が松本に入封し、松本城天守などの建造が進められた。松本城主は以後、6家23人がその任についた。明治になると新政府の「城郭破却令」により、明治5年(1872)に松本城天守は競売にかけられ取り壊されることになったが、地元有力者らが買い戻しに成功。同36年(1903)から大正にかけての大修理が実施されるなど存続の危機を乗り越え、昭和の大修理を経て天守の姿が保存されている。

↑中町通りのなまこ壁の建物に城下町風情が色濃く残る

松本城 ○P.140

現存する天守12城のひとつで、天守は国宝に指定。北アルプスを借景にそびえる堂々とした五重六階の姿は、松本の象徴として名高い。

↑貴重な文化遺産である松本城天守

←明治維新後、人々が知識を広げる機会とするために開かれた筑摩県博覧会の錦絵(日本銀行金融研究所・貨幣博物館所蔵)。収益を用いて天守を買い戻したといわれている

明治になると文明開化の波が到来

明治時代に入ると最後の松本城主・戸田光則は松本藩知事となり、明治4年(1871)に廃藩置県によって松本県となる。維新以降の松本エリアの町村はいくつもの合併や分離を繰り返しながら、同40年(1907)には松本町は松本市となった。松本の文明開化を代表するものとして旧開智学校校舎(国指定重要文化財)がある。明治9年(1876)に松本の大工の棟梁・立石清重が設計・施行し、昭和38年(1963)まで使用された。「学都」と称される松本を象徴する擬洋風建築の校舎だ。大正8年(1919)に設置された旧松本高等学校もその本館の一部と講堂が重要文化財に指定されている貴重な洋風建造物だ。卒業生である作家・北杜夫は、随筆『どくとるマンボウ青春記』で本校での日々をユーモアたっぷりに描いた。

↑日本の学校建築を代表する開智学校校舎(左)と、旧松本高等学校(右)
写真提供:信州・長野県観光協会

和家具産業から民芸が発展

16世紀後半の安土桃山時代、深志城は松本城と改名されたが、この頃から城郭や天守、城下町の整備を進めるために多くの優秀な職人が松本に集められ、やがて彼らの技術を生かした和家具の産地として発展していく。大正時代末期には日本でも有数の生産高を誇ったが、第二次世界大戦により衰退してしまう。この惨状を目にした民芸運動の推進者・柳宗悦や河井寛次郎、バーナード・リーチらの助言や指導により「松本家具」は再生し、昭和23年(1948)に松本民芸家具が創業。同51年(1976)には当時の通産省によって「伝統工芸品」の指定を受けた。現在も職人による伝統的な和家具の高度な技術を駆使し、美しい和風洋家具として多くの人々を魅了している。

↑魅力的な家具が並ぶ松本民芸家具 中央民芸ショールーム(P.145)

クラシカルな優美さに誘われて
ツタに覆われた美しき古典世界

レストラン鯛萬

レストランたいまん

大手周辺 **MAP** 付録P.19 D-3

独特の風格と洗練された雰囲気がどこをとっても絵になるフレンチの名店。高い天井、窓から見える庭、咲き誇る花々が感じさせてくれる静かな贅沢。特別な日を演出したいときに。

☎0263-32-0882
所松本市大手4-2-4 営11:30～14:00 17:00～21:00(LO20:00) 休水曜 交JR松本駅から徒歩15分 P10台

1.1階メインダイニング。店内には重厚ながらもつろげる空間が広がる
2.クラシック音楽が静かに流れる店内は、民芸家具がよく似合う
3.「ドンブ産うずらのロティー」はランチA(6050円)のメイン

レトロなダイニング&カフェ

古き良き食卓への憧憬
しょうけい

60年前から文化保存の気運が高かった街は今もなお、芸術家らに愛されている。懐古調空間に足を踏み入れれば、そこは粋な大人が時間を忘れて楽しむ空間。

気取らなさと懐かしさが魅力
空腹時にうれしいサービス精神

民芸レストラン 盛よし
by onion

みんげいレストランもりよしばいおにおん

松本駅周辺 **MAP** 付録P.19 D-4

地元の人に50年以上愛される洋食店。一度は閉店したものの、2023年8月に復活。ノスタルジックな店内はそのままに、営業当時のレシピを受け継ぎ、変わらない味を提供している。

☎0263-75-7042
所松本市深志2-1-21 国府ビル1F 営11:30～15:00 17:30～21:30 休火曜 交JR松本駅から徒歩3分 Pなし

1.里帰りに必ず立ち寄る人もいるほど世代を超えたファン多数
2.空腹時はこれ。海老フライとカニコロッケとチーズハンバーグセット1925円
3.海老フライとカニコロッケ定食1650円も大満足なこのボリューム

珈琲まるも
時空を超えたヴィンテージ空間
ゆっくり思索に耽りたいときに
こーひーまるも
中町通り周辺 **MAP** 付録P.19 E-3

松本民芸家具の創設者が手がけた旅館の一部を茶房として一般に開放。明治21年(1888)築の蔵造りの館を飾るシックな調度品と品の良いクラシックで、しばしのタイムトリップ。

☎0263-32-0115
所松本市中央3-3-10 営9:00～16:00
休月・火曜 交JR松本駅から徒歩12分
Pなし

1. 松本の著名な木工家・池田三四郎が設計。民俗研究家・柳宗悦からも空間の美学を賛美された
2. 朝8時には芳醇な珈琲の香りが広がり始める
3. ホームメイドレアチーズはさっぱりして美味
4. 「まるも旅館」の1階部分が茶房になっている

しづか
ほっこり田舎感が懐かしい風情
手仕事料理にお腹も心も温まる
大手周辺 **MAP** 付録P.19 E-2

やさしい笑顔と割烹着で出迎えてくれる女将さんに「帰ってきたよ」と言いたくなる、日本情緒たっぷりの空間。地元の人情が詰まった和み系居酒屋は郷土料理も幅広く揃う。

☎0263-32-0547
所松本市大手4-10-8 営12:00～22:00
(LO21:00、ランチ～14:00) 休日曜、祝日 交JR松本駅から徒歩15分 P9台

1. 松本の庶民的グルメ「山賊焼」はぜひ試したい一品
2. 川魚料理も豊富。これは信州サーモンの押し寿司
3. おでんと焼鳥に始まった店は「おばあちゃんの家に帰ってきた」ような懐かしさ
4. 店の中央に置かれた囲炉裏が独特の風情を醸し出す

民芸の心が息づく街・松本

松本の飲食店でレトロ感の演出に一役買っているのが、民芸家具や調度品の数々だ。民芸の魅力にふれてみよう。

和と洋が融合したオリジナル家具
松本民芸家具
中央民芸ショールーム
まつもとみんげいかぐ ちゅうおうみんげいショールーム

熟練の職人たちが作り出す松本民芸家具の製品約400点を展示。その場でオーダーも可能。ここでしか手に入らない民芸小物はおみやげに最適。

↑歴史的景観の中町通りでもひときわ目を引くなまこ壁の蔵造り

中町通り周辺
MAP 付録P.19 E-3
☎0263-33-5760 所松本市中央3-2-12
営9:30～18:00 休無休 交JR松本駅から徒歩10分 Pなし

↓8回の漆塗りを施した家具は独特の艶がある

民芸品約1000点を常設展示
松本民芸館
まつもとみんげいかん

民芸研究家・丸山太郎の開設。国内外の日常の暮らしで使用されてきた美しい民芸の品々、陶磁器や木工品、染織品などを収蔵している。

↑丸山氏が収集品とともに市に寄贈した土蔵造りの建物や庭園も美しい

松本郊外 **MAP** 付録P.18 B-2
☎0263-33-1569 所松本市里山辺1313-1
営9:00～17:00(入館は～16:30) 休月曜(祝日の場合は翌平日) 料310円 交JR松本駅からアルピコ交通バス・美ヶ原温泉線で15分、松本民芸館下車、徒歩3分 P20台

↓世界の民芸品が配されている

古き良き食卓への憧憬

舌の肥えた文化人が闊歩していた街は食文化も百花繚乱

街の誇りを食す

「文化を大切にする街は、味にもうるさい」
そんな通説どおりのこだわりの店が軒を連ねる。
大地が育んだ食材を、心ゆくまで賞味あれ。

松本が誇る郷土の味

馬肉料理

古来この地方で輸送や
農耕に不可欠だった馬。
生活に深く入り込んだ肉は、
中信地方の顔。

松本 ● 食べる

馬肉バル 新三よし

ばにくバル しんみよし

松本駅周辺 **MAP** 付録P.19 D-4

約120年の歴史に風格漂う
90品目の馬肉料理を扱う老舗

創業明治32年（1899）、馬肉料理を中心に幅の広いメニューが揃う老舗。郷土色あふれる店内は常時満席。桜肉をまるごと堪能したければ、1日20食限定の桜づくしコース4950円を。

☎ 0263-39-0141
🏠 松本市中央1-7-17毛利ビル1-2F ⏰ 11:30〜14:00
（LO13:30）17:00〜22:00
（LO21:30） 🈳無休 🚃JR
松本駅から徒歩7分 🅿なし

予約 可
予算
Ⓛ1000円〜
Ⓓ3500円〜

オリジナルさくら鍋
1人前2970円
1人前から提供してくれるお鍋は、同じく長野が名産のおろしリンゴと生卵で。絶妙なハーモニーがお肉の甘みを引き立ててくれる。写真は2人前

さくら刺五種盛り
（S）2200円、（M）3630円
赤身、霜降り、たてがみ、ハツ、レバーの5種。たてがみとは脂肪分とゼラチンでできた、馬肉特有の真っ白な部位のこと

⤴馬肉しゃぶしゃぶ目当てに、県外からも多くの人が訪れる

⤴馬蹄や馬のオブジェ、絵画などが飾られた店内は、ちょっとした博物館のような風情

⤴2階には落ち着いて食べられる半個室の席もある

⤴1階はカウンター席にボックス席、座敷席と多彩

146

地元産にこだわった そば

そば店が100軒以上点在する激戦区・松本。粉の産地にまでこだわる店主の語りも醍醐味だ。

↑ NHK連続テレビ小説『おひさま』の「丸庵」はこのお店がモデル

こばやし本店

こばやしほんてん

大手周辺 **MAP** 付録P.19 D-3

皇族も訪れた風情あるそば店は二八の味覚を守る「伝承のそば」

明治から伝わる職人技を守り抜いた味は、年配層を中心にファンが多い。わさびは安曇野産、醤油は地元松本の大久保醸造謹製。四柱神社境内の新緑や紅葉を眺めながらいただける。

☎0263-32-1298 予約 可 予算 1300円〜
所松本市大手3-3-20 四柱神社境内
営11:00〜18:00
休木曜 交JR松本駅から徒歩10分
Pなし

ざるそば 1430円
つゆは地元謹製甘露醤油と、薩摩の肉厚カツオ、利尻の最上級昆布をオリジナルでブレンド。自分でおろす本わさびの香りが格別

↑わさびは安曇野穂高の契約農家から毎日直送される新鮮なもの

↑そばが見えないほど大きな具材がたっぷり入った、志っぽくそば 1980円

↑地元産玄そばから製麺された干しそばはつゆとセットで贈答用に (1814円)

三重そば
みかさね
1485円
「海苔」「抹茶」「とろろ」の3つの味を楽しめる不動の看板メニュー。とろろ＋ゴマとクルミの薬味は店主考案のオリジナル

↑毎日店内の石臼で、地元寿・内田地区産の粉を挽く

↑松本民芸家具で統一された空間は、しっとりと落ち着ける雰囲気

女鳥羽そば

めとばそば

中町通り周辺 **MAP** 付録P.19 E-3

店内の石臼で毎日挽く新鮮な粉風味のたつそばを3種の味で

女鳥羽川のほとりにある、和モダンな蔵造りの店。市内産の玄そばを毎朝店内で自家挽きにして使用。塩分糖分控えめ、天然素材のみのつゆも、店主の来客を思いやる気持ちの賜物。

☎0263-35-8502 予約 可 予算 1300円〜
所松本市中央3-4-8
営11:00〜17:00(土・日曜は〜19:00) 休水曜、第3火曜
交JR松本駅から徒歩12分
P7台

↑2014年改装のなまこ壁の店舗

城下町風情が感じられる蔵が特徴の中町通り

どこか懐かしいレトロな雰囲気の縄手通り

城下町の面影残る小路で買い物&食べ歩き

中町通り・縄手通り

なかまちどおり・なわてどおり

女鳥羽川を挟んで東西に延びる趣の異なる2つの小路。
伝統工芸店や地元グルメの店が軒を連ねる風情ある通りを歩きたい。

なまこ壁の商家の街並みと
下町情緒漂う商店街

　本町通りと大橋通りを結ぶ中町通りは、酒蔵や呉服などの問屋で栄えた歴史を持つ。商人らの知恵で火災に強いなまこ壁の土蔵が造られた。縄のように長い土手というのが名の由来の縄手通りは江戸時代の城下町が再現されている。

↷縄手通り西入口に鎮座するのは通称ガマ侍。神輿として作られ、重さは400kg!

↷縄手通りの真ん中あたりにある「カエル大明神」。商業組合の「活気ある縄手にカエル」願いが込められている

■ギャルリ灰月
ギャルリかいげつ
作家の一点ものを探す旅

全国から集められた作家作品を、企画と常設に分けて展示。一生ものののアイテムが見つかることも。
中町通り周辺 MAP 付録P.19 D-3
☎0263-38-0022 所松本市中央2-2-6 高美書店2F 営11:00〜18:00 休火〜木曜(企画展中は変更有り) 交JR松本駅から徒歩6分 Pなし

↷店が懇意にしている作家を想像しながら買い物を

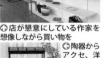

↷陶器からアクセ、洋服まで幅の広い展示

↷木のサーバースプーン4950円

↷鉢 各3300円
飴釉(上)
灰釉(下)

↷ワープ
プレート
3520円

■てまりや

人気のバウムクーヘン専門店

長野県産の米粉などを使い、自店舗で焼き上げるバウムクーヘンはしっとりとした食感が特徴。
中町通り周辺 MAP 付録P.19 D-3
☎0263-39-5858 所松本市中央2-4-15 謝藍ビル 営10:00〜17:00 休不定休 交JR松本駅から徒歩8分 Pなし

↷こだわりのバウムクーヘンをおみやげや贈り物に

↷定番にして極上、米がやさしく香る「みのり」ホールM2500円

↷松本城をイメージし竹炭パウダーを練り込んだ「まつもと」(上)、なめらかな口どけの「あわゆき」(下)。各3200円

↷愛らしい形の「てまりん」3500円は小布施栗を使用

松本●買う

R こばやし本店 P.147
松本城
四柱神社
たい焼きふるさと S
松本城大手門枡形跡広場
スイート縄手 C
千歳橋
S 我逢人 幸橋
ガマ侍 カエル大明神
おきな堂 S
松本市時計博物館 S てまりや
中町・蔵シック館
本町
中町通り
R 野麦
中央2
藤森病院
S ギャルリ灰月
松本駅

148

四柱神社
よはしらじんじゃ

神道さんの名で親しまれる

四柱の神様が祀られ、すべての願いごとが叶う「願い事むすびの神」として参拝者が絶えない。

縄手通り周辺 MAP 付録P.19 D-3

☎0263-32-1936
所松本市大手3-3-20 開休料参拝自由
交JR松本駅から徒歩10分 P20台

↑パワースポットとしても近年注目を集める。境内へは明治天皇ゆかりの御幸橋が架かる

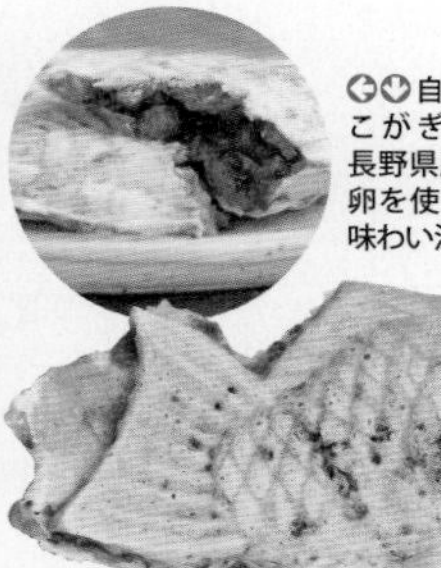
←↓自家製あんこがぎっしり。長野県産地粉と卵を使った皮も味わい深い

R レストラン鯛萬 P.144
TOCA S
R 弁天本店
R 女鳥羽そば P.147
大橋通り
縄手通り
一ツ橋
大橋
女鳥羽川
中の橋
珈琲まるも C P.145
coto.coto S
松本市はかり資料館
S ちきりや工芸店
中町通り
はかり資料館
S GRAIN NOTE
S 陶片木
S 工藝マエストロ
★ 松本民芸家具 中央民芸ショールーム P.145
C 中町・蔵シック館
龍興寺
143
N
0
50m

たい焼きふるさと
たいやきふるさと

味の秘訣は昔ながらの一本焼き

一個一個ていねいに焼き上げる昭和の製法を守り抜くがゆえの、薄皮のパリパリ感。散策中のおやつに。

縄手通り周辺
MAP 付録P.19 D-3

☎0263-39-5552
所松本市大手4-1
営10:00～17:00 休火曜
交JR松本駅から徒歩15分
Pなし

↑たい焼が焼ける過程をイラスト化した手ぬぐい1000円

→ウインナー、カスタードクリームもあり。あんこの量り売りも可

ちきりや工芸店
ちきりやこうげいてん

世界各地の手仕事が大集結

日本のみならずアジア、西アフリカなど国境を越えて集められたコレクションはたいへん見応えあり。

中町通り周辺 MAP 付録P.19 E-3

☎0263-33-2522 所松本市中央3-4-18
営10:00～17:30 休火・水曜 交JR松本駅から徒歩12分 Pなし

↑松本民芸館初代館長・故丸山太郎氏が始めた歴史ある店

↓なまこ壁の通りから見えるカラフルな硝子

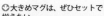

↓大きめマグは、ぜひセットで揃えたい

工藝マエストロ
こうげいマエストロ

卓越した職人技が光るモノたち

陶磁器や木漆器など優れた作り手の工芸品を多数展示。日常的に使えるものも多く取り扱っている。

中町通り周辺 MAP 付録P.19 E-3

☎0263-33-7895 所松本市中央3-2-15
営10:30(展示会開催時10:00)～18:00
休不定休 交JR松本駅から徒歩11分
Pなし

↑主人の切れ味の良い審美眼が光る品揃え

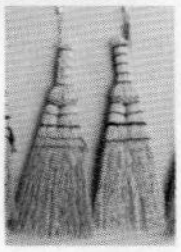
→「飾りたくなる箒」として人気の高い松本箒

↓シンプル・イズ・ベストが形になった檜の杓文字1本1100円

↓木曽路の職人さんが作り上げた艶やかな小判弁当箱8800円

↓和みの日本をご飯から感じられる、染付け飯碗2970円

広々とした天然白木の浴槽と高い天井が特徴の「界 松本」内湯

城下町に湧く歴史ある名湯

浅間温泉
あさまおんせん

1300年の名湯の歴史を今に残す老舗旅館から、伝統と調和したモダンな宿まで立ち並ぶ。旅のスタイルに合わせた宿でくつろぎたい。

松本●周辺の街とスポット

殿様から文人までも親しんだ
やわらかな名湯に身を任せる

　松本の奥座敷に広がる浅間温泉は平安時代から湯治場として知られる名湯。江戸時代には松本藩の御殿湯として守られ、明治以降は若山牧水や与謝野晶子、竹久夢二ら多くの文人も訪れている。

ACCESS

バス JR松本駅からアルピコ交通バス・浅間線で25分
車 松本から国道143号経由で5km

⤴心地よい風を感じながら、湯浴みを楽しむ露天風呂

界 松本
かい まつもと

MAP 付録P.18A-4

8種13通りの湯浴みが魅力

松本の浅間温泉にたたずむ星野リゾートの温泉旅館ブランド「界」の宿。2つの湯殿で8種13通りの湯浴みや信州ワインと和会席のマリアージュ、毎夜開催されるロビーでのコンサートなどが楽しめる。

☎ 050-3134-8092(界予約センター) 　所 松本市浅間温泉1-31-1　IN15:00／OUT12:00　休無休　料1泊2食付3万1000円〜　交JR松本駅からアルピコ交通バス・浅間線で33分、ホットプラザ浅間前下車すぐ　P17台

⤴楽器をイメージしたオブジェやスピーカーなど音楽を楽しめるオーディオクラフトルーム

⤴ワインと和牛を贅沢に味わう「ワインすき鍋会席」

⤴ロビーでは毎晩クラシックやジャズの演奏が楽しめる。コンサートの時間帯はワインバーもオープン

⤴松本てまりをモチーフにした、美しい八寸

⤴現代建築と和モダンが融合したデザインが特徴

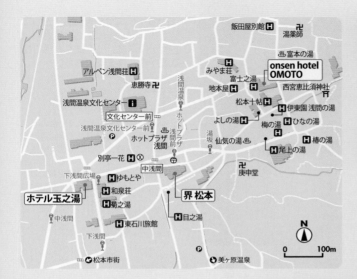

飯田屋別館 🏨
卍 湯薬師
アルペン浅間荘 🏨
♨ 富本の湯
みやま荘 🏨
onsen hotel OMOTO
恵勝寺 卍
富士之湯 🏨
西宮恵比須神社 卍
浅間温泉文化センター ℹ
地本屋 🏨
松本十帖 🏨
伊東屋 浅間の湯 🏨
文化センター前
よしの湯 🏨
梅の湯 🏨 🏨 ひなの湯
浅間温泉文化センター前 🅿
ホットプラザ浅間
湯坂 仙気の湯 ♨
椿の湯 🏨
別亭一花 ⊗
中浅間
尾上の湯 🏨
下浅間広場
庚申堂 卍
界 松本
ゆもとや 🏨
ホテル玉之湯
和泉荘 🏨
中浅間
菊乃 🏨
目之湯 🏨
東石川旅館 🏨
下浅間
N
0　　100m
松本市街
美ヶ原温泉 🅿

⤴最上階にある大浴場からの眺望が自慢。朝焼け、日の入りが特におすすめ

onsen hotel OMOTO
オンセン ホテル オモト
MAP 付録P.18 B-3
山々と松本の街を一望する
旅館の贅沢とホテルの身軽さ、どちらも備えた新しいスタイルの宿。最上階にある大浴場からは、北アルプスの山々と松本市街が一望できる。温泉を満喫して、松本での自由な滞在が可能。

☎0263-46-2385 所松本市浅間温泉3-13-10 時IN15:00／OUT10:00 休不定休 料1泊朝食付9900円～ 交JR松本駅からアルピコ交通バス・浅間線で32分、浅間温泉下車、徒歩3分 Ⓟ15台

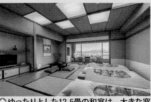
⤴ゆったりとした12.5畳の和室は、大きな窓からの眺めも抜群

⤴和洋室は、幅広いお客様に人気の部屋。部屋からは松本の夜景も望める

◑源泉かけ流しが人気の貸切風呂。利用はチェックイン時の予約制（有料）

ホテル玉之湯
ホテルたまのゆ
MAP 付録P.18A-4
貸切風呂で温泉を満喫する
明治18年(1885)創業の純和風の宿。16タイプある客室、4つの貸切風呂など、バリアフリー設計で幅広い層に対応。生演奏で楽しめる歌声喫茶風ふれあいコンサートも好評。

☎0263-46-0573 所松本市浅間温泉1-28-16 時IN15:00／OUT10:00 休不定休 料1泊2食付1万6650円～ 交JR松本駅からアルピコ交通バス・浅間線で23分、中浅間下車すぐ Ⓟ25台
◑露天風呂付き大浴場。湯上がりに延命茶とかりんジュースのサービスも

◑信州の味覚を堪能できる料理が味わえる

◑広々とした露天風呂付き客室。細部に配慮された安心のバリアフリー設計

⤴屋上にある3つの貸切展望露天風呂は開放感たっぷりにくつろげる

浅間温泉

北アルプスを一望する高台の名湯
美ヶ原温泉
うつくしがはらおんせん

『日本書紀』に「束間温泉」として登場し、1000年以上も愛され続ける美ヶ原温泉。こんこんと湧き出る豊かな古湯を楽しみたい。

松本城主の保養地だった
歴史と伝統ある温泉街

　情緒ある和風の老舗温泉宿の多い美ヶ原温泉。奈良時代に開湯したと伝わり、江戸時代には歴代松本城主の御殿の湯があった地でもある。風情ある街並みは、松本市景観百選のひとつにも選ばれている。

ACCESS

バス JR松本駅から
　　アルピコ交通バス・美ヶ原温泉線で20分
車 松本から県道67・284経由で5km

↑四季を感じる美しい情景を眼前にしてくつろげる翔峰の内湯・露天風呂

翔峰
しょう ほう
MAP 付録 P.18 B-1
多彩な湯と眺望を満喫
2018年5月グランドオープン。展望風呂「美しの湯」の新設をはじめ、しつらえを極めた客室などリニューアル。趣の異なる7つのお風呂で湯めぐりが楽しめる。

☎0263-38-7755 　所松本市里山辺527
⏰IN15:00／OUT10:00 　休無休 　料1泊2食付2万1050円～ 　交JR松本駅からアルピコ交通バス・美ヶ原温泉線で19分、翔峰前下車すぐ 　P150台

↑多彩な風呂が楽しめる庭園大浴場

↑雄大な景色を眺めながら入浴できる展望風呂、リビングテラス付き客室

↓雄大な北アルプスと城下町が一望できる

↓北アルプスの景色を水面に映す水鏡の湯。展望風呂「美しの湯」

湯宿 和泉屋善兵衛
ゆやど いずみやぜんべえ
MAP 付録 P.18 B-1
天然温泉とそばが自慢
創業130年余りの民芸蔵造りの老舗旅館。加水しない100％の天然温泉と、手打ちのそばが味わえる。好みで料理を選べる夕食も好評。貸切風呂の立ち寄り湯も楽しめる。

☎0120-30-2043 　所松本市里山辺451 　⏰IN14:00／OUT11:00 　休不定休 　料1泊2食付1万6500円～ 　交JR松本駅からアルピコ交通バス・美ヶ原温泉線で22分、美ヶ原温泉下車、徒歩3分 　P30台

↑日帰り入浴ができる貸切風呂「木もれ日の湯」

↑松本城下を思わせる民芸蔵造り。現在の建物は1990年完成

↓こげ茶色の梁が温かみを感じさせる客室。写真は新館の風呂付き8畳

↑貸切風呂は青石の露天風呂と檜の内湯を併設

アクセスと交通

❖

新幹線の開通や自動車道路、
空港の整備などによって飛躍的に
身近になった軽井沢・上田・長野・松本。
北陸新幹線が金沢まで通ったことで、
さらに賑わうように。

高原の
リゾートと歴史
ある街を結ぶ

軽井沢・上田・長野・松本へのアクセス

主要な観光エリアの玄関口となる軽井沢駅、上田駅、長野駅を北陸新幹線（長野経由）が結ぶ。東京駅から軽井沢駅まで約1時間15分なので、飛行機の場合は羽田空港を経由するのが一般的。

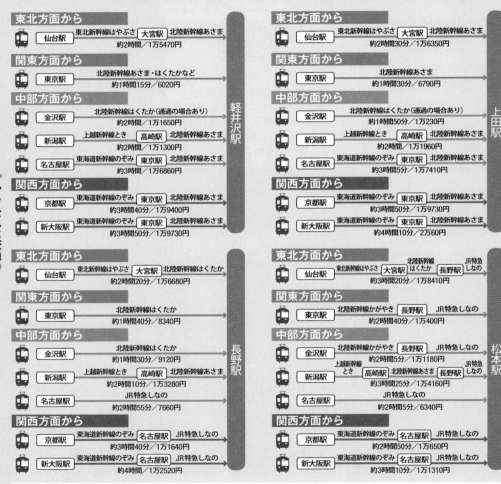

軽井沢駅へ

東北方面から
仙台駅 ―東北新幹線はやぶさ→ 大宮駅 ―北陸新幹線あさま→ 約2時間／1万5470円

関東方面から
東京駅 ―北陸新幹線あさま・はくたかなど→ 約1時間15分／6020円

中部方面から
金沢駅 ―北陸新幹線はくたか（通過の場合あり）→ 約2時間／1万1650円
新潟駅 ―上越新幹線とき→ 高崎駅 ―北陸新幹線あさま→ 約2時間／1万1300円
名古屋駅 ―東海道新幹線のぞみ→ 東京駅 ―北陸新幹線あさま→ 約3時間／1万6860円

関西方面から
京都駅 ―東海道新幹線のぞみ→ 東京駅 ―北陸新幹線あさま→ 約3時間40分／1万9400円
新大阪駅 ―東海道新幹線のぞみ→ 東京駅 ―北陸新幹線あさま→ 約3時間50分／1万9730円

上田駅へ

東北方面から
仙台駅 ―東北新幹線はやぶさ→ 大宮駅 ―北陸新幹線あさま→ 約2時間30分／1万6350円

関東方面から
東京駅 ―北陸新幹線あさま→ 約1時間30分／6790円

中部方面から
金沢駅 ―北陸新幹線はくたか（通過の場合あり）→ 約1時間50分／1万230円
新潟駅 ―上越新幹線とき→ 高崎駅 ―北陸新幹線あさま→ 約2時間／1万1960円
名古屋駅 ―東海道新幹線のぞみ→ 東京駅 ―北陸新幹線あさま→ 約3時間5分／1万7410円

関西方面から
京都駅 ―東海道新幹線のぞみ→ 東京駅 ―北陸新幹線あさま→ 約3時間50分／1万9730円
新大阪駅 ―東海道新幹線のぞみ→ 東京駅 ―北陸新幹線あさま→ 約4時間10分／2万60円

長野駅へ

東北方面から
仙台駅 ―東北新幹線はやぶさ→ 大宮駅 ―北陸新幹線はくたか→ 約2時間20分／1万6680円

関東方面から
東京駅 ―北陸新幹線はくたか→ 約1時間40分／8340円

中部方面から
金沢駅 ―北陸新幹線はくたか→ 約1時間30分／9120円
新潟駅 ―上越新幹線とき→ 高崎駅 ―北陸新幹線あさま→ 約2時間10分／1万3280円
名古屋駅 ―JR特急しなの→ 約2時間55分／7660円

関西方面から
京都駅 ―東海道新幹線のぞみ→ 名古屋駅 ―JR特急しなの→ 約3時間40分／1万1640円
新大阪駅 ―東海道新幹線のぞみ→ 名古屋駅 ―JR特急しなの→ 約4時間／1万2520円

松本駅へ

東北方面から
仙台駅 ―東北新幹線はやぶさ→ 大宮駅 ―北陸新幹線はくたか→ 長野駅 ―JR特急しなの→ 約3時間20分／1万8410円

関東方面から
東京駅 ―北陸新幹線かがやき→ 長野駅 ―JR特急しなの→ 約2時間40分／1万400円

中部方面から
金沢駅 ―北陸新幹線かがやき→ 長野駅 ―JR特急しなの→ 約2時間5分／1万1180円
新潟駅 ―上越新幹線とき→ 高崎駅 ―北陸新幹線あさま→ 長野駅 ―JR特急しなの→ 約3時間25分／1万4160円
名古屋駅 ―JR特急しなの→ 約2時間5分／6340円

関西方面から
京都駅 ―東海道新幹線のぞみ→ 名古屋駅 ―JR特急しなの→ 約2時間50分／1万650円
新大阪駅 ―東海道新幹線のぞみ→ 名古屋駅 ―JR特急しなの→ 約3時間10分／1万1310円

アクセスと交通

北陸新幹線は停車駅に注意
東京～金沢間を「かがやき」・「はくたか」が、東京～長野間を「あさま」が走る。列車によっては通過する駅があるので事前に確認を。

北海道・九州・中国地方からは飛行機で
北海道や九州など距離の離れた地域からアクセスするなら、飛行機でまず羽田空港に向かい、東京駅から北陸新幹線を利用しよう。また、札幌便・神戸便・福岡便・大阪便（夏季のみ運航）でかつ松本か長野にアクセスしたい場合は、信州まつもと空港（松本空港）を利用すると効率的だ。

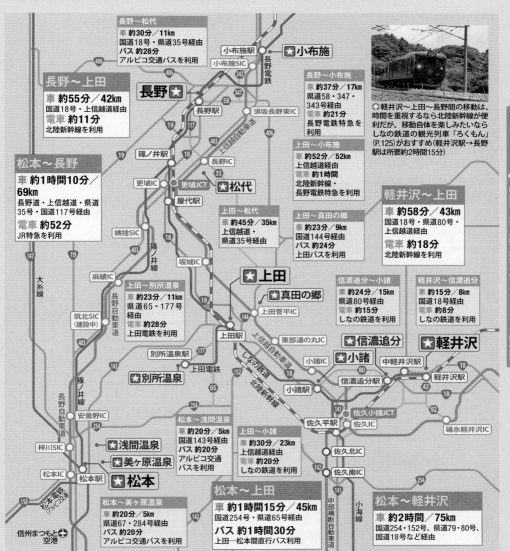

エリア間の移動

車か公共交通機関か、エリア間の移動方法を比較して選びたい

観光のエリアは大まかに分けて軽井沢・上田・長野・松本それぞれを中心とする4つ。
エリア間を移動する方法をルートと時間から吟味して、プランニングに役立てたい。

長野〜松代
車 約30分／11km
国道18号・県道35号経由
バス 約28分
アルピコ交通バスを利用

★小布施

長野〜小布施
車 約37分／17km
県道58・347・343号経由
電車 約21分
長野電鉄特急を利用

⬆軽井沢〜上田〜長野間の移動は、時間を重視するなら北陸新幹線が便利だが、移動自体を楽しみたいならしなの鉄道の観光列車「ろくもん」（P.125）がおすすめ（軽井沢駅→長野駅は所要約2時間15分）

長野〜上田
車 約55分／42km
国道18号・上信越道経由
電車 約11分
北陸新幹線を利用

★長野

上田〜小布施
車 約52分／52km
上信越道経由
電車 約1時間
北陸新幹線・長野電鉄特急を利用

松本〜長野
車 約1時間10分／69km
長野道・上信越道・県道35号・国道117号経由
電車 約52分
JR特急を利用

★松代

上田〜松代
車 約45分／35km
上信越道・県道35号経由

上田〜真田の郷
車 約23分／9km
国道144号経由
バス 約24分
上田バスを利用

軽井沢〜上田
車 約58分／43km
国道18号・県道80号・上信越道経由
電車 約18分
北陸新幹線を利用

★上田

★真田の郷

上田〜別所温泉
車 約23分／11km
県道65・177号経由
電車 約28分
上田電鉄を利用

信濃追分〜小諸
車 約24分／15km
県道80号経由
電車 約15分
しなの鉄道を利用

軽井沢〜信濃追分
車 約15分／8km
国道18号経由
電車 約8分
しなの鉄道を利用

★信濃追分

★軽井沢

★別所温泉

松本〜浅間温泉
車 約20分／5km
国道143号経由
バス 約20分
アルピコ交通バスを利用

上田〜小諸
車 約30分／23km
上信越道経由
電車 約20分
しなの鉄道を利用

★浅間温泉

★美ヶ原温泉

★松本

松本〜美ヶ原温泉
車 約20分／5km
県道67・284号経由
バス 約20分
アルピコ交通バスを利用

松本〜上田
車 約1時間15分／45km
国道254号・県道65号経由
バス 約1時間30分
上田—松本間直行バス利用

松本〜軽井沢
車 約2時間／75km
国道254・152号、県道79・80号、国道18号など経由

※情報は2023年10月現在のものです。料金や所要時間は季節により変動する場合があります。おでかけ前にWebサイトなどでご確認ください。

155

軽井沢・上田・長野・松本へのアクセス／エリア間の移動

移動したい方面ごとに、利用可能なバスを把握してスムーズに移動したい

軽井沢の交通

軽井沢駅を起点に、町内循環バスをはじめとして路線バスやシャトルバスが運行している。
時季により運行が変更されたり、運行期間が限定されているものもあるので、事前にしっかり確認を。

アクセスと交通

路線バス

軽井沢駅から各方面にバスが運行

● 旧軽井沢方面への主なバス

軽井沢駅の主に北口から路線バスが発着している。旧軽井沢銀座入口の旧軽ロータリーまではバスを利用したい。

【町内循環バス】
東・南廻り線(内回り)が1日6本運行しており、軽井沢駅北口から旧軽井沢までは所要約2分・100円。

【草軽交通バス 旧軽井沢シャトルバス】
GWと7月下旬〜8月末までの期間運行。軽井沢駅北口から発車しており、旧軽井沢までは所要時間約7分・150円。

【草軽交通バス 北軽井沢・草津温泉行き】
北軽井沢・草津温泉行き路線バスが旧軽井沢を経由。駅北口から旧軽井沢まで所要約4分・160円。また旧三笠ホテルのある三笠も経由しており、三笠までは所要約8分・270円。

【西武観光バス 星野温泉・鬼押出し園方面行き】
軽井沢駅北口から発車しており、そのうち平日は13本(土・日曜、祝日は15本)が旧軽井沢駅を経由する(便数は季節により変動)。所要約4分・150円。

● 中軽井沢方面への主なバス

西武観光バスの路線バスが星野エリアを経由している。

【西武観光バス 星野温泉・鬼押出し園・草津温泉方面行き】
軽井沢駅北口から発車しており、中軽井沢駅、星野温泉トンボの湯を経由。星野温泉トンボの湯まで所要約19分・470円。

● 南軽井沢方面への主なバス

塩沢湖(軽井沢タリアセン)周辺へは西武観光バスの急行塩沢湖線を利用するのが便利。ほかに軽井沢駅北口から塩沢湖をまわって中軽井沢駅に向かう町内循環バスも運行している。町内循環バスは塩沢湖を経由しない便もあるので、その場合は風越公園で下車し、徒歩で塩沢湖へ向かう(10分程度)。

【町内循環バス】
東・南廻り線(外回り)が1日6本(塩沢経由は3本)運行しており、軽井沢駅北口から風越公園までは所要約27分・100円。内回りでは1日6本のうち2本が塩沢湖を経由。中軽井沢駅から風越公園までは所要約15分・100円。

【西武観光バス 急行塩沢湖線】
軽井沢駅から千住博美術館、塩沢湖(軽井沢タリアセン)、絵本の森美術館・エルツおもちゃ博物館を経由し風越公園へ向かう急行バス。軽井沢駅北口から塩沢湖までは所要約17分・420円。

<問い合わせ先>
町内循環バス…軽井沢町住民課交通政策係 ☎0267-45-8540
草軽交通バス…草軽交通バス 軽井沢営業所 ☎0267-42-2441
西武観光バス…西武観光バス 軽井沢営業所 ☎0267-45-5045

電車

しなの鉄道で信濃追分、小諸へアクセス

軽井沢駅から西に延びるしなの鉄道の下り線で、中軽井沢駅までは約4分・230円、信濃追分駅まで約8分・240円、小諸駅まで約24分・500円でアクセス。毎時1〜2本運行。

車での移動は注意が必要

①ハイシーズンの軽井沢は渋滞必至

GWや夏休み、紅葉の時季の軽井沢は渋滞が起きやすく、迂回しても完全回避はほぼ不可能。特に碓氷軽井沢ICから軽井沢駅周辺に向かう途中の南軽井沢交差点は大渋滞になる要注意地点なので、県道157号で中軽井沢へ出るようにしたい。

②霧や冬の路面凍結に注意

関東からの気流の影響で年間平均120日も霧が出るという軽井沢。特に夏に発生しやすく、霧が出た場合は慎重な運転を心がけること。また、気温が低い地域なので11〜4月は雪や路面の凍結に備え、スタッドレスタイヤが必須になる。

上田の交通

真田氏ゆかりのスポットを観光するために、バスや電車などを組み合わせて移動したい。
上田市街地と周辺は路線バス、別所温泉へは電車、松代へは電車+バスでアクセスできる。

路線バス

観光にも使える路線バスをチェック

上田バス・菅平線／真田線
上田駅発で1日計15〜16本あり、新田（大輪寺まで徒歩4分）を経由して真田の郷へ。観光案内所・ゆきむら夢工房まで約24分・300円。
上田バス ☎0268-34-6602

長電バス・屋代須坂線
しなの電鉄・屋代駅から松代駅まで約26分・420円。
長電バス 長野営業所 ☎026-296-3208

電車

上田電鉄、しなの電鉄で別所温泉、松代へ

　上田駅から上田電鉄・別所線（毎時1〜2本）で別所温泉まで約28分・590円。しなの鉄道の下り線は松代へ向かう長電バス・屋代須坂線が出ている屋代駅まで、上田駅から約22分・450円でアクセスできる。

長野の交通

長野県内最大規模のターミナル駅を起点に
周辺観光と合わせたお得なプランを活用したい。

お得なきっぷが用意されている

　ターミナル駅である長野駅からは多くの路線バスが発着しており、乗り放題で利用できるお得なきっぷもある。

善光寺・松代1dayパス
松代への主なアクセスのひとつが、長野駅からアルピコ交通の松代線バスを利用する方法。善光寺と合わせて松代にも向かう予定なら、善光寺周辺の路線バス（循環バス除く）と松代線などが1日乗り放題になるのでおすすめ。長野、松代のいくつかの施設の入館料の割引特典もある。長野駅前案内所で販売、1500円。
アルピコ交通長野駅前案内所 ☎026-227-0404

善光寺へのアクセスは ➡ P.127

松本の交通

市内中心部は徒歩でも十分観光できるが、
周遊バスを利用すれば効率よく移動可能だ。

松本観光にはタウンスニーカーが便利

　松本駅を起点に市内中心部を周遊する「タウンスニーカー」。東南北3コースのうち、松本城・旧開智学校方面の北コースや、中町・博物館・美術館方面の東コースが観光に便利。運賃は北・東コースともに1乗車200円。松本駅お城口から20〜30分間隔で運行している。

タウンスニーカー1日乗車券
タウンスニーカーが1日乗り放題になるほか、一部の観光施設で入場料割引の特典がある。タウンスニーカー車内、または松本バスターミナルで販売、500円。
チケットレスで松本城の観覧券が付いたお得なタウンスニーカーPLUS24時間券も販売中、1330円。
アルピコ交通 松本バスターミナル ☎0263-32-0910

INDEX

軽井沢

遊ぶ・歩く・観る

あ 浅間山 ・・・・・・・・・・・・・・・・・・・ 28
　 浅間山キャンプ場 ・・・・・・・・・・・・・ 58
　 碓氷第三橋梁 ・・・・・・・・・・・・・・・ 72
　 エルツおもちゃ博物館・軽井沢 ・・・ 67
　 オーディトリアム通り ・・・・・・・・・・ 35
　 鬼押出し園 ・・・・・・・・・・・・・・・・・ 59
か Kaveri ・・・・・・・・・・・・・・・・・・・・・ 23
　 軽井沢絵本の森美術館 ・・・・・・・・・ 67
　 軽井沢現代美術館 ・・・・・・・・・・・・ 53
　 軽井沢高原教会 ・・・・・・・・・・ 28・50
　 軽井沢高原文庫 ・・・・・・・・・・ 65・77
　 Karuizawa Commongrounds ・・・ 23
　 軽井沢聖パウロカトリック教会 ・37・38
　 軽井沢千住博美術館 ・・・・・・・・・・ 66
　 軽井沢タリアセン ・・・・・・・・・ 25・64
　 軽井沢町植物園 ・・・・・・・・・・・・・ 69
　 軽井沢野鳥の森 ・・・・・・・・・・・・・ 24
　 軽井沢ユニオンチャーチ ・・・・・ 37・39
　 軽井沢レイクガーデン ・・・・・・・・・ 68
　 旧軽井沢銀座通り ・・・・・・・・・・・・ 38
　 くつかけテラス ・・・・・・・・・・・・・・ 47
　 熊野皇大神社 ・・・・・・・・・・・・・・・ 45
　 雲場池 ・・・・・・・・・・・・・・・・ 27・56
　 御膳水 ・・・・・・・・・・・・・・・・・・・ 56
さ サイクルメイトQ 駅前店 ・・・・・・・・・ 56
　 サイクルメイトQ 新軽店 ・・・・・・・・・ 56
　 犀星の径 ・・・・・・・・・・・・・・・・・・ 35
　 浄月庵 ・・・・・・・・・・・・・・・・・・・ 76
　 ショーハウス記念館 ・・・・・・・・ 36・71
　 白糸の滝 ・・・・・・・・・・・・・・・ 26・58
　 睡鳩荘 ・・・・・・・・・・・・・・・・・・・ 64
　 千ヶ滝 ・・・・・・・・・・・・・・・・・・・ 26
た 田崎美術館 ・・・・・・・・・・・・・・・・ 53
　 チャーチストリート軽井沢 ・・・・・・・ 39
な 長倉の牧 ・・・・・・・・・・・・・・・・・ 70
　 二手橋 ・・・・・・・・・・・・・・・・・・・ 44
　 日本基督教団軽井沢教会 ・・・・・・・ 37
　 日本聖公会
　 軽井沢ショー記念礼拝堂 ・・ 25・36・71
は ハルニレテラス ・・・・・・・・・・・・・・ 49
　 ピクチャレスク・ガーデン ・・・・・・・ 67
　 ピッキオ ・・・・・・・・・・・・・・・・・・ 51
　 深沢紅子 野の花美術館 ・・・・・・・・・ 65
　 ペイネ美術館 ・・・・・・・・・・・・・・・ 64
　 星野エリア ・・・・・・・・・・・・・・・・・ 48
　 星野温泉 トンボの湯 ・・・・・・・・・・ 51
ま 万平通り ・・・・・・・・・・・・・・・・・・ 35

　 三笠通り ・・・・・・・・・・・・・・・・・・ 34
　 見晴台 ・・・・・・・・・・・・・・・・ 27・45
　 ムーゼの森 ・・・・・・・・・・・・・・・・ 67
　 室生犀星記念館 ・・・・・・・・・・・ 39・77
　 茂沢の南石堂遺跡 ・・・・・・・・・・・・ 70
や 矢ヶ崎公園 ・・・・・・・・・・・・・・・・ 57
ら 竜返しの滝 ・・・・・・・・・・・・・・・・ 26
　 ル ヴァン美術館 ・・・・・・・・・・・・・ 66
　 レンタサイクル市村輪店 ・・・・・・・・ 56

食べる

あ 茜屋珈琲店 旧道店 ・・・・・・・・・・・・ 41
　 アダージオ ・・・・・・・・・・・・・・・・・ 84
　 アトリエ・ド・フロマージュ
　 軽井沢ピッツェリア ・・・・・・・・・・・・ 87
　 イル・ソーニョ ・・・・・・・・・・・・・・ 49
　 エルミタージュ ドゥ タムラ ・・・・・・・ 81
　 Auberge de Primavera ・・・・・・・・ 83
　 押立茶房 ・・・・・・・・・・・・・・・・・・ 85
か かぎもとや中軽井沢本店 ・・・・・・・・ 97
　 Cachette ・・・・・・・・・・・・・・・・・・ 86
　 カフェテラス ミハエル ・・・・・・・・・ 92
　 軽井沢キッチン ロータリー店 ・・・・・・ 95
　 軽井沢 日本料理 大嶋 ・・・・・・・・・・ 96
　 軽井沢ホテルブレストンコート
　 ザ・ラウンジ ・・・・・・・・・・・・・・・ 89
　 軽井沢ホテルブレストンコート
　 ノーワンズレシピ ・・・・・・・・・・・・ 85
　 川上庵本店 軽井沢 川上庵 ・・・・・・ 97
　 旧軽井沢cafe 涼の音 ・・・・・・・・・ 40
　 旧軽井沢ホテル 音羽ノ森
　 レストラン「桂姫」ラウンジ ・・・・・・ 89
　 珈琲館 旦念亭 ・・・・・・・・・・・・・・ 57
　 coffee house shaker ・・・・・・・・・・ 91
さ サジロカフェ・リンデン ・・・・・・・・ 49
　 シェ草間 ・・・・・・・・・・・・・・・・・・ 81
　 しげの屋 ・・・・・・・・・・・・・・・・・・ 45
　 せきれい橋 川上庵 ・・・・・・・・・・・ 49
　 CERCLE wine & deli ・・・・・・・・・・ 49
た ちもと総本店 ・・・・・・・・・・・・・・・ 41
　 Tea Salon 軽井沢の芽衣 ・・・・・・・ 93
　 Trattoria Primo ・・・・・・・・・・・・・ 87
は Paomu Karuizawa Bistro ・・・・・・・・ 40
　 ブランジェ浅野屋
　 軽井沢旧道本店 ・・・・・・・・・・・ 42・94
　 フランスベーカリー ・・・・・・・・ 75・94
　 ふりこ茶房 ・・・・・・・・・・・・・・・・ 92
　 ブレストンコート ユカワタン ・・・・・ 80
　 ベーカリー&レストラン 沢村 旧軽井沢 ・・ 95
　 ホテル鹿島ノ森 メイプルラウンジ ・・ 86

ま ミカド珈琲 軽井沢旧道店 ・・・・・ 41・75
　 ムーミンカフェ軽井沢 ・・・・・・・・・・ 23
　 無彩庵 池田 ・・・・・・・・・・・・・・・ 82
　 森の中のレストラン こどう ・・・・・・・ 84
ら 離山房 ・・・・・・・・・・・・・・・・ 75・90
　 Ristorante Pietrino ・・・・・・・・・・・ 84
　 レストラン湖水 ・・・・・・・・・・・・・・ 65
　 レストラン酢重正之 ・・・・・・・・・・・ 96
　 レストラン ピレネー ・・・・・・・・・・・ 82
　 レストラン モデスト ・・・・・・・・・・・ 83
わ わかどり ・・・・・・・・・・・・・・・・・・ 42

買う

あ アトリエ・ド・フロマージュ
　 軽井沢店 ・・・・・・・・・・・・・・・・・・ 99
　 アトリエ・ド・フロマージュ
　 旧軽井沢店 ・・・・・・・・・・・・・・・・ 103
　 一彫堂 ICCHODO ・・・・・・・・・・・・ 43
　 大坂屋家具店 ・・・・・・・・・・・・・・・ 43
か 我蘭憧 ・・・・・・・・・・・・・・・・・・・ 49
　 軽井沢紅茶館 サンビーム ・・・・・・・ 100
　 軽井沢デリカテッセン ・・・・・・・・・ 99
　 軽井沢のアトリエ ・・・・・・・・・・・・ 103
　 軽井沢・プリンス
　 ショッピングプラザ ・・・・・・・・ 28・60
　 Qcul Atelier ・・・・・・・・・・・・・・・ 43
さ ジャムこばやし ・・・・・・・・・・・・・・ 98
　 Schokoladen burg
　 軽井沢チョコレート館 ・・・・・・・・・ 102
　 白樺堂 駅前通り店 ・・・・・・・・・・・ 103
　 酢重正之商店 ・・・・・・・・・・・・・・ 100
た 腸詰屋 軽井沢1号店 ・・・・・・・・・・ 99
　 ツルヤ 軽井沢店 ・・・・・・・・・・・・・ 101
な 中山のジャム ・・・・・・・・・・・・・・・ 98
　 NATUR TERRACE ・・・・・・・・・・・・ 49
は Paomu Karuizawa Sweet's Shop ・・ 102
ま 丸山珈琲 軽井沢本店 ・・・・・・・・・・ 100

泊まる

か 軽井沢 浅間プリンスホテル ・・・・・ 105
　 軽井沢マリオットホテル ・・・・・・・・ 106
　 旧軽井沢ホテル 音羽ノ森 ・・・・・・・ 106
さ ザ・プリンス 軽井沢 ・・・・・・・・・・・ 105
た つるや旅館 ・・・・・・ 39・70・77・107
　 ツキミチル 〜TSUKI me CHILL〜 ・・ 22
は ふふ 軽井沢 陽光の風 ・・・・・・・・・ 22
　 ふふ 旧軽井沢 静養の森 ・・・・・・・・ 22
　 星のや軽井沢 ・・・・・・・・・・・ 72・104

星野リゾート
軽井沢ホテルブレストンコート ···105
ホテル鹿島ノ森 ················106
ら ルグラン旧軽井沢 ············106
レジーナリゾート軽井沢御影用水·107
レジーナリゾート旧軽井沢·······107
LONGINGHOUSE
旧軽井沢·諏訪ノ森 ··········22

信濃追分

あ 浅間神社 ···················109
追分コロニー ···············109
追分宿の分去れ ·············109
さ 信濃追分文化磁場 油や···77·108
シャーロックホームズ像 ·······109
泉洞寺 ·····················109
は 堀辰雄文学記念館 ·······77·109

小諸

か 小諸城址懐古園 ············110
小諸市立小山敬三美術館·······110
小諸市立藤村記念館 ··········110

上田・松代

遊ぶ・歩く・観る

あ 安楽寺 ····················119
池波正太郎 真田太平記館······115
石湯 ······················118
上田城 ····················114
大湯 ······················118
か 北向観音 ··················119
さ 真田氏記念公園 ············122
真田氏本城跡 ···············122
真田氏歴史館 ···············122
真田邸 ····················117
真田宝物館 ················117
常楽寺 ····················119
た 大師湯 ····················118
大輪寺 ····················115
長国寺 ····················117
長谷寺 ····················122
は 文武学校 ··················117
芳泉寺 ····················115
ま 松代城跡 ··················116
や 柳町通り ··················115

泊まる

ら 旅館 花屋 ·················119

長野・善光寺

遊ぶ・歩く・観る

さ 西方寺 ····················135
城山公園 ··················134
善光寺 ····················126

食べる

か かどの大丸 ················130
兄部坊 ····················131
さ THE FUJIYA GOHONJIN ·····132
常住院 ····················131
SHINKOJI CAFÉ ···········132
そば処 小菅亭 ·············130

買う

か 九九や旬粋 ················133
根元 八幡屋礒五郎 ··········133
な 長野風月堂 ················133
は ぱていお大門 蔵楽庭 ········135
ま MIDORI長野 ··············135

小布施

あ 小布施堂本店 ··············136
か 岩松院 ····················136
さ 桜井甘精堂 本店 ···········136
た 髙井鴻山記念館 ············136
は 北斎館 ····················136

松本

遊ぶ・歩く・観る

か 旧松本高等学校 ············142
国宝 旧開智学校校舎 ·········142
な 中町通り·縄手通り ··········148
は 深志神社 ··················142
ま 松本市美術館 ··············142
松本城 ·············140·143
松本民芸家具

中央民芸ショールーム ·········145
松本民芸館 ················145
や 四柱神社 ··················149

食べる

か 珈琲まるも ················145
こばやし本店 ···············147
さ しづか ····················145
は 馬肉バル 新三よし ··········146
ま 民芸レストラン 盛よし by onion ···144
女鳥羽そば ················147
ら レストラン鯛萬 ············144

買う

か ギャルリ灰月 ··············148
工藝マエストロ ·············149
た たい焼きふるさと ···········149
ちきりや工芸店 ·············149
てまりや ··················148

浅間温泉

あ onsen hotel OMOTO ··········151
か 界 松本 ···················150
ほ ホテル玉之湯 ··············151

美ヶ原温泉

さ 翔 峰 ····················152
や 湯宿 和泉屋善兵衛 ··········152

STAFF

編集制作 Editors
(株)K&Bパブリッシャーズ

取材・執筆・撮影 Writers & Photographers
(株)まちなみカントリープレス
(有)フォトブレーン
早川浩子　藤原恵里　室田美々　山崎則子　岩下宗利
白川由紀　忍章子　村上菜つみ

執筆協力 Writers
内野究　遠藤優子　河野あすみ　好地理恵

編集協力 Editors
(株)ジェオ

本文・表紙デザイン Cover & Editorial Design
(株)K&Bパブリッシャーズ

表紙写真 Cover Photo
PIXTA

地図制作 Maps
トラベラ・ドットネット(株)
DIG.Factory

写真協力 Photographs
関係各市町村観光課・観光協会
関係諸施設
PIXTA

総合プロデューサー Total Producer
河村季里

TAC出版担当 Producer
君塚太

TAC出版海外版権担当 Copyright Export
野崎博和

エグゼクティヴ・プロデューサー
Executive Producer
猪野樹

おとな旅 プレミアム

軽井沢 小諸・上田・松代・松本・善光寺 第4版

2024年1月6日　初版　第1刷発行

著　　者　TAC出版編集部
発 行 者　多田敏男
発 行 所　TAC株式会社　出版事業部
　　　　　　　　　　（TAC出版）
〒101-8383 東京都千代田区神田三崎町3-2-18
電話　03(5276)9492(営業)
FAX　03(5276)9674
https://shuppan.tac-school.co.jp

印　　刷　株式会社　光邦
製　　本　東京美術紙工協業組合

©TAC 2024　Printed in Japan　ISBN978-4-300-10972-4
N.D.C.291　　　　　　　落丁・乱丁本はお取り替えいたします。

本書に掲載した地図の作成に当たっては、国土地理院発行の数値地図(国土基本情報)電子国土基本図(地図情報)，数値地図(国土基本情報)電子国土基本図(地名情報)及び数値地図(国土基本情報20万)を調整しました。